当代艺术访谈录

曾焱 著

生活·讀書·新知 三联书店

Copyright © 2020 by SDX Joint Publishing Company.
All Rights Reserved.
本作品版权由生活·读书·新知三联书店所有。
未经许可，不得翻印。

图书在版编目（CIP）数据

现场：当代艺术访谈录 / 曾焱著. —北京：
生活·读书·新知三联书店，2020.6
（《三联生活周刊》中读文丛）
ISBN 978-7-108-06736-4

Ⅰ.①现… Ⅱ.①曾… Ⅲ.①艺术家-访问记-世界-现代
Ⅳ.①K815.7

中国版本图书馆 CIP 数据核字（2020）第 004771 号

责任编辑	王振峰
装帧设计	康　健
责任校对	张　睿　常高峰
责任印制	张雅丽
出版发行	生活·讀書·新知 三联书店
	（北京市东城区美术馆东街 22 号 100010）
网　　址	www.sdxjpc.com
经　　销	新华书店
印　　刷	北京图文天地制版印刷有限公司
版　　次	2020 年 6 月北京第 1 版
	2020 年 6 月北京第 1 次印刷
开　　本	720 毫米 × 965 毫米 1/16 印张 27
字　　数	356 千字　图 120 幅
印　　数	0,001-6,000 册
定　　价	108.00 元

（印装查询：01064002715；邮购查询：01084010542）

目 录

1   序

                    第 一 辑

4   **徐　冰**
                当代艺术没有我们想的那么了不起

32   **隋建国**
                从时间开始

48   **蔡国强**
                在全世界"玩火"

76   **张晓刚**
                绘画者

100   **汪建伟**
                少数派报告

116	**严培明**	一个悲观主义者的大画布
128	**丁乙**	关在格子里的理性与情感
148	**刘建华**	陶瓷的当代语法
168	**刘小东**	在现实的泥沼之中
182	**曾梵志**	沉默和喧哗
208	**姜杰**	被软化的观念
220	**向京**	秘密藏在大象的身体里
234	**马岩松**	超现实是关键词

第 二 辑

248　　谁让她是小野洋子呢？

262　　**希拉·贝歇**
　　　　一种工业"圣像"

274　　**大卫·霍克尼**
　　　　艺术世界的"黑客"

288　　**比尔·维奥拉**
　　　　平静的力量

300　　**费尔南多·博特罗**
　　　　"哥伦比亚时间"

314　　**肖恩·斯库利**
　　　　一个抽象主义者的无序和有序

326　　**卡洛斯·克鲁兹－迭斯**
　　　　在色彩的真实中漂浮

338　　**马丁·克里德**
　　　　只有在艺术这个领域，你可以发发神经

350	**细江英公**	
	我的剧场	
362	**森山大道**	
	人生就是不安和恍惚	
376	**马丁·帕尔**	
	景观社会记录者	
386	**安东尼·葛姆雷**	
	把身体看作一种场所	
398	**理查德·迪肯**	
	制作者或杜撰者	
414	**托尼·克拉格**	
	每件作品都有属于自己的体系	

序

  这本集子里的文章，是我在《三联生活周刊》发表的艺术访谈的一部分，时间集中于 2009—2018 年。

  访谈的 27 位艺术家，包括蔡国强、徐冰、张晓刚、刘小东、严培明、向京、马岩松、小野洋子、大卫·霍克尼、比尔·维奥拉、安东尼·葛姆雷、细江英公、森山大道、马丁·帕尔……中外均有，年代各异。若说有什么共同之处，可能就是，用世俗的眼光来评判的话，他们都是成功或非常成功的艺术家——无论是以美术馆收藏展示为标准还是以艺术市场为标准，都是如此。

  并非成功的荣耀值得记录，值得记录的，其实是在这个我们也正置身其中的时代里艺术家如何看待艺术和生活，如何看待将他（她）带至成功的所有放弃与选择，以及成功之后的艺术家与外部各种文化、社会、商业元素之间所生发出来的复杂又微妙的博弈关系。

  第一辑的文章没有按照艺术家的姓氏笔画或字母来排序。中国处在令人时刻惊讶的快速变化中，时间是重要的刻度，因此，在访谈中，我偏好追索艺术家与所处时代的关系、与同时代人物的接驳和背离。当原本独立发表于各期杂志的这些文章被放进同一本书，并因此有机会产生一种关联阅读时，尽量按照受访人的出生时间来做排序便更加符合我的初衷。比如说，同样生于20世纪50年代中国的蔡国强、徐冰、隋建国、张晓刚，他们的际遇有什么相同或不同，被谁影响，又怎样看各自的传统和当代？他们面对艺术时的问题和方法，为什么最终会有迥异的走向？……将这些访谈放在一起所形成的比较阅读，会带我们去接近艺术家的真实思想。

我在大学学习的是传播学而非艺术。更多时候，我希望绕过艺术圈的各种概念，用更为直白的，甚至是"外行"的方式来呈现一个记者对艺术和艺术家的"观看"。尽管题目用到了"当代艺术访谈录"这样的字词，这本书其实无意讨论"当代艺术"如何界定。严格地说，27位受访人是否全部可以视为"当代艺术家"都可能存在争议，但我相信，这些面对面的深度对话，可以反映当下十分重要的艺术家对于艺术最开放的思考。就像比尔·维奥拉在访谈中说的："好的艺术作品不提供答案，而是提出问题。"

我并不长于讲故事，读者如果想要在本书里看到写作者以丰富的情感和想象力来描摹人物，可能会感到失望。这些文章写于不同时期，风格不十分统一，却是我想努力达至的一种写作：不俯、不仰，思考、提问。现在有一种流行的结集方式是将媒体报道拼接起来改写成长篇故事。我不知道最好的方式是什么，但很清楚这不是我要的。如果在众多艺术书籍之中，这本集子尚被认为有一点阅读的价值，我相信那一定是来自于记者职业立场的那些现场访谈。这也是书名的由来。

感谢《三联生活周刊》和老主编朱伟，帮助我确认了自己的热爱并得到去实现它的自由。

还要借此机会，向主编李鸿谷以及所有鼓励过我的老师、朋友、同事表达谢意。尤帆、王紫祎、王沈洁、王琪、林磊、王雯清……他们在《三联生活周刊》实习期间曾参与书中部分访谈的录音整理工作，也在此表示感谢。

谨将这本小书献给我亲爱的家人。和他们给予的包容与爱相比,我是一个过于懈怠的写字人。

曾焱

2019 年 9 月 9 日

第一辑

黄宇 摄

徐冰

1955—

被广泛认为是当今语言学和符号学方面最重要的观念艺术家之一。他在作品中反复对汉字和英文字母进行再创造。最为人熟知的作品《天书》（1987—1991）让他在 20 世纪 80 年代就获得了国际上的认可。作品曾在纽约现代艺术博物馆（MoMA）、纽约大都会艺术博物馆、大英博物馆、维多利亚和阿尔伯特博物馆等著名艺术机构展出，并参加过威尼斯双年展等重要国际展览。

徐冰：
当代艺术没有我们想的那么了不起

好的艺术家是思想型的人，又是善于将思想转化为艺术语言的人。

监控镜头里的电影

2015年12月31日，徐冰工作室把电影《蜻蜓之眼》的预告短片放到了网上。这是他于2014年卸任中央美院副院长后公开发布的第一件新作品。此前他受邀参加第56届威尼斯双年展，带去军械库，在古老船坞吊装的是旧作——巨大装置艺术《凤凰》。

2016年1月6日，导演贾樟柯到工作室来看片，和徐冰、翟永明聊了一下午。诗人翟永明也在这部影片的主创人员名单中。贾樟柯对翟永明说："和你们的作品方法比起来，电影太老了，感觉我们的工作都没有意义了。"徐冰对此表示："他当然是开玩笑，但他是一个很敏感的人，他看到了监控画面对于电影领域的价值。"

这的确是部手法极其特殊的电影。没有摄影师，没有一个自己拍摄的镜头。徐冰和团队用二十多台电脑工作半年，从上万个小时的监控录像中采集素材，剪辑成剧情长片。作品没有拿"龙标"，不可能在院线公映，到我们采访时为止也还在剧本调整和后期制作中。从透露的情节看，故事好像并不复杂：一个无法界定自己身份的女孩，名叫蜻蜓，她一直在整容……

徐冰用监控画面做电影的想法大约开始于四年前。某天，他偶然从电视上看到几个监控画面，发现里面有一种特殊的、说不清的东西在吸引他。他

《凤凰》，2015，威尼斯双年展（徐冰工作室供图）

想，如果一部电影所有的画面都是这样的，一定会很感染人。

徐冰开始托朋友帮忙搜集视频资料。最早得到的是一段接近两个小时长度的监控素材，地点在某医院停车场。他试着用里面的一段画面来讲故事。"两个人在那里讲话，下着雨，讲完后，两人分头走开……其实是可以用这段讲出故事的。后来我了解到有一种孩子玩的游戏，就是坐在街边上，看着街上的人，然后瞎编故事。这是一种乐趣。我觉得是一种很有意思的游戏……这次实验以后我觉得，用监控做电影的想法是可行的。"徐冰说。

作品的灵感其实都不是偶发的，有时候就长久地埋在一条隐藏的线索里。徐冰曾写过他在"纽约东村7街52号地下室"的生活，文章里有一段记述，现在读起来，可以发现他以监控素材做作品的更早的闪念。

1990年,徐冰以"荣誉艺术家"的身份移居美国,纽约是他的第三站。1993年3月,他从南达科他州一个叫弗米利恩的小镇搬到纽约。有段时间他寄住在艾未未家里——位于东村中心的一个地下室。艾未未搬回北京后,把租房合同转到了徐冰名下,他在那里一直住到1998年。

这个地下室所在的地界正好是美国朋克文化的发源地,每天朝圣者众多。旁边还住着"垮掉一代"的领袖诗人艾伦·金斯堡。但对中国人来说,更有名的不是金斯堡,而是这个地下室——在这里拍过电视剧《北京人在纽约》。剧中姜文演的主人公王启明刚到纽约时就落脚在这个地下室,房间里的所有家具都是电视剧里的道具。

徐冰说拍剧的时候艾未未是房主,等剧在国内热播的时候,房主已经换成他了。20世纪90年代,这间地下室还住过不少过客名流,演艺界的有张艺谋、陈凯歌、郑晓龙、冯小刚、姜文、王姬等人,艺术圈的有批评家栗宪庭和画家刘小东、喻红夫妇。

徐冰成为房主后,遇到一件挺"东村"的事。纽约的地下室入口都是在大门的台阶下面,通常是个低于地面的小天井。拍《北京人在纽约》时,剧组这里这留下了一个红灯泡没取走。"也许是这个红灯的原因,这里成了流浪汉和街头女孩们做爱的场所。晚上工作或睡觉时,有时能听到外面有响动或喘息声,那一定是有人又在'干事'。我一般是随他们去,流浪汉和妓女的爱情多浪漫,也需要有个地方呵。"

徐冰说,他当时想过在门上安一个摄像机,也许哪天能做个作品什么的,但那时也就是想想而已,直到《蜻蜓之眼》。其实《蜻蜓之眼》有想法后也搁置了两三年,等真正进入实施,已经是2015年秋天。徐冰和他的团队发现,比起早先,最大的变化是素材来源已经多得可怕。网络上每天都有无数公开发布的监控视频画面,坐在工作室的电脑前,他们可以清楚地知道此刻在遥远的某个城市、某条街上,有一个怎样的酒吧或餐馆,甚至它每天什么时候顾客多、什么时候顾客少也都了如指掌。"我们真的生活在一个监控的世界里。"

其他人建议也许做个短片好,但徐冰根本不想要那种艺术家通常使用的视频艺术(video art)。在他看来,只有电影概念和剧情长片才能和监控的概念一起形成那种他想要的、"太冲突了"的互释关系。徐冰说,一般人想象它(电影)是不可能(完成)的,但正是因为不可能,一旦走通了,它就可以为我们的概念提供新东西。

为艺术系统提供新东西,这么多年来都是徐冰做作品的想法的起点。"我的创作越来越不像标准的艺术,但我要求我的工作是有创造性的,想法是准确的、结实的,对人的思维是有启发的,再加上一条:对社会是有益的。"

"文字"方法论

徐冰是北大子弟。他母亲在北大图书馆学系工作,撰文回忆起小时候,他印象中总有这么一种场景:母亲忙,经常是和其他人在开会,就把他关在书库里。因此他很早就熟悉各种书的样子,但那时还读不懂,所以它们对他又是陌生的。到了能读的时候,他又没什么书可读,只有一本"小红书"。"文化大革命"结束后,他从知青下乡点回到城里,对知识高度饥渴,逮着书就读,跟着别人啃西方理论译著,弄得思想反而不清楚了,觉得丢失了什么。

徐冰用这些记忆来帮助解读,他的艺术为何这么多年总是与文字纠缠不清。从1987年的《天书》到1993年的《英文方块字书法——Art for the people》(简称《艺术为人民》)、1999年的《文字写生》,再到2006年开始试验的《地书》,他从未中断过创造一种如植物般生长蔓延的、深植于"文字系统"之中的当代艺术。

《天书》,1999,美国纽约展览现场(徐冰工作室供图)

作为艺术家的徐冰，最早生出"造字"念头是在 1986 年。1977 年，22 岁时，因为绘画出色，他从知青插队的北京穷山区收粮沟村，被招进了中央美术学院版画系。毕业后他留校任教，攻读研究生，一切顺利。1986 年那个当口，徐冰正在紧张地准备自己的研究生毕业创作。某一天，他却被一个和毕业创作不相关的念头突然抓住了。"我要做一本谁都读不懂的书。"他说，"这想法让我激动，这种激动是那种只有自己的身体才能感觉到的。"

就这样，他在思维的活跃震荡中激动了好几个月。等到 1987 年 7 月毕业展一开幕，他立刻全力以赴地进入到"书"的创作中。为了实现"抽空"内容、使它不像一本书的想法，徐冰决定造 4000 多个谁也不认识的假字。选定 4000 这个数字，是因为他了解到日常读物上出现的字通常就在 4000 左右，也就是说，一个人如果认识 4000 字就有了阅读能力。

为了让这些假字最大限度地像汉字但又不是汉字，他从父亲那里找来一本《康熙字典》，按照笔画从少到多的序列关系，平行对位地编造他的字。为了完成一本形式上"真正的书"，他又严格仿照中国宋版书的制作过程，手工刻出活字版，然后照古籍书的方法印刷。

那几个月，每天除了给学生上素描课，他都把自己关在小屋里，赶刻着连自己也不认识的字。那个时期，知识界正涌动着阅读和研讨西方现代主义的思想热潮，而他置若罔闻，在创作中享受着一种"自我封闭的崇高感"。

1987 年 10 月，中国美术馆给了这位正在冉冉升起的版画新秀一个宝贵的档期，举办"徐冰版画艺术展"，而他大着胆子，竟将这件正在试验中的、尚未找到最好形式的"书"展出了。最初，作品并不叫《天书》，为了体现当时很时髦的"思想的深刻"，他给作品取名《析世鉴——世纪末卷》。在展厅里，它由三条空中垂挂下来的假"字"长卷和地上一堆无人看懂的"典籍"构成。

当展览成为话题，人们热闹地议论着、批评着这堆看不懂的"天书"时，徐冰也就接纳了这个新的名字，并且决心按照自我校正后更趋完美的苛刻标准，重刻书版并寻找传统手艺人来做印刷。

1991年秋天，在滋生造"字"念头的四年以后，徐冰在日本东京第一次看到了自己最终完成的《天书》：封面是"磁青皮子"颜色，"六眼装"格式，左上角有书题签，是经他反复挑选后才拣出的三个他认为最像汉字的"字"；翻开书皮，里面有着作为书的所有严密逻辑和结构："册序、页码、题目、总目、分目、总序、分序、跋文、注释、眉批以及段落终止，等等，在'没有内容'中布满了内容的密码。"

1990年7月，《天书》大功告成并开始在世界各地展出赢得赞誉的时候，徐冰已经以"荣誉艺术家"的身份去了美国威斯康星大学（University of Wisconsin Madison）。地理和心理的双重迁徙，让他的创作从此进入了另一种视界。

如果说《天书》是徐冰不可阅读的"伪文字"，那么他1993年在纽约开始构想的"英文方块字"则是经过精心伪装却拥有真实面目的"真文字"。在纽约生活，两种不同文化之间的鸿沟时刻让徐冰意识到无可交流的尴尬的现实处境，由此延伸到他对两种文字体系背后不同思想方法的探究。徐冰想到了"嫁接"，即把中文、英文两种截然不同的书写体系杂交在一起：他把一个英文单词的字母用汉字的方块字结构书写出来，只要按照汉字从左而右、自上而下、从外到内的顺序，就可以读出这个词来，并理解整句话的意思。

1994年，他以类似表演艺术的"书法教室"的形式，首次在西方世界展示了这件作品。展览空间被改造成书法教室的样子，里面摆放了课桌椅和黑板等教具，也备有中国传统书房的笔、墨、纸、砚。

观众入场后，按照艺术家亲手刻制印刷的《英文方块字书法入门》（内含字帖，外加描红练习本）学习神秘的中国书法，到了最后却发现是在写自己的文字，即他们可以读懂的英文。这种书法，在艺术家设想中就是"记录了一个人的思维在不同系统之间斗争与调和的历史"。徐冰相信，文字是人类文化的根本，对文字的改造是对人思维最本质的那一部分的改造，历代统治者都深谙此道。而他的"英文方块字"作品，显示了这位艺术家的野心之大。

1999年，当徐冰的作品《艺术为人民》以大红条轴的形式，从MoMA入口上空垂挂而下，可谓举世瞩目。这种斗争与调和、游戏与供奉，接近了他想要呈现的东西方关系的最大饱和度。这一年，徐冰也获颁美国最重要的个人成就奖——"麦克阿瑟天才奖"（MacArthur Award）。

在徐冰制造的这个"文字体系"里，可以说是以上两件作品建构了艺术家关于文字和人之间关系的方法论。其后，1999年开始的《文字写生》、2010年的《芥子园山水卷》、2011年在纽约摩根图书馆美术馆里展示的装置艺术《鸟飞了》，以及2012年手绘的二维动画《汉字的性格》，应该都可视为由此坐标而派生、而发散。

《文字写生》是关于象形文字和书画同源的思考。徐冰描述说，当时他坐在尼泊尔的一座山上，面对真的山写下"山"字，在河水流经的地方写下"水"字，"云""雾"缭绕，千"鸟"飞过。当他用无数汉字组合成这样一幅纸上山水时也似乎书写了万物万象。"我可以把书法和绘画史上有关风格和笔法的讨论统统忘掉，完全让位于此刻的感受。我感觉，我似乎摸到了一种东西，回到了事情的原点，触碰到我们文化中最核心，也是最特殊的那一部分。"

2010年，美国波士顿美术馆策划了著名的"与古为徒"大展，邀请一些不同身份背景的当代艺术家，根据波士顿美术馆里的古代藏品，各自创作一件作品与经典对话。徐冰也在被邀请的艺术家名单里。在美术馆地下藏画库里那些令人屏息的珍品中，徐冰没有挑名家大作，而是选了其中一件最无个人风格印记的中国传统"工具书"——《芥子园画传》。清代文人沈心友请他同时代的四位画家共同编绘了这本画家"字典",集纳了明清绘画大家的典型范式,它们就像字典的偏旁部首,可供查阅临摹。像对待文字一样,徐冰将这些绘画的典型范式看作一个个符号,以录像倒带的方式,重新回放到自己的《芥子园山水卷》中。他的方法是按照原书尺寸,将山、水、树木、亭台、人物等图像从《芥子园画传》中摘出,以他自己的布局拼贴为一件山水长卷,再交到专业刻工手中,请他们按照复制雕版方法制成版画。

为什么没有像制作《天书》那样自己动手刻版呢?他说,要想让作品脱离画家的情感因素,通过职业刻工的忠实复制,使作品更加符合"传统文化中的模板拷贝概念"。这种挪移的形式感和拷贝的复数性,也正是《芥子园山水卷》师古又超越摹古的当代性。

徐冰"文字系统"的最新出品是《地书》。这是一本用各类标识写成的奇书,一个没有使用任何传统文字的读物。这些年,徐冰总是在世界各地飞来飞去做展览,很多时间在机场和飞机上度过,机场指示系统和机上安全说明书最早触发了他的灵感:图形符号作为文字到底能表达到什么程度?

2003年的一天,徐冰偶然注意到一张口香糖包装纸上印了几个小图,意思是"请将用过的胶状物扔在垃圾桶中"。他想,如果标识再多一点,是不是就可以讲一个长篇故事?从那天起,他开始通过各种渠道收集世界各地的标识和各种领域的符号,比如咖啡馆的标志,可以有上百种。他的工作是把材料排列起来,对它们做心理上和视觉上的分析和比较,找到共识部分。经过七年的概念推敲、试验、改写、调整,这本超越既有阅读经验的符号表述系统——《地书》终于出版了。

"二十多年前我做了一本包括我自己在内没人能读懂的《天书》,现在又做了这本说什么语言的人都能读懂的《地书》。事实上,这两本书截然不同,

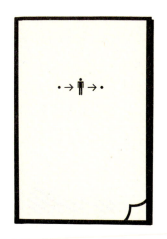 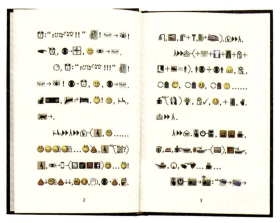

《地书》，2012年上海版本（退底）。徐冰通过收集世界各地的标识和各种领域的符号，做了这本"说什么语言的人都能读懂的书"（徐冰工作室供图）

却又有共同之处：不管你讲什么语言，也不管你是否受过教育，它们平等地对待世上的每一个人。"徐冰说。前者表达对现存文字的遗憾与警觉，而后者则表达了对当今文字趋向的看法和普天同文的理想。

徐冰将《地书》称为一个没完没了的项目。在创作它的漫长七年中，2008年，徐冰回国就任中央美术学院副院长。他的身份和视点又一次被重写了。

怎样用中国的方式获得现代性？

徐冰的作品观念很当代，但在身份视角和实现方法上始终和中国传统的东西有条条缕缕的关系，比如古本、汉字和纸，比如拓印和装裱。

看过《天书》装置的人，细心些可能就会发现，这些"书"的纸色和质地都不一样，用了三种不同的纸来印制。但这并非徐冰事先构想好的部分，是他所秉承的中国人传统中对纸的敬重与信赖，使他在创作过程中和材料发生了深刻的互动关系，也因此附加给作品意想不到的呈现。

1987年，徐冰通过中华书局介绍，在北京大兴采育乡韩营村找到了一家专门印古籍的厂子来印他的《天书》。韩营村那一带在1949年前就有印书的传统，"文革"后也承接过国家计划的重印某些线装古籍的任务。厂子是几排普通民房，厂长就是村里的村民，说出来故事性又添几分。《天书》成名后，很难让外国人相信它们是在这般简陋的环境里做出来的。开印前，徐冰和印书老师傅找来三种备选纸：首选的是一种用精细麦草原料制作的"玉扣纸"，又称"官边"或"花笺"，是厂子里几十年前剩下的宝贝。第二种是"藏经纸"，色如白玉，如果不是厂子那两年正在印制国家项目《大藏经》而精心仿制了一批，这种纸也是很难得见的。第三种是徐冰自己找来的"元书纸"，原料为竹绵，虽不贵重，却有他在作品中想要的那种古色。

开印拖延了一个星期也定不下来用哪种纸，最后徐冰决定印刷一百二十套《天书》时三种纸各用三分之一。当作品完成以后，徐冰发现"这三种自然纸色的微妙变化，让这些书在装置中的感觉好极了"。《天书》的方法是"用拒绝沟通来达成沟通"。这三种不同身份、年份和质地的纸，实际上帮他直到最后一步也在达成目的。

1990年，做巨大的行为装置《鬼打墙》时徐冰带着一些朋友、学生和当地农民爬到金山岭长城上，用小一个月的时间拓印了一个烽火台的三面和一段城墙。他用的是"高丽纸"——在中国民间，这是一种用来替代玻璃的糊窗纸，日常又普通。巨大长城的国家象征"身份"和高丽纸的民间"身份"形成了碰撞。

《鬼打墙》做成装置进行展览的时候，徐冰需要把拓印装裱成大轴。他用了传统书画的装裱方式，裱褙纸都是从安徽泾县订购的宣纸。那个时候他人已经到了美国，展览地点也是在美国的一个博物馆。他从夏到冬干了大半年，反复试验宣纸在异域环境里的湿度和伸缩度，最终是在威斯康星州麦迪逊的一个大仓库里完成了中国传统的装裱过程。

1992年做《后约全书》，徐冰人也在美国。为了找到一种既有欧洲古典感觉又价廉可承受的材料，他特地回到国内来寻访。这一次，理想的纸在国营新华印刷厂找到了，老师傅告诉他，那批纸是"文革"前政府用来印英文版《毛泽东选集》的，叫作"政文纸"。很多年后，有位美国友人送了徐冰一套旧版英文《毛选》，他拿来和自己的《后约全书》对照，印证了确是同一种"政文纸"。在徐冰看来，传统与现代如磁场一样，是随时转换和互为存在的。"因为好的传统作品中，必有永恒的因素，不管什么时候看，都是有价值的。这就是所谓的'现代因素'，是超越时段性的。"

2001年，徐冰在美国赛克勒国家博物馆做了一个大型个展，主题就是"传统与现代"。在美国甚至整个欧美，赛克勒博物馆一直以保存和展示亚洲古代艺术闻名，而徐冰的个展正是他们开始关注亚洲当代艺术以后策划的第一个当代（在世的）艺术家的展览。

具体到每一件作品的手法还是一样，徐冰试着通过整个展览，把观众带到传统与当代关系的思考中：什么是这些作品的本质和真实的部分？它们真的运用了中国文化的营养，或者这只是一种戴着这一面具的假象？

身份和视点，其实是徐冰艺术作品里两个隐性的却一直都在的东西。某种程度上，他在不同时期用作品谈论的是同一内核：关系——文化与人、传统与现代、东方和西方、真实与表象的关系。

1995年，徐冰参加一个由芬兰国家美术馆策展人马瑞塔·耀库瑞（Maaretta Jaukkuri）邀请的艺术项目：喜马拉雅计划。五年以后，他在纽约写了篇文章——《这叫"深入生活"》，里面回忆到那次经历中的一个场景：

在从加德满都的机场到旅馆的路上，他坐在人力车上，手中举着相机，却一张照片都没有拍。

"不是因为加德满都对我不够新鲜和刺激，而是我不知道应该对什么东西感兴趣：是对加德满都贫困落后的现状感兴趣，是对文化习俗的异国情调感兴趣，还是对在那个环境里出现的可口可乐这类文明商标感兴趣？都不是。因为我不习惯用一种知识分子的眼光或旁观者的、怜悯的眼光，我也不习惯用那种从所谓文明的角度，对未改变的传统习俗大为欣赏的眼光。让一部分人永远保持一种与现代生活无关的状态，谁来付这个代价呢？"徐冰说。那个时候他感到"一种从未有过的深刻的身份和视点的转换和不确定的悬浮感"。

写了这篇文章半年以后，2000年10月，徐冰遇到了另一个不确定的场景。在一次研讨活动上，他见到了法国后现代理论大家雅克·德里达（Jacques Derrida）。活动由纽约首府奥尔巴尼公共图书馆举办，题为"书的结束"，其中包括徐冰的一个个展。

准确地说，那个研讨活动的主角其实就是他和德里达，因为两组演讲都是围绕他的艺术和德里达的理论进行。自从20世纪80年代末徐冰的《天书》出来后，很多学者或评论家——不论中外——都爱用德里达的解构学说来分析这件作品。这也是为什么徐冰会对"德里达"这个名字及其理论印象如此深刻，以致主办方告诉他另一位讲演者的名字时，他竟有些不相信就是那个德里达。

他印象里，在20世纪90年代以来的中国知识圈里，"德里达"就是一个耳熟又难懂的"符号"；而现在，这个"符号"和他坐在了同一个房间里，虽然他还是听不懂德里达的演讲，就像过去那些年对他的书总觉得费解。徐冰回忆，他会后上前和德里达打了招呼，哲学家表示喜欢他那件蚕吐丝包裹手提电脑的作品（*Power Book*），并问艺术家能否得到一份关于他这件作品的录像资料，因为他想要写到书里。

令徐冰感到意外的是，德里达完全没有提及《天书》，尽管人们总把这件作品和他的理论扯在一起。当天在现场，德里达还被策展人安排了在展厅教当地小学生学写徐冰的"英文方块字书法"——那似乎可以视作《天书》的延续。徐冰本人其实也好奇德里达本尊到底如何看待《天书》，他试着在交谈中向德里达提到了这件作品，哲学家听后不过是点头，又点头，一言未发。

被人虔诚地引用来解读《天书》的德里达究竟知道《天书》是什么吗？这好像成了无解的悬念。有意思的是徐冰对德里达的观察："这时有人过来给我们照相，我注意到他只要一面对镜头，总是做出一个姿势和表情，这时我开始感到德里达并不仅是一个哲学符号，也是一个拥名自重的人。但这以后，当我继续在各种文章上读到'德里达'时，当我收到他的差不多一样的姿势和表情的那些照片时，他像是又隐回到那个符号中去了。"

徐冰最终也没有寄出德里达想要的关于那件 *Power Book* 的资料。德里达去世后，2005年的某天，助手帮徐冰整理工作室时发现一个信袋，上面写着"To：Mr.Jacques Derrida"（致雅克·德里达先生）。徐冰说，这是给德里达的信，但他也不知道为什么一直没有寄出。"我想一定是'德里达'这三个字的分量让我始终没有把这份东西寄出去。"距离他们见面五年之后，徐冰记下了这个结束。

有问题，就有艺术

徐冰说他从不收藏艺术品，但有收藏"特别物件"的习惯。巨大的物，可以大如他从纽约"9·11"纪念地认领的那块带着编号、位于撞机位置下

"背后的故事"系列之《江山万里图》正面、反面,2014,温哥华展览现场(徐冰工作室供图)

部的双塔一号楼的钢架；微小之物，小到"9·11"事件几天后，他在双塔和中国城之间地带收集的一包尘土。他对自己工作室的废弃物也是保存的，比如在试验"英文方块字"的时候，那些因为错拼或写得不满意而丢弃的纸头……这些无用之物，在一段时间后，往往成了他的重要作品。

2001年，在"9·11"事件现场收集那包灰尘的时候，他是下意识的，并不知道要干什么用，只是觉得里面包含着信息，"关于生命，关于一个事件"的信息。2002年，他重读六祖慧能"本来无一物，何处惹尘埃"这句禅诗时，想起了这包灰尘，他开始计划构思一件装置作品：《何处惹尘埃》。

2004年，徐冰在英国威尔士国立博物馆的展厅里实现了这件作品。为了把这包尘土从美国带到欧洲（国际规定不允许土壤、种子等物质在大陆之间携带出境），他用女儿的一个玩具娃娃翻模，用尘土做了一个看起来像是雕塑作品的小人形带上飞机，到威尔士后，再把它还原成粉末。这个过程后来也成为作品内容的一部分。

在展览现场，徐冰将这包尘埃吹到空间里，24小时后，灰尘落定在展厅的地板上，显现出两句禅诗：本来无一物，何处惹尘埃。尘埃如霜覆盖，有肃穆之美，又因随时可能被任何微小的自然外力改变而令观者感到紧张和压迫。

在徐冰看来，他这件作品并非要讨论"9·11"事件本身，也无意于当代艺术和东方思想的话题。他想探讨的关系和问题是，到底什么是更永恒、更强大的？什么是真正的力量？宗教在哪？

2011年，"9·11"事件十周年的时候，这件作品第一次在美国获邀展出，地点为纽约曼哈顿下城。一位美国作家安德鲁·所罗门在看展后写道：过去十年，关于"自由塔"以及"9·11"纪念碑的、冗长而毫无结果的争论中，没有人注意到，其实这座纪念碑早已在那里——就是那些尘埃本身。

有时候，收藏的那些无用之物也成为徐冰反讽当代艺术的自证。2007

年,当他用工作室里那些废纸头完成了一件在美术馆展出并颇受好评的"英文方块字书法"册页之后,他揶揄道:"今天的现代艺术就是这么拥有特权又无聊,什么东西都可以称为作品,并把它阐释得价值连城。"

2012年,徐冰有一封著名的《给年轻艺术家的信》。在信中,他跟纽约一位寻求答疑解惑的名叫南希的年轻人说了这么一段话:

> 我有时想,我有房子住,有工作室用,有饭吃,是用什么换来的呢?美术馆、收藏家愿意用高价买我的作品,他们买走的是什么呢?作品本身只是一堆材料,值那么多钱吗?是由于精工细作的技术吗?比我在制作上讲究的艺术家很多。其实,艺术最有价值的部分,源于那些有才能的艺术家对其所处时代的敏感,对当下文化及环境高出常人的认识,而且,对旧有的艺术从方法论上进行改造,并用"艺术的方法"提示出来。这是人类所需要的,所以才构成了可出售的价值,才能形成交换链。所以说,好的艺术家是思想型的人,又是善于将思想转化为艺术语言的人。

这几句大白话,不妨理解为徐冰的"艺"和"术"。

艺术其实是一个传统的、古典的系统

1. 我希望离热热闹闹的环境有一点距离

曾：你搬到现在这个工作室多久了？

徐：差不多七年。回国后我们最早在酒厂那里，后来因为地方不够，就搬到了香颂。我不太喜欢那种太远、在路上耗费时间的工作室。

曾：门口的大轮胎是1986年做《大轮子》的那个吗？

徐：是的，但不是过去那件作品。我们想重新做一下《大轮子》，但一直没有弄，因为这个轮胎太大了。

曾：1986年的《大轮子》好像一下子和你之前的作品拉开了距离，变得观念化了。这是"85新潮"对你的影响吗？

徐：说起来，并不是"85新潮"本身给我或者给其他艺术家带来的一个改变，我觉得最主要的还是中国整体开放的背景，这才是最真实的根源。当然，对我来说最具体的

还是80年代初期的"文化热"，以及我特殊的个人背景与文化之间的关系。"文化热"这个现象在我的作品和思维上有很多反映。美术学院当时各种各样的讲座我几乎都去，而且做很多笔记，因为那时候信息很少。我也挺愿意接触这一类事情。"星星美展"、"四月影会"、北大的三角地、"民主墙"、小剧场，这些我都参加。但我并不是参与进去，我只是到场和旁观。参与多了以后你会发现，和过去你对文化的期待有出入，最后你会觉得自己丢失了很多东西，而且以前清楚的现在不清楚了。

曾：1987年的《天书》是与《大轮子》完全不同的思维。你是怎样迅速回到一个安静的状态去做《天书》的？

徐：《大轮子》当时确实是在做实验，是在对当代艺术向往的语境下做的。它其实是版画，我们四个人用轮子印了一个长长的像彩虹似的痕迹。我当时的概念是，这个轮子可以印一张永远没有边的版画，只要不断地给它油墨，它就可以不断地滚动，出现一张无限长的作品。我觉得这是很有

意思的一次实验。

曾：我觉得这个作品好像是比较外化的、行为艺术的，但是《天书》好像回到了内省思考的状态？

徐：对。但是你不能说《大轮子》包含的思考就少，《天书》的思考就多。我们一般比较容易从艺术的外在样式来看作品。其实《天书》也和版画的实验有很大关系，它把版子打碎了，采用活版印刷了。我觉得版画的最大特点是复数性，它可以不断地印刷。你们《三联生活周刊》那么有能量，就是因为你们有复数性，不断地进行印刷、拷贝，然后发散到各地。也是因为"文化热"的关系，我当时很想做一本自己的书，表达我对文化的讨论、对阅读的感受，所以才有《天书》。而且我也希望离特别热闹的环境有一定的距离，所以我就把自己关起来做这个事。做的时候觉得挺踏实的，因为每天有一个实实在在的进展。

曾：1991—1992年，你连续做了《ABC》《后约全书》和《文化谈判》，与西方文化开始有一种对比关系。你当时的作品好像都是在布朗克斯美术馆（Bronx Museum）举办展览的，那是一个什么样的美术馆？

徐：布朗克斯是纽约的一个区，算是黑人比较多的地区。当时布朗克斯美术馆有一个策展人叫Lydia Yee，她是华裔，在美国长大，不会说中文。她最早在纽约的新当代艺术博物馆（New Museum of Contemporary Art）工作，这是一个很前卫、很有实验性的美术馆。当时我跟这家博物馆有非常多的接触，她是那里的艺术顾问之类，对我的作品非常了解。她说要在布朗克斯为我安排个展。虽然博物馆本身不是那么重要，但作为在纽约的个展，对我来说还是很重要的。那次有几件作品都是刚去美国头几年做的，比较小型、带有一定的装置性和观念性。但是回过头来看，我发现，这些作品手法都不一样，但都和文化冲突有关系，和我自己个人的处境也有关系。

你刚才说这些作品有一些现代西方的手法，确实是。刚去的时候我很希望自己的作品能够和西方对接在一起，能够进入西方主流的语境里。我当时不太明白，为什么在这个领域里，一个外来的艺术家好像很难进入其中？出于这样一个印象，我在那几件作品中实验了一些新的手法，比如《后约全书》是用英文，因为我当时很想实验在英文的语境里怎么样和过去的作品不同。

包括那个"猪的行为"（《一个转换案例的研究》，1993）在内，一些作品其实是为西方美术馆做的，比如索菲亚王后国家艺术中心（Museo Nacional Centro de Arte Reina Sofia）。策展人找我时我还不知道那是什么美术馆，因为对西方的系统还真是很不了解。他们想展《天书》，而我那时候实验精神特别强，总想做新的作品，于是我就说想提交一个新的计划，一个关于"猪的行为"的装置的想法。但是当时在美国很难找到猪。我在中国时插过队，知道哪里能找到猪，我就回国来做实验。这件作品明显就是在实验西方的当代艺术手法。

现在看它，你很难说好或不好，但是这个作品在国际上影响特别大。这些东西让我明白了当代艺术这个系统和它的手段、说话的方式。国际当代艺术圈有他们习惯的某一类作品，包括在纽约，有一类作品会特别受欢迎或特别不受欢迎。它存在类型化现象，有时候和作品好坏没有那么大关系。

我在做很多作品的过程中，收获并不在作品本身，而是我在判断艺术到底是怎么回事。我发现不管猪的这个作品和我其他的作品有什么不同，实际上从很深的表达上看，它和《天书》谈论的是一件事——文化的面具，就像文化的文身一样。《天书》给你一个伪装，比如有文化的人和没文化的人在这幅作品面前反应是不同的。

我后来发现我的作品对知识分子有特殊的触动性，比如我的老师钟寒。他是我们中央美术学院的一位老先生，他看完说"你应该给我印一块，放在我的书房里"，"这个对我随时是一个警觉"。他看东西是很到位的，他觉得《天书》可以给他一个警觉，就是怎样判断和对待文化以及文化和我们的关系。

"猪"这件作品也是如此。知识分子在这个表演面前特别受触动，也特别尴尬，但是一般的农场工人可能就无所谓……我的作品有一类是动物的，有一类是文字的，其实都不是说这两个"头"，而是从这两个"头"探讨"文化过"和"没文化过"与我们的关系。

曾：1999年，你在MoMA展出了《艺术为人民》。你曾说《艺术为人民》是永远的"真理"，到美国后观点有没有变？

徐：随着在西方参与当代艺术的深入，你会对这个系统有自己的判断，而你的判断和西方艺术家的判断可能不同，这种不同来自我们身上传统文化的基因以及社会主义经验的基因。这两个都是我们的"传统"，它一定会起作用。

我带过去之后很长时间都没敢拿出来给别人看，我希望别人觉得这个人天生就是一个当代艺术家，而那些东西我当时觉得很愚昧。但是，当后来你的作品被大家开始觉得有意思的时候，他们就会挖掘你的历史和背景，想弄清楚为什么他来自一个非常保守的国家但思维却非常前卫？艺术史家会问这些东西，他们会对我的过去很感兴趣，包括我插队时做过的刊物《烂漫山花》。那时候我才开始意识到，我在纽约工作时身上所携带的"特殊武器"一定和我的背景有关系。所以我对那个系统的问题很敏感，比如我发现当代艺术变得很无聊、自说自话时，我开始觉得这些东西实在是有问题。

我们有社会主义历史背景的艺术家，西方不管什么主义、什么流派都很难把你原始建立的艺术观抹掉。我那时候意识到，我们的东西里面虽然有愚昧的，但有些东西对人类文明可以起到调节作用，在方法上是有效的，至少是有用的，就看你用在哪里，用在错的地方当然就会很麻烦。

从那时开始，我的作品就比较有"人民性"或"互动性"。我很烦"假大空"的当代艺术，它会先给你一个很大的刺激，但其中存在很多问题。现在很多艺术家也都能意识到，当代艺术其实不是我们想象的那么了不起，它有很多问题。

曾：MoMA策展人怎么看待你的《艺术为人民》？

徐：他们特高兴。当时那是一个跨世纪的项目，和其他几位挺好的艺术家合作。我记得很清楚，当时我去MoMA把方案给策展人，他当天晚上就给我写了一封电子邮件，说："我真的特别兴奋，我平时都是坐地铁回家，那天我特别兴奋，走路回家。"蔡国强跟我说想收藏这幅作品，说这件作品很了不起，就像是我们第一次用我们的思想和西方当代艺术进行挑战，而且是明目张胆地，在MoMA的旗子下面，在MoMA的大门下面。

在那个阶段，MoMA对它的员工不是很好，工资待遇很低。他们员工后来就在我的作品下面游行，抗议MoMA的这种行为。

曾：当时你所说的"人民"，有没有和西方那种"人"的概念进行对接？

徐：确实没有。

2. 当代艺术越来越没了形态，无从把握

曾：你对"当代艺术是什么"这个问题想清楚了吗？

徐：到现在也不能说想清楚了。我后来发现，当代艺术这件事或者说"什么是艺术"这件事在今天是最不清楚的事。当代艺术其实就和世界的不清楚是一样的，因为变异太快，就像世界变异太快一样。人类没有足够的准备、经验以及相匹配的思维来看待这个世界到底是怎么回事，这点对艺术来说也是一样的。

但是我们有个人的判断。一种判断就是，艺术对人类文明的整体进程而言是补充人类以理性、逻辑、思维为主导来推进文明这一方式的不足。艺术家必须做出超越于现有概念、现有知识范畴的东西，简单说应该是前所未有的。

你通过你的创作提示出这些东西，把它交给哲学家、批评家去分析和整理背景中的蛛丝马迹：什么导致了艺术家要做这件事？这件作品和现实社会的关系到底是怎么回事？等等。一个新的概念就出来了，从而补充了人类的文明范畴。这是我对自己的要求，我后来很多作品如《艺术为人民》《背后的故事》等都是这种想法。

曾：《背后的故事》就是后面看是自然废料，前面看是风景那个？

徐：对。它其实是一种前所未有的绘画，一种光的绘画。我们看到的是一幅画，但它其实又不是一幅画，因为它是由光构成的，这幅画其实并不存在。

曾：你觉得提供一个新的概念是艺术最重要的意义吗？

徐：对我来说是重要的。但是艺术的类别和目的是不一样的，有人画肖像画很美，这也是有目的、有作用的，不能说不好。

曾：艺术家真是个很特殊的职业。

徐：可以说特殊，也可以说没有这个职业。当代艺术被稀释到了生活的各个领域和角落，越来越无从把握，没有了形态。

曾：你曾在作品《鹦鹉》中让一只经过训练的鹦鹉重复"你们真无聊""现代艺术是废物"等话。这代表你的观点吗？

徐：是的。那时候挺烦当代艺术的，但是在这个过程中你就处在这种状态：明知这个领域有很多问题，但是你不做（当代艺术）又能做什么呢？它其实还是我喜欢做的事情，比如转画廊、转美术馆，但实在是看不到好东西了，你就会觉得这个领域太没有意思了。但如果偶尔看到一两件特别好的，你就会觉得"真太了不起了"。

我自己看到好作品的时候，会觉得"不行，还得好好做"。而且创造太有意思了，我那时就觉得"我要再聪明一点有多好"。最后你认识到这其实就是智慧的较量，IQ 的较量。

曾：哪位艺术家的作品让你这么有感触？

徐：比如克里斯蒂安·马克雷（Christian Marclay），他是以前我们在纽约时老在一起玩的瑞士—美国艺术家。以前我并没有觉得他的作品特别有意思，但是他前年在威尼斯双年展上的作品很触动我。那个作品叫《时钟》（The Clock），把电影里有时间的画面全部接在一起，比如从 1 点 1 分到 1 点 2 分、3 分、4 分等，从不同的电影里找出画面，对接了 24 小时。而且展览的时候一直循环在放，你什么时候进去就是什么时间。我觉得这件作品很有意思，因为他真的在探索关于时间的问题，而且用了很简洁的手法，我觉得这种创作思维的力度很了不起。我最早在纽约看过这件作品，那年还在展场碰到了他。我当时还在中央美院当副院长，感觉以前在一起玩的这些艺术家现在已经越做越好了。

曾：我数了一下，你基本上每年都有一件新作品。哪一年你曾空下来没有工作？

徐：我没有计算过。但我这个人，生活和思维、艺术总是搅在一起的，而且创造总是被放在第一位的。我觉得创造这个东西最吸引我，就像是你活着必须把自己放到一个目的里面，而且要设想它最终被完成的样子和你原本设想的出入有多大。

比如《天书》，我做了那么多年，最原始的动力其实就是想看看这个想法最后出来会是什么样，因为过去我没看到过，也没有别人试过。……在我看来，绝大多数东西都不值得去做，但就是有些人，那么有耐心地去做那些不值得做的东西。

曾：朋友圈热传过一位纽约艺术家拍摄的纪录片《艺术话语》，其中讲到艺术圈里有很多让别人看不懂的表达，比如"物化""本体论""政治性"等。你对这些语词有什么看法？

徐：其实80年代这些表达在中国反应得特别强烈，那时的文章真是看不懂。我当时做过一个叫《Wu 街》(1993)的作品和这有关系，也在布朗克斯美术馆展出过。我一开始觉得是中国文化界喜欢西方化的整体倾向导致的，所以老用这些西方化的词。后来我发现西方也是这样，艺术圈就是这样。

本质上艺术就是不能说的，因为不能说才有了艺术这个事。我们今天谈论艺术，说来说去都不能点到这个东西到底是什么，你只能围着绕。所以艺术圈在描述的时候总会有奇奇怪怪的词，那是因为什么词都不合适。相当于你把艺术位移成另外一种表达系统，就像翻译一样。我相信可以翻译的全是功能性的部分，语言最有魅力的部分是无法翻译的。

曾：你用了很多新的方法去做作品，比如动画，比如用监控画面做成的电影。对你来说，接受新东西好像毫无障碍。

徐：因为我不顾虑艺术样式，什么样式、什么材料我都可以用。我不希望我的思维局限在艺术本身，因为这个系统本身很陈旧了。我们花费了很多精力在讨论绘画是平面的或是立体的，什么是新水墨，其实这都是不值得费脑子的事情。因为艺术的核心不是这个东西。核心是思维，是社会现场。我们花了过多的精力在艺术样式的比较分析上，当然这是需要的，但只是我们知识构成的一部分，不是我们真正的动力来源。一定不是。

曾：做完《蜻蜓之眼》后，影像的系列你会延续下去吗？就像之前的"文字系列"。

徐：那就看这个东西里面是不是有更多的可挖掘性。其实我的很多作品都是系列，一做十几年，包括《背后的故事》(《江山万里图》《富春山居图》)。在做《背后的故事》的过程中，它给我提示了一个怎么认识中国文化或者中西文化之间关系的问题，做的过程会帮助你思考：为什么复制中国画？为什么它又适合复制中国古代绘画，而不适合复制西方古典油画？这里面一定是有原因的。你一边做一边就在琢磨，这确实是我们中国的自然观，它与西方的自然观是不同的。

曾：你怎么看待艺术的未来？刚才你提到艺术系统其实是陈旧的。

徐：艺术在今天这个时代变成了任何时代都没有过的样子。人类过去对"艺术是什么"探索了很多年，最后相对来说答案是清楚了，但探索到今天，艺术到底是什么却成了前所未有的一个不清楚的问题。实际上，它折射出人类对这个时代到底是怎么回事、它为什么会变成这样并不清楚。

在我看来，艺术其实是一个传统的、古典的系统，不管多么当代、多么具有未来性的创作，一旦进入了这个系统，都成为一个很陈旧的表达方式。简单地说，我们人类盖了很多"白空间"，把从世界各地收集来的所谓的"艺术"放到这个空间里展览，然后全世界各地的人坐飞机来这里看"艺术"，我觉得这个系统或这种方式本身就是古典的，和未来的方式正好是相违背的。因为未来方式是发散状的，而美术馆方式则是集中式的，所以我们很难预测艺术的未来。

（采访时间：2016年）

隋建国工作室供图

隋建国

1956—

出生于山东青岛,曾任中央美术学院雕塑系主任,被视为"在观念主义方向上走得最早也最远的中国雕塑家"。早期作品带有社会和历史的符号性,随后进入对时间与空间概念的探索。曾多次参加国际艺术展,近十年重要个展有"隋建国的掷铁饼者"(大英博物馆)、"盲人肖像"(纽约中央公园弗理德曼广场)、"体系:隋建国2008—2018"(深圳OCAT)等。

隋建国：
从时间开始

我闭着眼睛捏泥，感觉就像是上帝在工作，每块泥都是不同的存在，这是让我非常着迷的事情。而且闭上眼之后，这个手就已经不是我的手了，因为我的手本来是一定要听我指挥的，而且我受过这么多年训练，就是为了让它可以按照我的指令来工作。可是闭上眼，你控制不住它了，它只能这样动。这不就是自然在产生自然吗？这不就是造化吗？

身体和材料

  2006年12月25日——隋建国后来跟我说，这日子纯粹是个巧合，他一点儿没有想过外国人的圣诞和他即将开始的作品有什么关系。像往常一样，他早上起床后喝完咖啡就进了工作室，穿上自己那件旧的蓝色工服准备干活。有几个学生已经早到了，他突然心思一动，跟学生说："我今天有个想法要试一试，你们给我拍个照片。"

  隋建国从工作室里随手找了一根大约1.5毫米粗的钢丝，伸进一罐蓝色喷漆里快速地蘸一下，拿出来，钢丝顶端趴上了一小块油漆。《时间的形状》就是这样开始的。自那以后，隋建国每天进工作室后的第一件事情就是把这根钢丝放进漆里蘸一下。他还备了个小本子挂在门后面，每天蘸完了走过去签个名。要是出差不在北京，他会委托其他人帮自己完成这个仪式：进工作室，蘸漆，签名。

  那个时候，他一方面是代表中国雕塑学院派的中央美院雕塑系主任，另一方面，他的观念作品"中山装"系列（《衣钵》和《衣纹研究》）已经在国内外享誉近十年，和方力钧的"光头"系列、王广义的"大批判"系列、张晓刚的"血缘—大家庭"系列一样，成了中国当代艺术的著名符号之一。

2006年正是中国当代艺术市场暴热之始，他也在国内外藏家和经纪商追高的当红艺术家之列。尤其是《衣钵》，这件以铸铝为材质的巨大的"中山装"变化为不同的材质和型号，出现在各种展览和拍卖会上。隋建国回忆，当时的状况可以说是"做一件卖一件"，被市场追捧到连他自己都感到疑惑和不安。

2006年底那段时间，他正在做的是彩色系列的《衣钵》和《恐龙》，工作室里有很多漆。"而且我有了对油漆的了解，知道它24小时就可以干透，然后可以再喷第二遍，正好把'一天'的时间单位给限定了。"隋建国说。

每天用铁丝蘸漆来形成一件关于时间的作品的想法，就被这么多偶然促生了，并且至今已经持续了将近十年，它不知会在何时完成，或者是否真正需要一个"完成"。现在回头来看，隋建国也承认，《时间的形状》成了一个分界点，是他从时代符号转向个体的自我完成的一个分界点，也是他对一个雕塑观念的实践之始：身体对材料的工作就是雕塑。

日复一日，油漆越蘸越厚，渐成了一个小球。一个月后，在小球有两个拇指那么大的时候，铁丝承不住它的重量了。隋建国找来一根4毫米粗的新铁丝，将原来的铁丝锯了焊接起来，油漆再逐日把它们包裹为一体……九年过去了，现在铁丝早被换成了钢管，而由于球体太重，他已经无法用手来完成蘸漆的操作。

"我找人设计了一个机器来装置球体。把漆倒进一个大盒子，再用机器把球摇下来浸到盒子里，然后拿勺子浇一浇漆。我估计球体部分现在五六十斤是有的，因为摇动的时候力量会比较大。"隋建国说，这件作品迄今只搬离过工作室一次。

"2009年，今日美术馆有过一个特别大的群展，策展人说特别喜欢这件作品，我说那就试试让它离开工作室，我每天赶到展场去蘸漆，监控器每天给我录像，展览方付我每天的高速过路费。这些他们都答应了，我就去现场蘸了一个月漆。"后来艺术家定了一个规则：有人邀请这件作品去做展览，他就做一个立体拷贝，大小和工作室里那个一模一样。

《时间的形状》让隋建国对时间有了一种特别的感受力。去国外看展览的时候，他会专注于寻找那些关于时间概念的艺术家。

2009年，他在纽约上东一家美术馆里了解到，有一位名叫河原温（On Kawara）的日裔艺术家每天画一张单色日期画，内容就是在同样大小的画布上用阿拉伯数字书写一遍当天的日期，比如"2015.7.8"。2014年，河源温去世之后，纽约古根海姆博物馆给他做了一次大型回顾展——"河源温：沉默"。作品里包括他那些日期画，还有另外一件关于时间概念的行为项目《一百万年》。

这个项目包括两组卷页，一组是《一百万年：过去》，另一组是《一百万年：未来》，分别记录了前100万年的日期和后100万年的日期。展览方邀请志愿者在博物馆大厅接力朗读作品里面的日期数字，每小时换一组，每天五个小时，每周三天。

与河源温相比，隋建国的《时间的形状》同样是通过日常记录的恒常来呈现令人惊异的时间的纯粹质感；不同的是，它的序列感消失了，时间以一种黏性的包裹的形态而存在，生长也即流逝。

"我好像把这个东西当作我生命的一个伴生体，我活着它就在生长。当然它也可以在我死后独立生长，不过跟我在一起的时候它是一个现实时间。"隋建国说。

抹平和留痕

2015年7月9日，隋建国的最新个展"触手可及"在佩斯画廊开幕。

《引力场》，2015，王翔摄

占据主展厅空间的是他的一件巨大的黑色雕塑装置：《引力场》。作品长17米、宽8米、高5.4米。现场制作过程是艺术家先在组合立方体的表面浇灌石膏，使之完全覆盖并自然流淌成型。制作时使用的脚手架也被保留下来，成为作品的一部分。

隋建国说：" '引力场'系列（包括那组用聚氨酯制作的平面纸本作品）和时间概念没有直接关系，但是，它和《时间的形状》这件作品有关系。"正是那个"时间的球体"表面所起的褶皱变化让他意识到，材料和引力之间其实有些特别偶然的关系。

由此，他开始实验将雕塑材料从铸铝、青铜、大理石，扩展到最新作品系列所使用的石膏和聚氨酯。对比这两种材料，石膏容易造型但过于脆弱，所以一般只用作中转材料；聚氨酯则粗糙而不易掌控，相比于青铜的完美感，它们在雕塑家的传统评判体系里都是"廉价"的，隋建国却试图借用其不可控性与艺术家本人的身体发生更丰富的关联。

有意思的是，隋建国没有选择用绘画颜料上色，而是用了一种覆盖性更好的黑色织染颜料来混合石膏浇注。这既是对材料粗粝一面的如一，也可能和他的过往生活经验有一些关系。在1980年考取山东艺术学院并于中央美院雕塑系研究生班深造之前，1956年出生的隋建国曾经在青岛国棉一厂当过几年工人。从这个角度来看，这也是艺术家近年所追求的要尽可能在作品里留下的个人痕迹之一。

在《时间的形状》之后，隋建国的每一件作品几乎都被它或它提供的思考路径留痕，自然也包括他2008年开始创作的被讨论颇多的"盲人肖像"系列。如果我们从思想观念层次来谈论艺术实践的正当性，隋建国这件作品看上去更接近于西奥多·阿多诺的观念：艺术即自由。

"盲人肖像"系列与其说是西方抽象不如说是艺术家向东方写意的亲近。据隋建国说，《时间的形状》那个球体每天的自由变化让他开始重新思考视觉和雕塑的关系。在创作这组作品的时候，他刻意蒙上了双眼，每天徒手用黏土捏制10—15个雕塑小样。有时候，他也会拿起一团黏土自由抛落，任其成型。从这些样品中，他再挑选出自己觉得比较有感觉的作品，用玻璃钢或青铜放大。

《盲人肖像》这件作品最早出现在公众面前是2008年在北京"798"艺术区卓越空间的一个展览上。隋建国说，那时候金融危机带来的艺术市场滑坡还没有显现出来，画廊老板表示只要有想法，钱不用操心，于是他提了三个作品方案，其中就有他特别想实现的"盲人肖像"，对方也恰好选中了这个方案。

隋建国记得，作品是在现场直接用黏土放大，天天要浇水保湿，晚上包

《盲人肖像》,青铜,单体高约 5.18 米,2008—2012(隋建国工作室供图)

上塑料布，白天展览时再打开。"我突然觉得我做出来的是最纯粹的雕塑，是一次性的，可是这个东西意味着什么呢，当时我也不是很清楚。"隋建国说。就此他问过很多艺术界的人，也包括奥运会期间到中国来的美国著名雕塑家波洛夫斯基。

尽管波洛夫斯基后期在卡塞尔文献展上赢得巨大名声的《走向天空的人》被隋建国认为是"堕落的作品"，但当前者对"盲人肖像"系列发生兴趣并希望见到艺术家本人的时候，隋建国还是很想听听这位雕塑大家的看法。"我特意去见了他，结果他带着的夫人是一个电影演员，光想展示自己的美，就没能交流下去。"隋建国说。

2014年11月到2015年2月，"盲人肖像"在纽约展出，展览地址在中央公园费得曼广场（Doris C. Freedman Plaza）。小样被放大为四座青铜雕塑，每座高约5.18米，重量超过2吨。这也是中国雕塑家的作品首次在中央公园亮相。外媒评价这组公共雕塑作品打破了惯常的雕塑思维，它们都带有人类的面部特征，但并没有描绘某个特定的人，这是艺术家在创作过程中摒弃了视觉而诉诸直觉的结果。用一个展览的名字来评价它们是恰当的——"公共化的私人痕迹"。

对于"放大"，隋建国称之为"工业技术保证"的过程。他回忆说，1989年后他留校当了老师，无以遣怀，便带着学生下乡打石头。他觉得石头真好啊，坚硬、沉默，对之前那些社会的喧嚣而言是一种特别好的镇静剂。他说："你想要把石头打制成你想要的形状得花很多体力、心力和时间，但这个过程让我觉得这才是艺术。以前我认为把自己的想法灌注到材料里去它就成为作品了，但打石头的过程让我知道，作品不光是一个想法的问题，它消耗的是你的生命。"

1991年的"结构"系列、1992年的《地罣》（前者以传统锔陶瓷的锔子来结构坚硬的石头，后者用钢筋来网箍石头）都是在石头和金属之间的禁锢、纠缠与相持。到1996年的《砸》（就是那个用几万颗钉子钉满一块传输带胶皮的作品），隋建国实际上已经启动对材质的探索。只不过，在1997年做出个人符号和观念容器"中山装"之后，这个端口被暂时关闭，直到2006年以后由"时间"系列来重新连结。

如果说《时间的形状》是以"日"为坐标的时间，那么公共景观作品《偏离17.5度》就是艺术家的"年度纪念碑"。这是一件以年为周期的公共艺术作品，始于2007年上海浦江新城。艺术家根据浦江新城的地理与方位，把现有市政建筑和道路系统作为参考坐标，重新规划设计了

《地罣》，天然卵石、钢筋，70×40×50厘米 ×26，1992—1994（隋建国工作室供图）

《锥》,2015,王翔摄

一个偏离17.5度的网格坐标,然后在网格的每一个交叉点上设立一个铸铁柱体,边长120厘米、顶端高度标准为"吴淞高程(注)670厘米",每年立起一根,间隔距离为200米。合同规定,以创作者丧失行为能力作为作品的完成。

隋建国说,他其实在1992年就有这个想法。有一次,他到十三陵玩,看到一个"文革"期间被打碎的石碑又被人用水泥拼接起来,这种修补和恢复的状态给他留下了很深的印象,也给了他启发。那年他36岁,他想着自己应该还能活36年,那就找个广场做36块这样的石碑,一年做一块。

他和著名的艺术评论家尹吉男探讨了这个想法,可是核算成本之后发现,打制一块高5米、宽1.2米、厚度五六十厘米的石碑至少需要5万块钱,在那个时候基本没有可能实现。他把36块模型和草图都锁进了箱子,直到十五年后"时间"系列开始时他又重新把它们翻了出来,只是他当年对形体的感受已经转移为对时间和空间、对城市文化和城市发展的碎片化进行

"修补"。

艺术家尤其忧惧生命力的衰退。隋建国选择的方式是直视，将隐匿的流逝通过艺术形态转化为可见。"2006年，我50岁生日那天，学生都来给我庆祝。我在工作室搞了一个派对，大家喝酒，喝着喝着，有点晕乎乎的，我突然想起了鲁迅在《野草》集里那张坐在坟头拍的照片。当年考大学的时候，我在区文化馆的图书馆里看到过这张照片，我就老想着鲁迅拍这个照片是什么意思。50岁生日那天，我突然明白了，他是看到了自己生命的终结，但也不怕生命的终结，他还要告诉你我意识到这个问题了。我想明白了，然后这个事儿就去不掉了。12月25日，我蘸了第一下漆。"隋建国说，这就是他"时间"的开始。

拒绝视觉？

曾：你一般会怎么跟学生讲述你个人对雕塑的感受，比如，雕塑是什么？
隋：我比较成熟的想法是前两年形成的。我跟学生说，这个世界闭上眼睛已经全都是雕塑。什么意思呢？只要是能触摸到的物质，都可以当成雕塑来对待。
就像墙上这张画，睁着眼睛看的时候，画面是线条和色彩，一闭上眼睛就只剩下画框、画布和表面的颜料了。你想一下，闭上眼，这个世界空中和地上全部是雕塑，表面上符号之类的东西没有了，但实体的东西都还在。

曾：从作品来看，我感觉 2006 年对你来说应该是很重要的一个界点。在那之前的作品，包括你特别有名的"中山装"系列，跟时代、跟艺术潮流的呼应关系都特别紧密，但在 2006 年以后，你的作品好像突然就自我叙述了，符号之类的东西隐匿了。
隋：2006 年的时候我开始想，其实任何一个艺术家都应该是自我完成的，他用不着去为国家为社会完成什么。我学过一段时间的国画。80 年代，我觉得理解了老传统之后，我应该去创造中国的现代雕塑，那是我最早的理想。等到 2006 年回头看，它绝对是一个伪命题。如果每个人都能完成自己，这个时代自然就出来了。或者换个说法，有这么一个人，他可以代表这个时代，但前提是他一定要先自我完成。

曾：现在你回看自己最有名的作品，比如说"中山装"系列的《衣钵》和《衣纹研究》，是什么感觉？
隋：那个特别像是命题创作。但在当时，我真的很想找到一种当代观念去运用写实手法。在雕塑这个概念上我其实是不太主张拷贝一个形象的。我始终觉得雕塑是实体的，就在我们自己现在这个时间和空间里面，当然主要是在空间里面，跟肉体存在是相关的，并且你也可以感觉到，这就是雕塑的实在性。
但像《时间的形状》和《偏离17.5度》这种作品，会从时间上也跟你在一起，在时间上也真实。一般的雕塑，没完成时它就还不是作品,如果完成了,它就是一具"尸体",因为没有了时间性。

曾:所以,对于2006年开始每天在油漆里蘸一下的作品《时间的形状》,其实你希望它不要完成?

隋:对,在我这里它没有完成。就像正在展出的新作《引力场》,我用了三周在现场制作它,这是一个时间坐标。展览将持续一个半月,然后再拆掉,这"一个半月"是作品的另一个时间坐标。但是这两个时间其实都是锁闭的。而像《时间的形状》这样的作品,目前它仍然是开放的,它一直在变化。

曾:看新作《引力场》,有一种特别强烈的感觉就是,你想尽量让作品的闭合度延缓,至少是通过作品形态,如浇筑手法、脚手架遗留,给人以过程在持续的错觉。除了石膏,你还用了什么流动的材料?油漆吗?

隋:对,我让它尽量开放。在石膏之外,我用的是颜料。画画的颜料覆盖度太差,我找到了一种染织颜料,黑色的,弄到手上很难洗干净,而且会渗到汗毛孔里。我把这种颜料和石膏搅拌,让石膏变成了黑色。

曾:这件作品的出发点和"时间"有关系吗?

隋:其实和时间没有太大的关系,但是和《时间的形状》这个作品有关。《时间的形状》是个球体,它在这一两年表面开始变化,原来特别光滑,现在起皱了。我就在想,为什么它会起皱呢?后来我发现可能是因为球体面积大了之后,它的弧度减弱了,挂住颜料就比较困难,颜料干的时候会收缩,加上地球本身的引力,导致本来应该是光滑的弧面出现起伏,时间越长褶皱越多。因此,我注意到材料和引力之间其实有些特别偶然的关系,所以我开始尝试石膏。石膏有黏稠度,还需要凝固的时间,聚氨酯也有这种凝固的时间,还会膨胀。另外,我自从做了《盲人肖像》之后,就觉得在捏泥的过程中,偶然性是一种特别重要的东西,各种技术其实都只是为了避免偶然性。当你闭上眼睛,手在泥团上做动作,你其实不知道自己干了什么,捏一下是偶然,捏一万下也是偶然,这个偶然就能成为一件作品的理由。我觉得这才是有意思的地方。所以，我就抓住这个东西去试验，前前后后大概试验两年多了。

曾：你新用的材料聚氨酯也是偶然发现的吗？展览"前言"里说它"粗糙耐用、发泡过程极其不易掌握……却带给艺术家一种新鲜的刺激"。

隋：对，是偶然的发现。聚氨酯就是咱们做门窗密封的泡沫，用压力装在罐了里。我在做新工作室的时候，工人封窗封得不好，我就自己去买了很多回来再打一遍。在这个过程中，我发现这材料挺有意思。目前我也不知道它到底意味着什么，但是我可以接着往下做。聚氨酯有很多不同的种类，发泡很大、发泡中等、发泡小的，还有不发泡的，感觉就跟皮革一样。这次展览里面有几张平面纸上的作品，我就用了不发泡的聚氨酯，凝固时间大概在40秒，也是不好控制的东西，拿个碗或者舀子和好了，赶快浇。

曾：那作品的最终形态你是通过什么方法来掌控的，比如展场那个高大柱体？

隋：柱子是（放下来）躺着浇的，里面有一根木头。外面后来还加浇了一层发泡小的聚氨酯，用来增加一些细节的东西。大的是靠形状，小的是靠细节，这就好像《时间的形状》那个球体表面的褶皱。

我现在发现《时间的形状》确实成了一个核心，也是因为这件作品我后来才闭着眼去做"盲人肖像"系列。很多东西是"看"不见的。比如说，我今天和昨天都见到你，你变了吗？我看不出来，其实你肯定变了。过两年，我会说："哎，两年不见你变成这样了。"但每天看是看不见变化的。它拒绝视觉，很多事情都是拒绝视觉的。

曾：可以理解为你这几年作品的变化是从拒绝视觉开始的吗？

隋：减少视觉，减少控制，因为视觉太灵敏，人的行为很大一部分是被视觉引领和控制的。

曾：但对艺术家来说，怎么来把握这个分界线？一个自然存在的物体的形，和一个艺术家闭眼捏出来的纯粹偶然的形，区别在哪里？

隋：如果按照老庄的精神来看，我认为是没有区别的，而且最好是没区别的。我闭着眼睛捏泥，感觉就像是上帝在工作，每块泥都是不同的存在，这是让我非常着迷的事情。而且闭上眼之后，这个手就已经不是我的手了，因为我的手本来是一定要听我指挥的，而且我受过这么多年训练，就是为了让它可以按照我的指令来工作。可是闭上眼，你控制不住它了，它只能这样动。这不就是自然在产生自然吗？这不就是造化吗？很多人不同意我的想法，但我想证明这个东西。

曾：你用过这么多种材料，你觉得材料对雕塑来说意味着什么？

隋：当你模仿一样东西的时候，材料就是一个载体。但像我现在这样，以这样的方式来做一个雕塑的时候，材料是主体，材料是它自己。

曾：那你怎么看日本和韩国的"物派艺术"？

隋：我捏一下的理由可能就在这里。物派认为，现代主义意味着人工制造，那么我就直接拿"自然"给你看。他们这样做的时候其实也是被西方规定了。西方人说东方是自然的，于是他们就拿自然的东西呈现出来，迎合其意。我有一个很好的朋友，他特别喜欢物派，他说那是东方的创造。我问："你看你们日本的物派是建立在禅宗基础之上，禅宗在日本特别有仪式感，但你知道禅宗在中国是什么吗？在中国，吃喝拉撒全是禅，哪有什么仪式？有仪式就是假的嘛。"我说如果让我做一个跟禅有关的艺术，哪怕是一个写实的东西，它也一定跟禅有关，因为禅的意思就是不立文字不受任何逻辑限制。他不是很服气。

让中国人去做物派那样的作品，那种"我根本不管就拿一个东西给你看"的理性，其实他们很难做到。我以为生命必须潜入到作品里面去，而且这个生命应该是肉体的——意识的生命很容易被修改，但肉体这个东西你反而很难修改它，它本身是个真实的存在。这就是为什么我现在想用身体的艺术重新开始。

（采访时间：2015年4月）

蔡小川 摄

蔡国强

1957—

出生于福建泉州，1981—1985年就读于上海戏剧学院舞台美术系。著名的火药爆破艺术和大型装置充满爆发力，在社会和自然间自由出入，艺术足迹几乎遍及所有国际大展和大都会、普拉多、乌菲兹等著名艺术博物馆，获威尼斯双年展国际金狮奖（1999）、日本皇室世界文化奖绘画类终身成就奖（2012）、美国巴尼特·纽曼基金会奖（2015）等国际重要艺术奖项。自1995年起移居纽约至今。

蔡国强：
在全世界"玩火"

前后两次访谈，蔡国强都把我们见面的时间约在早上。在人们的惯常印象中，艺术家往往生活散漫，晨昏颠倒，而蔡国强显现了他强悍的秩序感。

蔡国强在北京老城有个四合院。大门隐在胡同尽头拐角处，很不起眼，朱漆悉数剥落，像是没有人住，等门打开，却是另一番气象。

一条长廊将人引到小院里，青砖、朱窗、老藤，屋里是一百多年前原主人铺设的法国地砖，显出时间的遗存来。

2005—2008年，因为参与委托竞标并最终获选北京奥运会开幕式、闭幕式的视觉和艺术特效总监，居纽约多年的蔡国强又将工作和生活重心移到北京，为此他买下这个有一百五十年历史的清末老宅。皇城根儿，距故宫只有一个街区，成为他在纽约曼哈顿之外的又一工作据点。

除了外厅悬挂了他的黑色火药画，这里看上去并不像一个工作场域。蔡国强创作的庞大的装置和复杂的爆破作品，这些大都必须在工厂或现场才能完成。在纽约，他焰火作品的原料是由长岛一家烟花工厂生产的，国内的原料大多来自湖南浏阳，帮他做装置作品的工厂则远在他的家乡泉州。

北京奥运会后的十来年，蔡国强在东西方的影响力日渐超出了艺术圈。这个被西方媒体称为"Cai"的人，两三年便来一次令全世界目眩的巨型展览和表演。他所获得的大众认知也因此更具普遍性。他的个人巡回展遍及世界各地每一个顶级艺术机构，每到一地，无论纽约、巴黎、东京还是多哈，他都是政府要员和王公贵族想要宴请的人物——这样描述可说并不夸张。

如今又十年过去了，眼前的蔡国强还是当年媒体描述过的典型形象：高且瘦长，张嘴大笑，目有精光，自信，友善。

理解当代人最脆弱的地方

最近两年，蔡国强一直都处在搞大事情的紧绷状态。虽不能和 2008 年万众瞩目的程度相比，但也占据了无数媒体头条。

西班牙国立普拉多美术馆宣布，他们将在 2017 年 10 月底至 2018 年 3 月举办大型个展——"绘画的精神：蔡国强在普拉多"。在蔡国强之前，拥有二百年历史的普拉多只为在世艺术家做过一次展览，就是美国的抽象派艺术大师赛·托姆布雷（Cy Twombly）。

普拉多美术馆馆长米盖尔·弗洛米尔（Miguel Falomir）说，该馆为两位艺术家举办个展的原因是有根本性的不同的：赛·托姆布雷的 2008 年个展是围绕他以勒班托海战为主题的绘画，这些作品在多年前完成，与普拉多没有直接联系，为之办展是因为他们馆藏的提香和委拉斯凯兹画作中也存在同样主题的作品。

"相比之下，蔡国强的展览是他与普拉多密集讨论和对话的结果，展现了他与博物馆及其馆藏之间的关系。"弗洛米尔跟我说。在这个意义上，蔡国强是普拉多邀请的第一位当代的合作者。

弗洛米尔回忆他个人第一次现场看到蔡国强的作品是在 2009 年毕尔巴鄂古根海姆的蔡国强回顾展上，当时他就感觉这位艺术家拥有强烈的个性，渴望讲述，而且明白如何去做。"一位艺术家的创作技法和工作方式与其思想之间存在——或者说应该存在——密切的联系。在这点上，蔡国强很清楚自己在作品中想传达什么，并且会据此来调整他的工作方式，但又不失自我。此外，他对于这次项目所付出的密集的前期准备，也令我印象深刻。在动笔画草稿前，他已对普拉多和馆藏画家做了充分的研究，也与我们的策展人进行了一次次长谈，甚至认为自己有必要前往这次项目中涉及的过去的艺术家们的所在地进行体验。蔡先生着迷格列柯（El Greco，16世纪西班牙画家），拜访西班牙古城托莱多（Toledo）在他看来至关重要。"

在纽约，蔡国强一直将《纽约时报》为大都会博物馆格列柯展览做的整版海报挂在自己工作室的墙上。他在2009年夏天完成了对这位16世纪大师的朝圣之旅。他的随行人员是女儿蔡文悠和工作室的助手，三个人在两个星期里跨越三个国家，从格列柯的诞生地克里特岛，到他追随提香时期的威尼斯、居住过的马德里，最后结束在格列柯度过余生的托莱多。

蔡国强留给弗洛米尔的强烈印象，其实某种程度上也是他这么多年吸引西方对他保持高度热情的原因：他总能在最短时间里，将自我明确传递给对方，包括他的强烈个性和工作方法论。

"蔡国强：十月"在莫斯科普希金国家艺术博物馆展出。这是蔡国强在俄罗斯的首次个展，同时也是该馆以俄罗斯十月革命百年为主题的重大展览。普希金馆的馆长玛丽娜·罗沙克（Marina Loshak）向我解释了在这种特别的历史时刻选择一位中国人来做展览的原因。她的理由非常有意思："比起俄罗斯艺术家，我们更愿意选择世界性的艺术家。"在他们眼里，蔡国强并非我们所认为的中国艺术家，而是一位"世界性的"艺术家。

"从大的意义上来说，蔡国强不仅是从一个视觉艺术家的角度来分析事物，还能够用艺术表达时代。他对自己的时代有敏锐的感受力，理解当代人最脆弱的地方，并努力陪伴在那些需要他的人身边。他对世界抱有开放的态度，搭建起非常有交互性的联系，这是现在许多艺术家做不到的。

"他的作品还涉及广大的空间，乃至整个宇宙空间，因为他正是在天空中用火药做装置艺术。他用非同一般的、自己的语言来传达事件的特质，并让人们相信在他的艺术语言中的确有某种特殊的意义。"

"他和那些志愿者一直在一起，在各个国家进行创作，这也是身为当代艺术家非常有现代性的一种姿态。"馆长玛丽娜·罗沙克对蔡国强几年前在乌克兰做的一次艺术表演印象深刻，她说："他当时去了顿涅茨克（Donetsk），用火药做了一批矿工的画像，将社会性的主题和人的印象与感受结合起来，自然是非常让人为之一振的。"

玛丽娜·罗沙克提到的展览志愿者，一部分是乌克兰当地的传统写实画家，还有一部分来自日本福岛的磐城——蔡国强在日本做艺术的时候，有几年就生活在那个小城，召集了一批当地志愿者参与他的多项艺术计划，这种合作关系延续至今。

蔡国强不止一次回忆起当地民众给了他多么不可思议的支持。比如，为了帮他实现一个爆破计划（《地平线：为外星人作的计划第十四号》），志愿者们虽然大多数连美术馆都没进过，全城人却甘愿为他关掉电灯，好让夜色中的大海上的火光地平线更为清晰。

而蔡国强的回报方式也独一无二，认真绵长。在1995年移居纽约并获得成功后，这些年来，他不厌其烦地将磐城志愿者从日本运到他在世界各地的展览上，一如他将自己在泉州的家人、妻子的家人，以及他女儿所说的"娶了我家人或嫁给我家人的人们的亲戚、家人的朋友、工作室所有员工的家人"，运到每一场被他视作"里程碑性"的展览上。

这种蔡国强式的乡土情结，令西方美术馆馆长大为称道的"具有现代性的姿态"，有时难免让家人受到困扰。大女儿蔡文悠在书中写到，妈妈向她抱怨，在世界各地、异国他乡，她总要忙着打点所有的家人、朋友，觉得疲惫不堪。

蔡国强的大学同学郑培光跟我说，他也曾作为"家人"被老蔡邀请出国参加他的展览。

蔡氏宇宙哲学

"一个宿舍住六个同学,蔡国强住在窗口的上铺,我是住在门口的下铺。我们班是'文革'后上戏招生平均年龄最小的一个班,我又是在班上年龄最小的一个同学,进校的时候17岁多。老蔡24岁,他是最大的,又有过工作经历。"郑培光说,从那个时候,就一直称呼他"老蔡"。

郑培光1981年考入上海戏剧学院舞台美术系,和从泉州高甲戏剧团出来的蔡国强同班、同宿舍,还同是福建人。他们班上11个同学,很出了些人才,包括后来成为上海戏剧学院院长的韩生、北京奥运会的舞美总设计师韩立勋。郑培光本人做的是文化园区投资,上海的红坊艺术区就是他的项目。

在郑培光印象里,老蔡是"双重性和选择性比较强"的人,对认为重要的事情非常认真,但认真的方式和大家不太一样。

"比如说绘画课,大家都认为这是最重要的课程。我会比较注意技巧和基础训练,他会愿意去研究怎么找他自己的方式。那种不一样,我们当时认为是他画不好,后来才理解是他没打算和我们一样。

"你不能用我们那个年代的传统的标准去看他,那就像陈丹青说的'非常业余',可是用今天的视角再看他,会发现他那时候已经和我们思考的不是同一个问题了。"

老蔡给郑培光的感觉是"比较喜欢玩一些有点危险的东西"。郑培光知道老蔡在入校前就爱玩火药,因为他给郑培光看过他在泉州拍的照片,那时他还是用比较简单的方法:把火药倒在画布上直接点燃。但是到上戏后,他玩火药的机会很少,也就没有给同学留下什么印象。

广为人知的是老蔡演过电影。"他演的一部电影在学校放映了,这是很不容易的事情,因为学校那么多表演系的学生根本没有机会,他一个舞美系的竟然拍过电影。但我们那时候把这部电影当成笑话,因为他演了一个反角,被暴打,我们觉得很好玩。"郑培光记得是武打片《忍无可忍》,他说"老蔡从小练过武,是高甲戏的武生"。

蔡国强的传记《蔡国强:我是这样想的》收录了他的两张武打片剧照。蔡国强觉得拍电影和写诗、拉琴一样,"都不是自己能够耍到舒服的"。他对练武失去兴趣是因为发现武术只有表演性,但是"借力使力,紧了要绷,慢了要松,不紧不慢才是功"这些武术口诀,他却记住了,后来一直用在处理作品及人际应对上。

看了他后来的那些作品,就会发现"耍到舒服"这四个字可说是他做艺术的最高标准。

2008年,在北京奥运会的焰火作品《大脚印》让他达到人生巅峰之前,蔡国强刚在纽约古根海姆艺术博物馆举办了自己的回顾展——"我想要相信"(I Want to Believe)。他取的这个展览名字来自电视剧《X档案》的海报,这张海报也和格列柯的大都会展览海报一样,常年挂在他在纽约的工作室。在古根海姆现场,很多人都被他那件巨大的装置——《撞墙》所震撼:99只仿真灰狼义无反顾地结队冲入一面墙,似乎要撞破美术馆的空间。这种耍,酣畅淋漓。

从上戏毕业的那年,他们班四个福建籍同学——郑培光、蔡国强、郭培育、宋史坚——在武夷山办了一个露天画展,之后就各奔前程了。蔡国强是带薪上学,毕业后回到了他工作的泉州剧团。过了大概一年左右,郑培光听说他去了日本,之后就很长一段时间没有消息了。

"1992年郭培育从日本回国,我们才知道,原来老蔡在日本已经非常厉害了。他的天下怎么打的,我们就不知道了。"郑培光说。

蔡国强在日本待了近九年,直到1995年移居美国。其间他和女朋友吴红虹结婚,生下了大女儿蔡文悠。头两年,他们在日本过得很艰苦。他回

《大脚印：为外星人作的计划第六号》，1990，材质：火药、墨、纸，装裱于木制八折屏风，200×680厘米，安德烈·莫林摄（卡地亚当代艺术中心供图）

忆，为了挣生活费，曾以 50 美元卖过一张风景画给同住室友。

1988 年，蔡国强从中国带去的一些火药绘画开始受到关注。他在名为基戈马的画廊办了个展——"炸裂和空洞：蔡国强"。关于他作品的报道也出现在了主流媒体 NHK（日本广播协会）的晨间新闻里。他关于宇宙起源和外星人主题的宏大计划在 1989 年初具形态，大阪当代艺术中心展出了他的《人类的家：为外星人作的计划第一号》，这件作品包括爆破计划后遗留下来的帐篷和一些他早期的火药草图。

此时，未来在全世界"玩火"的那个蔡国强初步显现了他对一种"蔡氏宇宙哲学"的兴致勃勃的探索：火药和观念，草图、爆炸和装置，人类和自然，可见和不可见的世界。

老蔡早期在日本的这些展览和取得的成功，在国内却没有激起什么波澜，所以老同学，如郑培光，并不知道他的消息。就像蔡自己回溯的那样，他在国内曾是两边不讨好的，到日本后做的作品一度还是如此："一方面不热衷体制内的主流美术界，另一方面也不积极参与用艺术来反体制的前卫艺术运动。"他想做纯形式的、让自己快乐的东西："让我可以放纵在我自己这个个体中。"

郑培光听说"老蔡在日本非常厉害"的 1992 年，蔡国强已经连续在欧洲的展览中亮相了，进入了西方艺术机构和批评家的视野。1993 年，他第一次回国做作品，在甘肃嘉峪关的戈壁沙漠上进行了一次爆破计划：《万里长城延长一万米：为外星人作的计划第十号》。

这件作品具有里程碑意义的地方，是蔡国强展现了他高超的团队领导才能。为了省钱，他天才地组织了一个日本旅游团自己付费参加他的艺术计划，并且动员了当地志愿者为他铺设导火线。"志愿者"这种方式，后来成为他实施艺术计划的蔡氏招牌。在他个人的大事记里面，对这件几乎静悄悄完成的作品的记录有这么一句："当地的《嘉峪关报》给了热烈报道。"

但在郑培光这些国内的朋友看来，老蔡真正一炮打响的还是1999年在第48届威尼斯艺术双年展上，他对20世纪60年代四川那件著名的集体创作雕塑《收租院》做了现场复制表演，获得了最高奖金狮奖。

"这个时候我们才知道，这哥们儿玩儿大了。"郑培光还记得当时那种相当震撼的感觉，"完全是一种新的艺术形式。我们也不能完全理解他为什么这么干，因为那个时候西方当代艺术对我们来讲还是比较远的，虽然我们可能在媒体上看到很多，但老蔡作为一个中国艺术家这么去做了，还是蛮震撼的。那个时候我们就知道，他已经是一个完全不一样的艺术家了。"

老同学再见面也是1999年，在上海。"老蔡问：'培光你收不收藏？'我说收藏。他说：'别人东西你不用收，收我的就行了。'"郑培光回忆那次聊天，对这一段印象很深，大概是老蔡那种强大的自信太有感染力。郑培光后来真的上拍卖会收藏了一些他的火药画。

郑培光说，这么多年，从他们进校开始，几乎就没见过老蔡颓的时候。2002年，老蔡在上海做个展，两个人聊天，老蔡突然问他接下来有什么计划，郑也反问了老蔡同样的问题，"当时他说：'我没计划，我就等别人出招，我就接招。'"

"乱枪打鸟"方法论

"有一个有趣的艺术家，他是个用火药的中国人，名字叫蔡国强。"辰巳昌利忆起第一次和蔡见面，是在1991年，一个他和蔡共同的朋友向他做了引荐。

蔡国强那年要去参加德国卡塞尔文献展的一个展览——"遭遇他者"，想找一个能够协助他现场制作的人，于是跑到辰巳昌利当时住的大阪去见他。

"当时我在大阪经营一个小型的美术出版社。虽然搞不清楚到底是工作还是闹着玩，听了这个穿着打扮简直像是农民的，来自中国的高瘦艺术家说得那么热情积极，我就决定作为志愿者跟他一起去德国。"辰巳昌利就这样成了蔡国强工作室的技术总监，合作了二十六年，其中有二十一年他们一个在纽约，另一个在日本奈良，合作竟也能存续至今。

1995年9月，蔡国强得到纽约亚洲文化协会（ACC）的赞助，以日本艺术家的身份抵达纽约，参加为期一年的P.S.1·艺术中心工作项目。到美国后，蔡国强开始更多地以政治和文化冲突主题进行创作，以蔡国强的解释，这种明显的转变有一部分源于对那个时期中国在国际舞台地位上升的讨论，以及西方大众媒体对此发展表现出的恐惧，还有他本身对美国政治生态的关注。

蔡国强在纽约有了工作室，很快就在亚洲文化协会的协助下实现了系列作品《有蘑菇云的世纪：为20世纪作的计划》，这个爆破计划分别实施于纽约，以及位于内华达州和犹他州的几个大地艺术景观所在地、核试验基地。

蔡国强到纽约的1995年，徐冰已经以"荣誉艺术家"的身份从北京移居美国五年。两个未来将在世界上最具影响力的中国当代艺术家在这里形成了一个"交汇"。

徐冰在1993年搬到纽约东村，开始构想他的"英文方块字"。作为中国艺术家，他在纽约感到无可交流的尴尬现实处境，由此延伸到他对两种文字体系背后不同思想方法的探究。1994年，这件作品他以类似表演艺术的"书法教室"的形式首次在西方世界展示。身份和视点是徐冰当时艺术的出发点，他在作品中从未隐藏由这种思考带来的矛盾和焦虑，直到1999年在MoMA展出的、形式和思想都完全成熟的英文方块字作品《为人民服务》。

蔡国强采用的却是另一种进入方式。他看起来像是毫无阻碍地就被美国主流艺术界接纳了。他甚至没有让人发现他有什么文化冲突困境。蔡国强的方法论是让自己的那个蔡氏宇宙体系和外面的美国宇宙体系并行，保持陌生

《有蘑菇云的世纪：为20世纪作的计划（内华达核试验基地）》，1996，内华达核试验基地。2月13日，历时约3秒；材质：火药10克、纸筒；Hiro Ihara 摄（蔡国强工作室供图）

和暧昧。有评论这样形容他："热情与疏离并存的个性，呼应着他既精明世故又天真自在的矛盾。"

这种系统制造其实也有不得已的成分。蔡国强在美国住了二十多年了，现在还是不太会讲英文。他很依赖家人和助手帮他沟通外部的世界。他说，如果助手去上厕所了而此时有外国人来跟他说话，他就会慌张，如果是重要的事情，即便现在也能听懂一些，他也不轻易回答："赶紧找一个不太重要的话题把时间挨过去，等工作室的人回来再说。"

关于学英文的事，有大半是他比较多重复跟人讲述的情节。比如他刚到纽约的时候也是报过英文班的，上课没几天，装着英日字典的书包在小餐馆

《黑色罂粟花组画》，2016，材质：火药、帆布；共九屏，总尺寸152.5×1097厘米，屏七、八、九，赵小意摄（蔡国强工作室供图）

被人偷走了，报警也没找到，后来他就觉得算了，不学了。听起来比较新鲜的部分是关于他请家庭女教师的故事，至少在那本传记里没有看到。

有个美国读过艺术史的女士喜欢蔡国强的作品，主动应聘上门为他教授英文。她找到一个很适合他的方法，用《纽约时报》的文章做教材，而且专门找那些关于他展览的报道。"夸我的文章，我学起来就比较喜欢。"蔡国强说。授课结束于一次意外，那位老师在他家陡窄的楼梯上摔折了腿，从那以后他就放弃了学英文。

但辰巳昌利跟我说，他的记忆中几乎没有蔡在美国处境艰难的模样："当然，他进入了英语的世界，想必经历了许多失败和尴尬，但这些全都是笑话和故事。相反地，他在美国的生活，不论艺术活动、家庭生活或是孩子的教育，都比在日本的生活来得自由和刺激。……到美国后，他的艺术要说有变也是有变，要说没变也是没变。他没有转身成为美国艺术家，也没有在世界各地舍弃中国艺术家的身份。但自从搬到美国后，他的艺术视角变成了一个从西方看向东方的观点。"

蔡国强曾经说过:"到头来,我还是没有办法为了西方人对我的作品的理解,拭去东方的趣味。纯粹为了让西方人了解的作品,没有必要去做。"就像他说的,他的作品并没有脱离他的身份,到今天都一直如此。

语言造成的与外部环境的隔离,也许在某种程度上帮助蔡国强去掉了"身份"的包袱,也让面对他的人跳出惯常的标准来衡量他。他貌似可以保持在朴素新生的状态,永远是泉州乡下那个"乱枪打鸟"的孩子。

艺术没有成功或失败

蔡国强 2017 年的另一个明星"项目"是他首部纪录电影《天梯:蔡国强的艺术》,即将于 9 月 22 日在国内院线公映。上海、北京和数十个城市点映后,该片的豆瓣评分在 8 分以上。

拍摄团队的卡司惊人,再次佐证了蔡国强的国际江湖地位。他在新泽西州的由一个 20 世纪 20 年代马场改造的乡间别墅是由建筑大师弗兰克·盖里亲手打造的；而以他为主角的这部纪录片，则请到了奥斯卡金像奖得主凯文·麦克唐纳（Kevin Macdonald）担纲导演。

拍摄历时两年，地理跨度从纽约、布宜诺斯艾利斯到上海、北京，从花炮之乡浏阳到蔡的家乡泉州。影片有两条线索。伏线是蔡国强的世界，讲述他 20 世纪 80 年代从泉州出发，走向上海、东京、纽约，三十年来在不同文化间成长，成为享誉全球的爆破艺术家的人生经历。他在泉州的亲人和朋友悉数都在影片里，就像他们曾经在老蔡世界各地的展览现场上出现过一样；主线是记录蔡国强最新爆破作品《天梯》的创作，影片文案写得非常温情：

> 一座 500 米高的金色焰火梯子嘶吼着拔地而起，与无垠宇宙对话。这是蔡国强少年时代仰望天空、摸云摘星的梦想，二十多年来，他在世界不同地方屡试屡败，却从未放弃。2015 年 6 月黎明，泉州小渔村惠屿岛海边，在国内技术专家和当地数百村民的帮助和见证下，他再次一搏，把《天梯》作为献给百岁奶奶和家乡的礼物。

蔡国强实现了他要"放个最厉害的焰火"给奶奶看的梦想。他告诉我，拍摄期间，父亲和奶奶身体就都不好了，后来相继去世了。

2015 年在中国实现的《天梯》，其实是个累积了数次失败之后才完成的作品，中止过好几次。辰巳昌利说，一般的艺术工作，大多是由策展人和美术馆员工等艺术相关人员在合作，《天梯》却完全是靠有很多坚信它可以实现的人们一起合作参与而实现的，尽管他作为技术总监二十多年来一直也曾对这种实现半信半疑。

回头来看，之前在国外那么多次的失败，都是对这件作品的成全。只有在泉州，在艺术家真正生长的"母题"（motif）里，这一把"连接地球和宇宙"的《天梯》才是真正的艺术巨制，而不只是一场令人惊叹的奇观。

大部分时候，辰巳说，他们的艺术计划很少能在最初的那个设想状态下实现。"艺术里没有成功或失败，这是我和蔡的共同认知，但这也是自我安慰。实际上我们都不想失败。要谈失败的话，例子多的是：在斯德哥尔摩，水上的导火线中途不断熄灭；在加拿大渥太华，大型的中国串联风筝飞不起来；在布里斯班和神户，铁皮小船沉没在河里……以作品来讲，无法完成的案例不胜枚举。"

由于爆破的不可预测性，在做蔡的作品时，不论做了多么齐全的准备，团队都会担心能不能顺利。作为一起工作了二十六年的伙伴，辰巳说，他从没有看过蔡露出痛苦的表情。年轻的时候曾有拼命的表情，但年纪大了以后也渐渐没有了。

能够镇静地从头开始，对于蔡国强是很重要的一件事。"可能因为我和蔡是同年代的人，一直以来有一种很久很久以前就是朋友的错觉。我们的共同点是长大成人后，仍然希望持续少年时期的梦和玩耍的状态。"辰巳说。

影片中间有个镜头让人印象深刻：蔡国强只身走进美国内华达核试验基地，沉默地，以手举起一把点燃的火焰。在白日的炽热和荒野的广袤之中，火焰的光芒如此微弱，但是你很难忘记镜头中那个单薄的背影。一簇微火，比起多年后艺术家在黄浦江上盛放的那一船"白日焰火"，好像更有一种原始和朴素的力量，在回答"艺术何为"。

影片最后，《天梯》的余光和人群尽皆散去。

妻子吴红虹一个人站在远处，突然哭泣起来。

蔡国强离开喧闹的人群，走过去拍拍她的肩膀。

成功带来的巨大兴奋之后，是万分感慨。

我既不是主流的那一套,也不是反主流的那一套

1. 我有自己的艺术家形象

曾:你的纽约工作室团队有多少人?

蔡:保持在15人以下。长期以来,我一直认为7个人最好。日本对公司制度有过研究,7个人的时候,每个人都能同时知道对方在做什么,这个团队是最有效的,凝聚力最强。到7人以上,比如10个人,就要分成两个团队了。而15个人这种状态经常会分成三组,里面有做行政的、做档案的,还有做展览的、做项目的。在工作室,我一直都强调做项目的人是团队里的先锋力量,因为是他们带动工作室往前走。他们的困难主要是事情不光以你的意志为转移,还需要公关、社交,随时反馈对方的回应,承担很多事情。

曾:我发现你一直在用"项目"这个词。一般的艺术家会习惯说"作品"或者"创作"。

蔡:项目不是说光去做一件作品,比如俄罗斯的展览❶就是一个项目,是关于"十月革命"百年的思考。你要说它是一件作品,也是从学术上到思想上的(一个系列)。我也在法国启动了一个项目,是关于对思想的追寻:今天,在全球化的艺术界里想象一个面对21世纪问题的崭新思想脉动是否存在。我会找数学家、哲学家、天文学家等从各个角度谈,增加我们对今天的思考。所以你不能说它只是展览。在普希金国家艺术博物馆的个展上,我也可能还要在红场上做一个"十月革命"的表演。❷ 这很难用"一件作品""一个展览"这种词来定义,所以我们说,它是一个项目。

曾:在你所了解的艺术家中,觉得有谁的工作方式和你相似?

蔡:奥拉维尔·埃利亚松(Olafur Eliasson,丹麦著名当代艺术家)。也许他跟我比较像,

---

❶ 2016年9月12日在普希金国家艺术博物馆开幕的"蔡国强:十月"。

❷ 后来,红场上空的白天爆破计划由于俄罗斯政府的各种原因取消。

因为他跟我说:"你们经常也是工作室一起吃中午饭啊,我们也是啊!"当然他们的这种工作状态主要是为了解决技术问题,有很多科技人员在攻克他的那些想法。我们呢,这方面人数不多,有助理小蔡,还有一个日本技术总监辰巳昌利,从1990年到现在,跟我做了二十六年。

工作室的主要任务是帮助艺术家实现梦想,另一个职责是管理艺术家的社会形象——这个世界有太多诱惑,颁奖、代言,艺术家很容易陷进去。他们会帮我拒绝大量的邀展和商业上的评选活动,以及一些不是很严肃的报道。所以我不大接受在我看来没有意思的采访。

2. "和看不见的世界比较近"

曾:之前读到你的传记《蔡国强:我是这样想的》,陈丹青在序中写到你虽然生活在纽约,却仍然是以一个泉州人的方式在生活。我就想,什么是泉州人的方式?

蔡:泉州像我的港口,从这个母港出发,一个港口到另一个港口,走遍全世界。但是我对故乡的情结还是很重的。中国文化大都凝聚着故乡文化,那些神神鬼鬼、风水、奶奶、故乡的小学、小河……都培养了我今天的性格和文化气质。我也很享受自己的这种文化气质。泉州其实从古代就是一个很开放的城市,文化水平很高,人也有趣,对于文人精神也比较坚持。所以我们那一带的人画画都是因为喜欢。就算是参加全国美展这些,也不大会有人在乎得什么奖。我们不是那种体制内的想法,仍保留一种独立的文人精神。还有就是,我们那里的人和大自然、和看不见的世界比较近。这个很重要。艺术在我们那里的人的精神领域里占有很大空间,它包含着一种宗教意识的神奇、神秘的感知能力和感知通道。一个人在上海或北京出生,和在泉州出生就会有些不大一样。在北京可能更现实,在泉州更倾向于躲避现实,人们会有一个自己的精神寄托,并在生命历程里面一直延续着。这点在我到美国以后更加发展了,我做事情都包含着东方的方法论和价值观。

曾:1986年底去日本时你的方法论成熟了吗?

蔡：这点在中国时已经有一个基础，到日本以后，我对精神世界开始有了更成熟的认知。日本文化帮助我更好地找回中国文化的过去，这点很有趣。我去了日本好像回到了中国的过去。

曾：你去日本的时间点，好像正好让你离开了国内"后85"艺术的环境。你的创作后来是不是也有意屏蔽了这些影响？

蔡：也没有完全屏蔽，因为我的艺术态度和目标既不是主流的那一套，也不是反主流的那一套。我是比较个人主义的。你看我写的文章，我谈个人主义、个人的独立思想、个人理念的追求，对这种东西的普遍意义比较坚持。当我们集体去创造什么的时候，其实都是把艺术和艺术家当工具在用。当个人的思想能够被尊重而且被接纳时，在艺术语言的解放之路上就会得到更好的发挥。我去日本以后，发现大量的日本艺术家也是这样，一个个都在努力探寻自己的艺术语言和辩证关系。

曾：当年你为什么选择福岛那个偏远地方？

蔡：我也想在东京找画廊代理，但是去了之后发现，根本就进不去画廊。后来有朋友帮我介绍到福岛这边来。这里的人看我是一个外国人，还能说几句日语，样子也很淳朴和真实，就很喜欢我。他们不热爱艺术，也不进他们当地的美术馆，但他们都买我的作品，从一张10美元到100美元这样子买。我最早在日本公立美术馆办个展，就是在福岛磐城。当时我的口号是"和这里的人一起工作""从这里和宇宙对话""和这里的人一起创造时代故事"。我做"外星人系列"（《为外星人作的计划》）就是从日本开始的。当时我感觉东方、西方一直在小圈子里面走不出来，其实比起人类和宇宙来这都是小事情。最近我去横滨美术馆做个展，正常来讲从福岛到横滨要四五个小时，但这个小城市竟然专门为我的展览开设了一条巴士路线，把市民载去横滨看展览，再载回来。1995年我离开日本去了美国，他们就做了一个"蔡国强通讯"，市民自发做的，我在世界上有什么展览、成就，他们马上印成通讯发表在这里。日本NHK如果介绍我最近的情况，他们也会赶快通知到千家万户，晚上看我的节目。我现在带着他们到世界各地去做展览，这见证了艺术、人与人的情感可以跨越政治和历史的诸多阴霾。

曾：你在日本那几年，当时他们有影响的艺术家都有谁？

蔡：李禹焕，他是生活在日本的韩国人。已经有"外来者"李禹焕，我去了后他们都说又来了一个"外来者"。我们两个说日语都不标准，李禹焕也能听出韩国腔。他很快就喜欢上我的艺术，有时候会看到他在报纸上写我如何撇开西方系统来思考当代艺术的意志。

李禹焕当时是日本艺术界一个主要的精神领袖，开始他们以为我是不是也有点物派，后来又觉得不是，而且我对物派还是有些看法的。我认为，假如东方对世界的认识和思考那么神奇，它就应该创造一个更属于自己的呈现世界的方法论出来。物派这种东西说起来很神，但是比较"空"和"无"，在呈现上还是太像西方的极少主义和贫穷艺术，只是极少主义不这样说话。……但我很在意东方人不能光说自己这一套，要有做作品的方法论，给人看到这一套的力量。所以我会强调时间装置还有流动装置，所以我才会创造

那个"收租院"，邀请雕塑家现场制作，展览完了作品就没了：不在展现雕塑，而是通过做雕塑展示艺术家的命运。但是我不会一直去说东方主义。我不愿意让西方研究认为我是搭东方主义这个桥来，一开始就不能走这个桥。

3．艺术怎么样

曾：有些评论强调你独立于西方体系，好像你只按照自己那一套体系来做艺术。但我觉得，实际上你还是非常了解西方怎么想的。

蔡：他们知道我对艺术史问题的判断，我写过这方面的文章。我认为艺术家是好动物，而不是动物学家。艺术家是实践者，是要去攀岩、去格斗的，所有思考其实要转化为你的艺术态度、你的理念及作品的力量。人们以为我在做中国艺术家展的时候会更欣赏那种材料上有突破的人，比如像我这样用火药。其实不局限于此，而是方法论、艺术语言和艺术态度。

曾：多哈展览❶，你选择艺术家的主要标准是什么？看方法论？

蔡：对。或者说虽然他的方法论还没有形成，但他在整个求索的过程中没有丢掉这个主轴——到七八十岁才形成也不一定。这个很难的，要专心在这方面，而不是只看市场或者利用中国政治一些主题就完成任务。

不管是从商业还是政治层面，大家都很了解西方希望中国做什么，也知道自己要做什么。中国艺术家很聪明，这个聪明被我们的邻居日本和韩国都看得很清楚，他们就失去了对我们的尊重。也许我们有些人对此并无所谓，因为日韩市场不大，说得很土，但事实就是这个样子。可艺术的根本还是在于你有没有创造出回答艺术史的答案。你的艺术确实可以包含政治的、社会的主题，你的成就可能会换来拍卖的价格，但是，不要把价格和价值，把政治主题和艺术上要说的内容混为一谈。

（多哈的展览）可能也让西方人有一点点不舒服。我想告诉他们，中国艺术家也可以不谈政治和社会，他们有自己的人生，有悲喜交集，有个人情感挫折，为什么非要说那些（政治社会内容）？所以，《纽约时报》的报道题目你也看到了，叫《重新定义中国艺术家》。记者主动写道："在西方人眼中，中国艺术家要么像高古轩（Gagosian）画廊旗下的艺术家曾梵志那样，是一种市场现象，要么就是艾未未那样的叛逆者。"因为这样会有事情可写。

我有时对西方人说得比较不客气，我说你们把中国看得太简单。当我们去议论西方文化和政治问题的时候，西方人很容易就提醒你："这是很复杂的，难民问题啊什么问题啊都不是你们讲得这么简单。"但是当他们议论我们的时候，同样也会太简单了。

曾：你刚到美国闯荡的时候，有这种底气吗？

蔡：没有必要，因为我根本无所谓东西方问题。我在日本一直做人与自然、宇宙的主题，为的就是要告别那一种永远在讨论东西方的二元论。日本有西方参照的同时也有自己的文化，所以才形成了安藤忠雄、三宅一

---

❶ 2016年3月的"艺术怎么样？来自中国的当代艺术"，蔡国强担任策展人。

生这种人物。他们很清楚,他们不是西方人,从生理到心理都不是,可同时也不能只是花道、茶道、书道,不能只做日本文化这种装饰风,应该想怎么走才能既是国际的又是有东方灵魂的。日本人一直都强调灵魂,如果你的艺术没有灵魂,他们的思想里面根本没办法产生同样的影响,但这样也使他们一直与世界保持一种有距离的"疏远感"。很多事情造成我们的艺术不能跟西方一模一样。就像近代以来,我们哪个艺术家能在性的艺术表现上像西方那么好?如果要做性主题的艺术,一定要扎根于我们自己的生理和我们的情欲。

曾:但是你2013年在巴黎塞纳河上做了个50对情侣的"一夜情",那么直白,跟你所说的"我们的情欲"相差很远。

蔡:我是孙悟空,我不是一般人(笑)。这不是一个普通的好坏问题,而是你永远在试图做着一种"另外的"东西——日本人经常用这个词来形容,有时候也说成是"发明"。你会被大量的艺术作品感动到,说这件作品做得真好,但不能马上认识到它"发明"了

什么东西。其实艺术史很严酷,就是需要"发明"。这么说可能会让人感觉"太堕落了",因为整个后现代主义就要规避掉这些。但后现代主义留下的几个大一点的影响,还是有所"发明",比如"发明"了艺术到底是怎么回事。

但还是太少了。那种让世界看看艺术其实可以这样做的人,艺术其实可以这样被嘲笑和玩耍的人,还是太少了。这就是为什么我在中国一直说要"好玩",要"乱搞",因为现在都太普通了。最近应该不少人追求"我们离开政治吧,就做纯艺术吧",但要小心,不过是美国艺术学校训练学生的那种做法而已。我觉得要有天马行空的人物出来,气质上既是那种"崇拜、尊敬全人类的文化遗产,它们都是你的营养",又是"我不是来当学生的,是来跟世界玩几下"的人。

曾:那你自己初到美国时是什么心态?

蔡:我到美国后就对日本人开玩笑说:"碰到对手了。"这么说,日本人其实也不是很高兴吧。在美国,刚开始我自己那一套什么都要坚持。像我1996年参加胡戈·波士

（Hugo Boss）奖第一届展览，做了《成吉思汗的方舟》。作品里有个发动机，很吵，把隔壁马修·巴尼（Matthew Barney）的影像吵得一塌糊涂（看不了）。人家给我一个英文的合约文件，我看也不看，在电梯上就签了给他。对方说："我们开了几天会才做出的，你怎么连看都不看就签了？"我说："第一，我看不懂；第二，我也不会执行。"然后我在人家展厅里面吃东西，被人家大喊了一声，就感到很不爽。后来慢慢都适应了，签合约也会交给工作室的人看，也不会在人家展厅随便吃东西了。当然我还会很在意，有哪些东西我不能改变。

曾：哪些东西是你不能改变的？
蔡：就是你的艺术不是要来讨好这个系统的，而是要来破坏这个系统的。当然，破坏有时候是要付出代价的，有时候会大获成功，但不一定每次都成。有时候我也在系统里面被规范住了，就像孙悟空不是永远都没有那个框，还是有那个框的。

曾：我们看到的基本是你成功的例子，好像没有你说的这种"不是每一次都成"。
蔡："成功"或"失败"这个词用得不好。我是想说，不是每一次都如我想象。就像在古根海姆回顾展这件事情上，因为弗兰克·劳埃德·赖特（Frank Lloyd Wright）这个人（古根海姆艺术馆的建筑设计师）太牛了，历史上所有在古根海姆做展览的人都太在意如何去适应那个展厅，很想去迁就它，顺着建筑旋律做艺术。我希望破一下，所以故意在美术馆的螺旋中庭吊了一批汽车和灯管，让它杂乱无章。但如果说有点不满足的话，就是这个回顾展更多地把我的艺术形式和方法论进行了学术上的整理，但对我更深层的艺术态度和理念探索，尤其是对看不见的世界和精神的追求，讨论还不够。好在一个艺术家不只做一次回顾展，而是不断地做，可以留给更多的美术馆来做。比如后来在洛杉矶现代艺术博物馆的个展，我就写了99个故事，谈我与看不见的世界的对话，来帮助展开学术上的探讨。

曾：据说你这个展览，300万美元的成本为他们赚了500万的门票？

蔡：对，展览很受欢迎，打破了古根海姆美术馆视觉艺术家个展的参观人数纪录，门票和衍生品收入加上赞助，扣除成本，还让他们（古根海姆）基金会赚了钱。这个展览巡回到西班牙毕尔巴鄂古根海姆时，有56万人看，那个城市总共才40万人。但为什么说还有一些不如意？就是我自己的学术目标没有达到更高。

曾：更高的目标是指什么，破坏艺术系统的愿望吗？

蔡：不仅是艺术系统，也包括艺术史的问题。所以说艺术家是一个成长的过程，老了还在成长和发展，只不过有些时候是成长了却未必有没成熟的时候那么好。就像动物，当你变成更有经验的动物，那种生猛劲头和皮毛的光泽却可能不如以前那么闪耀了。

4. 我很会折腾

曾：当代艺术家一般习惯性地反对既成体系。但我发现从奥运会开始，你对和政府机构合作一直比较有兴趣，比如在北京和上海做过 APEC 这样的纪念性艺术项目。

蔡：从个人角度，我经常说我怕谈这个，主要是怕把自己说得太正经。我其实没那么正经。说一个比较搞笑的想法，也许是因为我很喜欢凑热闹，把一些大事情都当成自己能够玩的，把国家大事做成自己的作品，喜欢往这种热闹的地方去凑。就像你刚才说的，一般艺术家都不这样，我为什么这样？因为历史上那些不一般的艺术家全是迎着上去的。

曾：比如？

蔡：达·芬奇、拉斐尔、格列柯，等等。格列柯带着自己的画布从希腊出来，到意大利，再到西班牙，就想获得教皇或者皇帝的支持。问题不在于他们想获得支持，而是他们寻找到这个支持以后，又在里面摇摆和痛苦，这才创造出不朽的作品。伦勃朗也是，他就是很想卖画给那些商会，这才画了那个永垂不朽的《夜巡》。

曾：2017年，你要和普拉多美术馆合作绘画展览，第一个展厅是关于你和格列柯的对话。为什么格列柯给你这么大影响？

蔡：因为我有点弄懂了格列柯，其实那是在 2008 年奥运会以后。当时我有反弹，（这是）很自然的事情，吃了中餐就会想吃西餐，所以我带女儿沿着格列柯从生到死的地方走了一遍。我们带着他很多画作的印刷品，看他在哪儿画的这张画，眼前都看到了什么。他画过的山谷、城堡，我们都走了一遍。

从他出生的希腊克里特岛出发，我们花了大概一个月。他出生的这个岛，很像我的家乡泉州，也是带着点迷信——当时欧洲的宗教很高大上了，但是他家乡的宗教有点像东正教，是比较偏的一种。格列柯去威尼斯的时候，很想接近一些主流，但很快就感到人家很看不起他。他在意大利待不下去，又到西班牙马德里，想跟国王和贵族接近，还是扎不进去。后来他就到了托莱多，拼命想卖画给大主教，那里的主教比较喜欢他，所以他就一直留在那里，创作了很多作品。

走完这条路以后，我知道自己为什么喜欢他了。我也是从故乡出发，去上海，去日本，到美国，冥冥之中走了一条类似格列柯的路。然后我也是因为自己朴素的生命色彩，和与看不见的神明的关系，同整个社会潮流有距离。我就很喜欢这样。在中国你看这三十多年有各种艺术运动，但很难看到我参与其中。

曾：但是那时候你没有被艺术运动接纳。

蔡：不能说人家不接纳，是我不主动去跟人家凑。到日本后我又是一个外来者，像一匹狼一样，从东京以外的福岛的一个渔村慢慢地把日本搞得"乌烟瘴气"。最后我离开的时候，基本上日本曾做过当代艺术的美术馆都做过我的展览。我很会折腾。在美国也是，平时不参加人家什么事，人家的展览开幕我也不去，好朋友的才去看一下。

曾：总是一个人，然后热闹地打开一个世界。

蔡：对。我总是跟自己开玩笑，总想着造一个大鞭炮要吓人一跳，结果没吓着别人，只是吓自己。

曾：别人评价你做作品气场很大。你怎么理解"气场"这种东西？

蔡：我很在意风水上的内气萌生、外气成形，内外相乘，风水自成。搞爆炸这种事情，全世界的人一听都会有一点紧张和担心，但是一见到我就马上不担心了，因为我的样子看起来彬彬有礼，说的话很有道理：怎么保护，怎么点火，为什么是安全的，人们会担心的事情我都提前先说了，人家就很安心，说这个人看着有胳膊有手很正经的。还有一点太重要了，他们听完我的方案会怕，但不是怕出安全事故，而是怕如果不同意我的话将来会后悔——投了反对票，他自己也就看不到好玩的事情了。

曾：你是想说，你总能激发别人强烈的好奇心而舍不得反对你？

蔡：对啊，我很喜欢自己的这种时刻，就感到"我这个人还继续挺能整的"。一个人年纪大了，做久了，很多时候做的东西都是套路。最后自己也就在套路里面了，但他不知道。

（采访时间：2016年10月、2017年9月）

蔡小川摄

张晓刚

1958—

出生于云南昆明,毕业于四川美术学院油画系,现生活、工作于北京。20世纪90年代初期,创作出最具代表性和国际影响的"血缘—大家庭"系列作品,由此作为当代艺术的代表性人物为国际瞩目。曾受邀参加威尼斯双年展、圣保罗双年展等国际大展,作品被纽约现代艺术博物馆、伦敦泰特现代美术馆、巴黎蓬皮杜现代艺术博物馆、悉尼新南威尔士州美术馆等重要机构收藏。

张晓刚：
绘画者

艺术家总是使别人成为富翁，当他们赚了钱之后，又反过来"赞助"艺术家。这就是我们的宿命，就这样我们还是要喊一声赞同的口号。因为我们坚信这一点，只要人还没变成机器，就会不自觉地询问艺术为何物？实际上艺术什么也不是，就是人自己。

纽 约

2013年初那个冬天，张晓刚在工作室做出了几件自己比较满意的头像试验品。在他看来，他做的也不算是雕塑，只是把绘画变成了他所想象的"立体作品"。那是在京郊"一号地"的工作室，昆明的朋友聂荣庆之前老早就帮他搭了这么个雕塑车间，让他有空就进去玩一玩。但从前他进去一点感觉都没有，"还是绘画者的思维"。

纽约佩斯画廊的老板阿里（Arne Glimcher）2013年来北京，看到那几个头像，问张晓刚为什么不用铜做出来，提出要在纽约为他做一个雕塑展。张晓刚却不想做成简单的雕塑，他并不喜欢那种可以复制的感觉。"我想，干脆我来尝试把绘画和雕塑结合在一起。"他决定用油画颜料破坏掉它，而不是让雕塑更完美。

阿里帮他在纽约安排好了工作室和公寓。工作室就在切尔西第九大道22街，是从他们版画工厂里腾出的一间房，六七十平方米。公寓隔着大约七八条街。张晓刚每天步行去上班，在工作室从中午一点关到深夜一点。

纽约那段时间是大雪天气，在陌生的城市孤独地工作，这种记忆令张晓刚很难忘。每天他走过那条幽暗的楼道进入工作室，没有助手，没有社交，吃的是盒饭。把生活做到最简单之后，他觉得自己一下子回到了一个纯粹艺术家的状态，就像三十年前在昆明、重庆，二十年前在成都，十几年前在北京一样。

2003—2010年在张晓刚的记忆中是他人生最浮夸的一段生活时光。2006年春，张晓刚的《血缘—大家庭：同志120号》在纽约苏富比拍出了97万美元，成为中国当代艺术第一个"百万纪录"。两年后，"血缘—大家庭"系列的《血缘—大家庭：3号》和《血缘—大家庭：2号》分别在两大拍卖巨头苏富比和佳士得的香港拍卖中创下4200万和2642万港元的成交纪录。

因为成了"最贵的艺术家"，张晓刚的名字也就从艺术界进入了大众传媒的关注中心。刚开始他也很喜欢，因为觉得自己成功了，但不久就感到虚无了。每天叼着雪茄，拿着香槟，挥金如土，很多人对此沉迷不已，但张晓刚很快就发现自己不习惯这种生活。当他和王广义、岳敏君、方力钧被台湾地区的媒体称为"中国当代艺术F4"的时候，他觉得自己不再是个"正常"的画家了。

到2007年，张晓刚已经精疲力竭。他说："你见过一个人跪在你面前流眼泪说要买你的画吗？老外真跪也真哭，进工作室就哭着说太喜欢你的东西，如何地想自己拥有一张挂在房间天天看。然后一转头，你就在拍卖场上看到低价卖给他的作品。"成都时期的老朋友、批评家吕澎回忆，那两年去晓刚工作室虽然不多，但每次见到他，都会听他在无奈地抱怨："好烦。"他那时已经等不及要找到一个屏障来把自己和市场隔离。2008年和佩斯画廊签约后，他好像就如愿了：没有人再来找他，也没有人再给他送好酒和贵重礼物。他总算分清楚谁是真正来和自己喝酒的朋友了。

从前他每天都和"非常重要"的人一起吃饭，他们负责邀请他去全世界，向他描述成功人士的蓝图：去哪里度假，吃什么喝什么玩什么，听起来就像童话一样。他每天感受最深刻的就是艺术圈里的这种成功学，而他已经应付不来，只想快点回到工作室。

2008年的第一个展览"修正"在纽约举行，题目现在看来就是他当时的心境写照，也可以说是愿望：修正自己的方向。

生生息息之爱

"我发现我好多代表作都是在小房间里面画出来的。"张晓刚说。1986年他刚从昆明借调到四川美院的时候，房间只有8平方米。他有一个"里面装满了秘密"的木箱子，是知青时代带回来的，那时就成了床以外的唯一家具。他在上面放块玻璃当桌子，也当画画的地方，所以那时画的画都很小；也不敢用画布，因为没地方放，而纸上作品画完了往哪里一塞就行，到后来连他自己都找不到了。

两年后他很幸福地在学校分到一间房。房子不到15平方米，竟被他难以置信地隔成了"三室一厅"，还带个卫生间。所谓的卧室就是一张床，放沙发的位置算客厅，旁边十来平方米当画室，在那里他完成了"手记"系列里面的几件作品。

为了能画稍大一点的画，他只能到教室里去画。《黑色三部曲》就是在教室里画的，学生在前面上人体课，他在后面画，惹得学生都好奇地来围观。

参加了1994年圣保罗国际双年展和1995年威尼斯双年展的"血缘—大家庭"系列则是他在川美教研室那个20多平方米的地方画出来的。后来他常跟人讲：谁说小空间不能画大画？

《生生息息之爱》（注：后文将简称为《生生息息》）是在成都一个10平方米的房子里画的。这组画在张晓刚以"血缘—大家庭"系列成名之后也颇受艺术市场的关注，围绕它发生的故事，就像是中国当代艺术那几年传奇的浓缩版本。

张晓刚在 20 世纪 80 年代因为创作条件的限制一直画纸上小画。1988 年结婚后,他在成都走马街邮局宿舍安了家,有了间稍微大点的房子,就想着要画大点的布面油画,把那几年自己对"彼岸世界"的想象和描述全部浓缩在里面。先画了一组两联,觉得不过瘾,又加画了一张变成三联,就是后来这组充满波折的《生生息息》。画题是那个时期非常典型的寓言风格,关于男和女、生与死、现实和梦幻、此岸和彼岸。

张晓刚参加了评论家吕澎策划的"88 西南现代艺术展"。展览结束后,好些作品都堆放在吕澎家客厅,包括《生生息息》和何多苓《马背上的圣婴》,吕澎觉得生活起居因此变得十分不便。他催着画家们把作品取走,画家们则希望他帮忙卖掉算了。

张晓刚回忆,吕澎有个做生意的朋友有意愿以 1000 元一张的价格买走《生生息息》。这么大的一组画 3000 元就买走了?张晓刚当时已经有了卖画的经验,一般都是认识的外国熟人买,一张小纸上的油画能卖到 60 美元到 100 美元,够管两三个月生活。再看这组三联,张晓刚心想,怎么也得要 1000 美元一张。1000 美元当时就是七八千元人民币,别人都觉得他疯了。

张晓刚把画拿回家,没隔多久就带去北京参加了"中国现代艺术"大展。在展场,有个美国人看上其中一张,问卖不卖,他说卖啊,1000 美元。美国人当场掏出现金,把画拿走了。张晓刚想,原来这是真的啊。

另外那两张,很快也被支持现代艺术展的商人宋伟买了。谈好总共 1 万元人民币,张晓刚负责把卖掉的那张也补画给他。张晓刚说,很奇怪的是补的那张画交接后从此没了下落,他至今再没见到。这组画后来三张一起出现时,里面也都没有后补的那张。他被欠了一半画钱,每次到北京都得去追债,最后总共拿回 7000 元。他当时跟妻子说,剩下的钱算了,再也不来北京要了,太没尊严。

《生生息息》后来的周折讲起来也是起起伏伏。宋伟因为身体健康出了

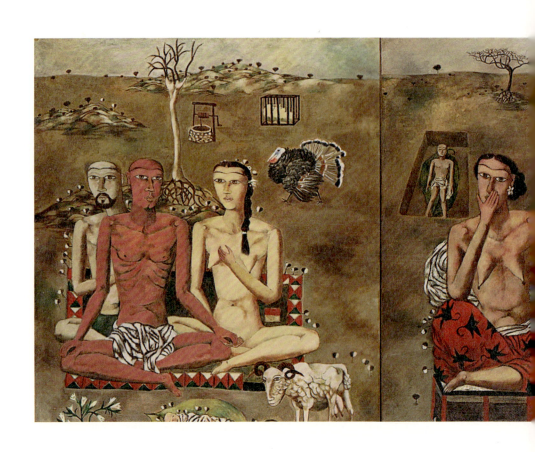

《生生息息之爱》,1988,三联布面油画,130×100厘米 ×3(张晓刚工作室供图)

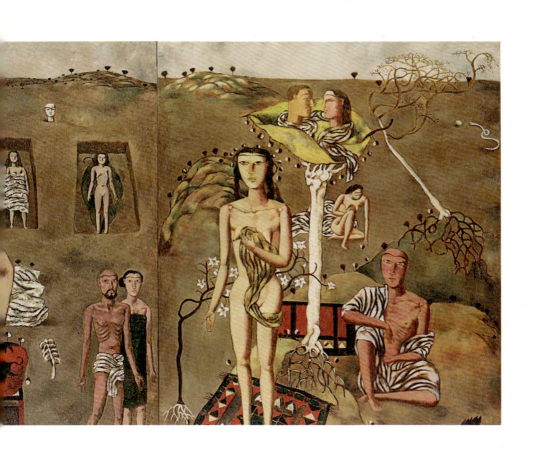

问题，把自己的藏画都送给了身边一位女性友人。那批画很齐全，里面还有王广义、张培力、毛旭辉等艺术家的作品。2002年，那位女性友人在一个场合碰见张晓刚，告知那两张《生生息息》都在她处，但因为保管不当有损坏，问他本人要不要买回去，开价约2万美元，差不多20万元人民币。张晓刚说："你开的价太高了，我买不起。"

又过了一段时间，法国画商约翰·马克（John Mark）来找张晓刚了，拿了张照片请他过目，问是不是他的画。张晓刚认出是宋伟买走又送了人的那两张《生生息息》。马克告知，原主开价3万美元。马克之后又找到了被美国人买走的那张，把一组三联收藏完整了。据张晓刚所知，后来马克又以几十万美元的价格转手给了比利时收藏家尤伦斯夫妇，他们后来是因为2007年在北京798艺术区创办尤伦斯当代艺术中心而在中国为人熟知。2011年，尤伦斯夫妇将《生生息息》送到拍卖场上，成交纪录是7906万港币。

在诞生以上这些绘画的1981—1996年，张晓刚本人正热爱着和朋友们做古老的书信交流。他保留下来的那些书信，敏感、忧伤而深情，在他成名后，这些让他成了艺术圈有名的书信体作家。

1988年5月23日，张晓刚致好友、昆明画家毛旭辉的信中写道："你说得对，艺术家总是使别人成为富翁，当他们赚了钱之后，又反过来'赞助'艺术家。这就是我们的宿命，就这样我们还是要喊一声赞同的口号。因为我们坚信这一点，只要人还没变成机器，就会不自觉地询问艺术为何物？实际上艺术什么也不是，就是人自己。"

此时的张晓刚虽然还看不到《生生息息》未来的经历，但他和他的艺术家朋友们都感觉到，自己已经被推向市场最势利的挑拣之中。

工作室

1995 年，在成都，画家周春芽有天兴冲冲地给张晓刚打电话，说在玉林小区沙子堰东巷五号看到一座房子，可以买了做工作室。张晓刚去看了以后也很激动，一间房就有 50 多平方米，他判断在里面可以画 2 米大的画，还能退得很远地看。"我觉得这辈子都够了。连卫生间都有 5 平方米，真奢侈。现在想想那就是一个普通的公寓楼，但那时我已经觉得是终极。可是不过五年以后，就觉得那房子不够用了。"张晓刚说。

1999 年，因为家庭变故，张晓刚带着 2 万块钱到北京来做"艺术北漂"。他在望京的花家地租了套两居室画画，60 平方米左右。那可以算是北京城区最早出现的一种艺术北漂工作室。

张晓刚说："北京好几种艺术工作室的形式，我们几个都是'创始人'，我、陈文波、宋永红、马六明。最早就是在花家地，租普通公寓，把隔墙打掉后改造成工作室。我不愿意去通州区的宋庄那边，我跟他们几个说，守在城乡接合部，来人方便，没想到这还真有用，好多机会就这样来了。我当时想，我到北京来不是为了去农村待着，否则在西南任何地方都比这里好。如果每天关在屋子里，跟一帮熟悉的人吃熟悉的东西，那为什么要到北京来？

"2002 年，我们到费家村租了库房改成工作室，这在北京也是第一回。我们把库房改成彩钢顶，再自加一个卫生间。到了费家村我咬咬牙，决心一定要牛一次，结果租了 300 平方米。在那里我待了三年。"

张晓刚之后到酒厂艺术区又住了几年，吵得受不了后又搬到"一号地"。他说，之前从费家村搬到酒厂也是这个原因，周围喧嚣得没办法画画了。有一次他在工作室画画，老觉得身后有什么，回头一看是个陌生人兀自在拍照。他问："你怎么进来的？"那人说："你门没关啊，我就进来了啊。"他

《失忆与记忆6号》,2002,纸本油画,53×66厘米(张晓刚工作室供图)

想,这地方再待下去就很无聊了。

他去酒厂租工作室的时候还没什么人,没过多久,两个画廊开在了他门口。"其中一个是程昕东,我跟他开玩笑,说你这样什么意思,画廊都开到我家门口了。"画廊每次一开展览,他就进不了屋,到处是人,他得挤过人头攒动才能进入工作室,然后有些人就指着他,快看,那是谁谁谁。

换到"一号地"以后,张晓刚坚决要求独门独户,不与任何人在一起。"这些年我好像不断地在逃跑过程中,逃离那些热闹。但如果真要我和外界完全隔离,我会选择回昆明去。到现在还没有回去,还是因为离不开北京。80年代在昆明的时候,人年轻,把世界看得极端,也刻意过极端的生活。那时候比现在骄傲,看不顺眼的不来往,但也不会和人冲突。那时不爱说话，不会说话，也不太会笑；别人觉得这人不好玩，没什么幽默感；喜欢什么不喜欢什么，很直接。现在看有些年轻人也是这样，一个人坐在那里闷闷的，但其实内心在翻江倒海。在昆明的时候我是单身，又有一间房，朋友们都愿意来，慢慢圈子就越来越大，不是我有多好客，是他们可以感觉我（这个主人）不存在，经常半夜都有人来，也不是来看我的，是看别人的，我就是一个提供场地的人而已。到川美教书以后就没有这种事了，所以他们都说我完全变了，变成了一个把门关起来的人。"张晓刚说。

绘画和处境

"大家总是说20世纪八九十年代如何如何，其实80年代和90年代是两个概念。有些80年代艺术家进入90年代以后就不见了。（80年代末的）'中国现代艺术大展'是个分界，有人消失了，有人出头了。我算是比较幸运的，慢慢地，还在继续往前走，走到了2000年后。"张晓刚说。

张晓刚从他工作台上的一堆书里翻找出一本关于"85新潮"艺术的画册，里面收录了徐冰、王广义、方力钧、夏小万、刘炜等人，也包括他自己，这些人现在仍然都是大众视线之中的重要艺术家。他指着其中一页说："你知道吗？这是当时最火的画家，在'85新潮'时期比前面提到的所有那些名字都要火。"我表示完全不知道这个名字。张晓刚沉默片刻，叹了一声："太惨了，你已经不知道他的名字。当时他是那么重要的一个人！"

"我现在愿意承认我是一个画家。我不算一个有才情的画家，但我算一个用绘画来表达自己的人。"如何来描述和定义才情呢？他想想说，比如毛焰，还有刘小东、周春芽、刘炜，他们"有绘画的趣味。他们都对这个把握得很好"。

《父女2号》，2008，布面油画，160×200厘米，刘兰收藏（张晓刚工作室供图）

怎么看待自己？张晓刚始终是清醒的。正因为清醒，所以他总有那么一点身处目光中心却随时想要逃离热闹的姿势。批评家黄专（2016年去世）生前就在筹划出版《张晓刚：作品、文献与研究 1981—2014》，于是2014年初，张晓刚开始着手为这套书撰写自述。但他没有想到，一向对文字表达有欲望的自己，将艺术人生叙述到2000年就写不下去了，没有感觉了。

他诚实地说："2000年之后，我的个人生活不断变化，就像'失忆'一样，我想躲在花家地拼命'遗忘'过去的东西，但又忘不掉。反而这种'记忆'变成像梦一样的东西不停出现，但是有时候'记忆'离得太近反而抓不住……"为了完成自述的后半部分，他请助手搜集了这些年的采访、对谈、随手写下的文字和展览，将自己这十五年的生活和艺术，像片段一样拼接起来。

有意思的是，他的两位老朋友也没能或者不愿再走进离得更近的"记忆"。2016年新年刚过，老友聂荣庆写作出版了《护城河的颜色：20世纪80年代的昆明艺术家》，书里讲述了张晓刚、叶永青、毛旭辉、潘德海等艺术家在那个时代的生活状态和艺术追求。另一位老朋友吕澎，也将张晓刚作为中国当代艺术30年的典型个案分析，完成了《血缘的历史：1996年之前的张晓刚》。

他们两位，一个将叙述终结在80年代的最后一个夏天；而另一位，也以1996年作为全书的结束——这是张晓刚彻底完成"血缘—大家庭"风格的时间。这一年，张晓刚一家三口用香港画廊汉雅轩老板张颂仁预支的一幅"血缘—大家庭"画作的报酬，在成都玉林小区购买了那套包括工作室在内的新房子。那也是中国艺术家刚刚开始感受到艺术市场的运作能量。

通过绘画老照片，张晓刚在"大家庭"系列中将主题从抽象的哲学问题转化为对历史问题的形象分析，也让自己自1994年以来对绘画的疑虑获得了部分解答。从那以后，他虽有对材料和方法的各种探索，但这些没有阻碍他将自己视为一个坚定的"绘画者"。

实际上艺术发展到今天，绘画无论是观念还是语言方式早已不属于所谓前卫艺术了，它的实验性意义早已被其他材质的各类艺术所取代，退回到一种纯粹的个人迷恋之中。不愿接受这一点或者还试图将绘画作为某种工具而去充当前卫艺术，是否相当于用筷子吃牛排，既费劲又讨不了好呢？

2016年5月5日，在微信朋友圈里，不少艺术圈的人都在转同一篇文章。这篇文章里，比利时艺术家卢克·图伊曼斯（Luc Tuymans）在文中谈论了绘画在这个时代"令人窒息"的处境。张晓刚第二天也转发了，并附了上面这段读后感想。

作为一个"用绘画来表达自己的人"，张晓刚不可能不经常思考绘画在当代艺术中的处境。1996年他就对此说过，从样式和材料的革命性来看，绘画已经无所事事了。5月6日发在朋友圈的这一小段文字，保持了他一贯以来的感性和描述性——自20世纪90年代以来，这是有人喜欢他以及他的绘画的原因，也是有人批评他的理由。

不在作品中彰显哲学思考或呈现社会批判的姿态，将绘画"退回到一种纯粹的个人迷恋之中"，对于一个已经被他人目光固着于"成功者"这种角色光环中的艺术家，这样说和这样做，都需要一种坦白。

张晓刚的工作室，之前"一号地"那个大厂房似的空间也好，2016年刚搬入的寸土寸金的城区别墅也好，给人的印象都是令人惊异地有秩序。"我喜欢归类。"张晓刚说。他自称是个需要孤独的人，但最怕的也是孤独，所以不喜欢房间里面太空旷；他要眼前有足够丰富的东西可供想象，但每件东西在哪儿又必须很清楚。

我们在新工作室见面那天，张晓刚正在画一批头像，既像绘画，又像雕塑，想让它们完成后"像贡品一样装在盒子里"。另外几张是"空间"主题，

张晓刚在纽约佩斯画廊个展上的雕塑作品，2013（张晓刚工作室供图）

看起来与2006年《里和外》那个时期仍有相似的元素，通过环境来探讨一种艺术形态，或者是对历史、对人的一种印象，但里面的人、时间、物体都是无序的、错乱的。他描述自己想要画出来的这个"空间"实际上像是容器，记忆的或者心理的。

2013年他曾画了一张纸本油画《书囚》，少年的头忧伤地蛰伏在书页之中。这是对过去那个迷恋书本的自己的缅怀，还是对现在这个踟蹰于阅读的灵魂的描述？画家自己恐怕也难区别。

雕塑家隋建国有天给张晓刚打来电话，说起最近在读哲学，但速度很慢，得一个字一个字地读。张晓刚心想，平时两个人很少通电话，老隋特意打过来，大概是想跟人聊聊读的书。但张晓刚自己近年却对读书兴趣寥落。他在自述中讲过，那种 80 年代对西方现代主义著作的痴迷好像变得异常遥远了，那时他发工资的第一件事是买饭票，第二件事是到新华书店买一堆书，看到"现代"两个字就要买回去。而这几年，"突然就不想读书了。2000 年以后也买书，但感觉不知道重点在哪了，读什么都提不起劲"。

除了很少读书，和前十几年相比，张晓刚说他最大的改变是不再想未来。生活在这个时代的中国，变化太多，所有的未来看起来都不堪一击。

我不适合艺术圈的成功学

1．想摆脱原来的东西

曾：1999年你从成都移居到北京，生活和艺术创作的状态发生了多大变化？

张：刚来北京头几年，住在花家地，认识了很多人，每天都是混，美术、音乐、电影……各种各样的人，后来慢慢也没了来往。我们在成都那个圈子是一个很文艺的小团体，就几个画家和诗人而已，何多苓、翟永明、周春芽……跟社会其实是脱节的。来北京之后，就感觉进到了一个很大的名利场。

曾：你是自觉地想做改变，还是无意识地被推到了另一个方向？

张：我很自觉，我想摆脱原来的东西，所以后来才有了画"失忆与记忆"的想法。我有意识地遗忘某些东西，觉得应该把四川的东西扔掉，融入新气场。我来的时候北京对艺术正开始变得包容、开放，之前还是很封闭的。等我再回成都，就发现差别越来越大。

2000年，那时候人都很浮躁，对曾经很认可很相信的东西也遗忘了。大家都愿意谈现实的东西，怎么做展览、怎么出名、用什么方法去做。那会儿我们谈绘画本身谈得少，可能觉得要保密吧，（毕竟）大家都是竞争的关系。我们这代人经历了太多的东西之后，老被人摇来晃去，一会儿告诉你这是真的，一会儿告诉你那是真的，从小到大，永远在失忆和记忆中挣扎。

曾：那时你已经坚定了自己的艺术方向了吗？

张：我1994年画出"血缘—大家庭"，到1999年几乎没停过，因为我画得慢，总是忙于画，来不及思考。每个展览都问你要作品，我记得一年有十几个展，我也不懂选择，很多时候是碍于情面。到了1998、1999年，我觉得老这么下去不行了，要枯竭了，就画了一些新的小稿，但还是没时间去实现。到北京本来是想离开"血缘—大家庭"画一种新的东西，但来了以后忙着适应新环境，心思不在画画了，画画都是为了还人情和展览，就这样混了两年。直到2003年，心才慢慢静下来，有了"失忆与记忆"这个想法,把原来的小稿全用上了。从 2004 年开始,我把"血缘—大家庭"放到了一边。但《失忆与记忆》里的很多符号还是延续的,只是增加了好多内容,比方说从 2006 年我开始画环境,《里和外》又把日常生活用品加进去了,灯泡就出现在那个时期,药瓶是再后来一点。

曾:2010—2014 年,你尝试了装置和雕塑,在创作上打开了新的空间。

张:材料上看是这样。2009 年我在北京个展上第一次使用了绘画以外的材料和形式:金属、雕塑、装置,没有一件作品是过去传统的绘画。我想尝试不同的东西,把自己打开。2013 年,我开始在雕塑上画画,做"绘画雕塑",不按雕塑的规律来。雕塑有两个特点,一是可以复制,但我的作品是唯一的;另外是要有一个真实的立体,但我用绘画去破坏,所以搞雕塑的觉得我这个不是雕塑。

乔纳森(Jonathan Fineberg,美国著名艺术史家,他作为第一署名作者的《张晓刚:令人不安的记忆》2015 年由 Phaidon Press 出版)很喜欢这个东西。2013 年我在纽约做那批青铜油彩的时候,他在旁边看得很吃惊,说你怎么有这个想法的?我说就是想尝试一下。我问他有没有人这样做过,他说没有。他每隔两天到工作室来看一下,看我做到什么程度了,最后展览的时候他很喜欢,给我发微信说要写一本书来做项目研究。我说好奇怪啊,我的"绘画雕塑"在美国特别受欢迎,在中国却无人问津。

曾:这个系列在国内展过吗?

张:北京没有,但在香港的博览会上展过,卖不掉,无人问津。他们只认绘画,认"血缘—大家庭";《失忆与记忆》这个作品也有人接受,但没有"血缘—大家庭"那么热烈。

2. 人和人的关系发生了一场质变,这是我最不情愿的

曾:你的画价("血缘—大家庭"系列)突然升高到连自己都不敢相信是哪一年?

张:2006 年春天,97 万美元。我之前的画最高价就是 100 万元人民币,大概 12 万美

元。涨了10倍啊，搞不懂为什么。虽然跟我没关系，但那是我的名字，而且跟别人的画价差距那么大，我没有办法判断这件事——我认为好的东西在市场上不一定受欢迎，我认为不怎么样的在市场上反而很火，所以这对我的文化判断也是挑战，慢慢知道市场有它的一套规律，我们以为艺术的东西是另外一种。

曾：那两年有明星的感觉吗？

张：没有，我不喜欢。我尽量回避社交场合。我也不看时尚杂志，没兴趣品牌活动，有的牌子很妖气，那种美学和方式我接受不了。但名气对我的心态有影响，不能说没影响。最大的好处是促使我去反省：我的价值在哪里，我该做什么样的艺术家。有时候这种反省也是被迫的：朋友本来都在一个锅里吃饭，分不出谁是谁，突然艺术市场起来了，然后把你们人为地做了分别，一下感觉身边人都变了，用文艺点的话说，你变得很孤独。

曾：那些多年在一起画画的朋友，突然发生的巨大差距对你们的交往有多大影响？

张：改变很大。印象特别深的是2006年拍卖完之后我们就很少聚会了，有段时间没人约我吃饭。他们也是好心，觉得你肯定很忙。我也的确很忙，突然身边都成了做生意的人，原来的有些朋友也把你当成生意人，他也需要成功，你不能不帮忙。人和人的关系都变成项目的关系了，你慢慢就会想，哪个项目重要。人和人的关系发生了一场质变，这是我最不情愿的。

曾：从什么时候感觉有所恢复？

张：市场不景气以后。2009年，又有人约我吃饭了。这几年市场的改变对人的心理也是一种磨炼，中国人要过这一关，原来我们活得太单纯了，甚至是无知，经过这个之后你开始慢慢区别什么是艺术，什么是生意，慢慢就成熟起来。

3．我一直想改变艺术和心理的关系

曾：有个心理学者说，从你的画里看到了很多心理学上的东西，诸如一个床上画三个孩子,分别是本我、他我和超我。

张: 我同意他(的说法)。三个小孩其实是一个人。不过我是本能的,并非刻意。我还画过四个小孩,画的时候想到了我们家四兄弟。其实这都是借口,绘画不是这么简单的东西,尤其对我来讲,我是在画一个自我想象的场景。

曾: 你的画不管有几个人,总给人一种孤独感。你童年是个很内向的孩子?

张: 对,有关系。从小父母就很忙,"文革"的时候,两个人又被关在不同的地方,没人管我们,自然生长,很自由。我家里兄弟多,本来应该很热闹,但是可能是性格原因,我从小在人群中就有孤独感。这其实是贯穿一生的,在画童年的时候其实也是在画自己现在的心态。后来,我画里的列车的符号也有种意象,跟心理学更接近,往往象征时间流逝。我用相反的方法去画:本来静态是车里,动态是车窗外,但我把车窗外画成静态,把车里变成动态。我不要表达物理空间,我要心理空间。这对我更有吸引力。我一直想改变艺术和心理的关系。

曾: 在你很多画里,包括"血缘—大家庭"系列和《失忆与记忆》,都看得到一条若有若无的红线。我在南非参观远古岩画时也看到过这种细线,它被学者解读为一种精神和现实的连接。你画里的红线,对你意味着什么?

张: 我最早使用红线就是想到连接的关系,仅此而已。可能源头是从墨西哥女画家弗里达那里来,她受过原始艺术的影响。而我是想把我体验到的中国现实中的各种复杂关系表达出来,它可能是血缘关系,也可能是别的什么关系,朋友、社会或者文化,我想表现个体和社会之间这种复杂性。

好多人问,你画这个是不是跟你家庭有关系?我说肯定有,但实际跟社会也有关系。我生活在重庆的时候,学校也很像个家庭,院长是大家长,一个系主任管着好多人,觉得自己了不起。那种家长意识特别强,关系特别复杂,盘根错节。我想把这种感受表达出来,即我们生活在"家庭关系"里面。后来我也画电线,其实想法是一样的;用电线把各种关系贯穿起来。我觉得中国人对相互关系的体验最深,不像西方人都很个体。

曾：这种相互关系困扰你吗？

张：困扰我，我也从中受益。这是中国人生活中必不可少的方式。你想到这个人，就会想到跟他相关的人；你想到这件事，就会想到与此相关的事。中国人习惯这样去考虑问题，就事论事很难做到。

曾：听起来你对抽象的精神世界诉求强烈，但表现在作品中又如此具象。当你画画的时候，你在画什么？

张：画一种感觉上的东西。我特别喜欢宗教，1998年去欧洲看得最多的就是宗教的东西。我喜欢的艺术家，也是跟宗教相关的。我最早喜欢凡·高，不完全是被他的画打动，是被他有宗教信仰的狂热精神打动。后来我喜欢格列柯。他是个宗教画家，但跟别的宗教画家不一样，他是神经质的，个人对某种神境的追求到了不正常的程度。这样一个画家我很喜欢。

意大利画家基里科（Giorgio de Chirico）我也很喜欢，他在20世纪初就用一个投影画出了世界的忧郁（《一条街的神秘和忧郁》），后来我觉得他再也没有超过那件作品。他画投影和光线，把场景设定在古代，好像是古希腊或古罗马，但同时又在现实中，太有魅力了。我觉得好多电影都受过他的影响。

我不是宗教学者，不是实践者，但对宗教有敬畏。有些词我很敏感，像修炼、信仰、信念，我后来发现自己写东西时经常不自觉地用到这些词。我不具体地信教，没有归宿感。我太太去拜佛，我每次都在门口等着。但是我对佛教一直有很神秘的向往，我最感兴趣的是它用另外一种方式去理解时间和空间。

佛教里有摩诃萨埵太子舍身饲虎的故事，现代人会问，人的生命重要还是老虎的生命重要？其实就不该这样问，因为理解世界的方式不一样。在国外有人说我的画有宗教感，说《大家庭》是在画"圣家族"，我觉得是有道理的。

曾：乔纳森的书里披露了你很多私人书信。你有没有觉得，写信其实是在把日常的东西神圣化？当年你写那么多信并认真保留下来，是有某种寄托在里面吧？

张：是，不光是寄托，甚至靠这个东西去挽救（自己）。很长时间里我不习惯和人面对面交流，我觉得那太真实。写信的时候你可以听我说完，而且我是以另外一种方式表达情感。后来发现，我的信很少谈具体事情，感受的东西比较多，因为这种感受在面对面的时候是说不出来的。

曾：如果对方没有保存呢？信就永远消失了。
张：没想过这些。估计我保存的信要比别人多，基本上每一封都留着，几大箱，跟着我搬了几次家，也遗失很多。现在跟着我的还有一箱没打开过，里面有很多公函，我觉得很宝贵，有时间会整理出来。最遗憾的是我给母亲的那些书信没了。
我妈生活中不怎么跟我说话，却喜欢给我写信，平均三天就有一封信，逼着我回信，哪怕很短，就这样昆明和重庆之间写了差不多十五年。她是国家干部，也曾是个文艺青年，我觉得我艺术的遗传基因是她那条线。我在给她的那些信里说的所有事情都是编的，因为我妈有精神疾病，会臆想在现实中从未发生的事，比如说我在学校被人欺负了，东西被偷了，甚至具体到腿被打折了，眼睛流血了……她写信来问，我就要编故事报平安，然后她下封信又开始想新的故事。很可惜我的回信全被她烧了，父母的习惯是不留东西，也可能是搬家的缘故，总之，她没觉得这些信宝贵就都烧掉了。她的信我曾全部留着，后来实在太多，就精挑细选了其中一些保存，现在还有一箱子。这是母与子的，可以提供给心理学家去分析，是最原始的资料。我后来有篇文字，内容是写封信给妈妈，就是回忆曾经跟她写信的大部分内容。我妈2010年去世了。她后来曾抱怨我，说你怎么不给我写信了呢？我说现在邮局都快没了。

曾：父母后来知道你的名气大到什么程度吗，比如你的画卖到天价？
张：2006年才知道。之前我不讲，他们也不问，我在父母眼里就是个大学老师。2006年的时候他们突然问了一下，我就跟他们讲，我的画在纽约卖得很贵了，差不多100万美元。他们不相信。我哥跟我爸去讲，他听了不吭声，也不表态。过了几天，我爸给我打电话,说你讲的事是真的,《参考消息》登了。从此他们就比较关心了。

曾:他们看你的"血缘—大家庭"系列是什么感受?

张:没谈过,不交流。他们在昆明,我回家都是听他们说话,我不说什么。我的家庭很古怪,如果是正常家庭,我的画可能会是另外一个样子。对我来讲画画就是治病。我小时候心理是有问题的,孤独自闭,跟人接触有语言障碍,动不动就哭,是家里的重点保护对象。

我母亲有病,所以全家人的重心都在她身上。小时候我们也不懂,就好奇妈妈是怎么了,因为她有时候发病还是很恐怖的。直到后来,我爸被关"牛棚"之前才告诉我们妈妈的几个病况。那时我才十一岁(1969年),已经知道所有事情都要靠自己了,内心很惶恐。加上外面武斗正在开枪,我们把窗户用砖头堵死,家里也没电,天天点煤油灯,所以我后来回忆起童年很长时间都是关在地下室的感觉。

你看我的画里老出现一盏灯,那是80年代我宿舍里的一盏灯,可能也是一种心理需求的折射。我就喜欢画这些,灯、床、沙发、书信……为什么老画这些东西?我现在没法自己分析,在心理学上肯定能找到原因。

曾:你的绘画可以说是一直待在个人的历史中。你未来的绘画会结束这个阶段吗?

张:我还有未来吗?如果我有未来我会好好对待。我觉得好像没有了,好像不重要了,我就生活在过去。我希望人一直奋斗到最后,并最终找到什么东西。

(采访时间:2015年3月、2016年4月)

于楚众摄

汪建伟

1958—

出生于四川，1987年浙江美术学院（现为中国美术学院）研究生毕业，现生活、工作于北京。中国当代艺术领域的先锋之一。自20世纪90年代至今，一直在探索知识综合与跨学科对当代艺术的影响，作品以对时间结构的研究而闻名，跨越电影、戏剧、多媒体、装置、绘画和文本等领域。多次受邀参加卡塞尔文献展、威尼斯双年展、圣保罗双年展等重要国际艺术展事。2008年获得美国当代艺术基金会（FCA）年度艺术家奖。

汪建伟：
少数派报告

如果艺术连自己的民主都不能实现，它还能够去为另外一个民主做什么呢？少数不应该有道德优越感，多数也不应该有。

汪建伟的多媒体个展《黄灯》从2011年4月1日到6月26日在尤伦斯当代艺术中心展出。让人意外的是结构：展览被分成四个章节，每过十几天，空间形式和作品内容即被全部替换一次。对观众而言，《黄灯》可以是完整的作品，也可以停滞为片段。

很多人问他这四个章节之间有没有内在结构上的联系，但汪建伟想谈的只是思维方式的关联：“《黄灯》的感觉，给了我一个现在身处的这个社会比较准确的一种状态。"

"这个视频墙的高度是190厘米，厚度55厘米，大家吃不准它是否会碰到我们的头。很多经验干预了我们的判断。"他说。

第一章：《用赝品等待》。分割展厅的四堵墙是作品的一部分，用汪建伟的话来说，它们是介于墙和屏风之间的概念："如果把它顶到天花板，就是墙，但我没有，这样有悬置感。高度1.9米是在我工作室里反复试验出来的。很暧昧的是，你不知道有没有危险。当影像投射在上面时，1.6米的人穿过它也会自动地低下头。感觉危险的地方，可能很安全。感觉不到危险的地方，它也可能真的不危险。这就是'黄灯'的概念，没有明确的可以和不可以。"

观众进门之前看见的第一件作品其实是大厅里那个《边沁之圆》，它在第二章又出现了，跟其他材料构成一个艺术家对自我监禁的理解。汪建伟将 24 块篮板窝成一个圆形空间，每块篮板中间的篮筐部分被挖掉，如果站在里面看外面，会感觉是外面的人在里面。反过来也是。每个人都扮演着景观，又被围观。

汪建伟说："我喜欢边沁的'圆形监狱'，它只提出一个模型而不需要建造，因为只要有自我管束，那个监狱就在。"《边沁之圆》源自英国哲学家杰里米·边沁（Jeremy Bentham）在 1785 年提出的"圆形监狱"。他用二十八年时间设计了这个全景式监狱，一个监视者就可以监视所有犯人，而犯人无法确定他们是否被监视，从心理上达成"自我监禁"。

第二章：《我们知道我们在做什么》。展厅里堆放了 1000 个篮球。十八天，汪建伟每天会派一个人在 11 点到达现场，对篮球的位置做各种微小修正，在现场的观众可以建议对方按自己的要求来修正，或者亲自动手，但改变只是此时此刻，之后进场的观众并不会知道前面发生过什么。

汪建伟说，他开始想让观众投篮，后来放弃了这个想法，因为投篮意味

《黄灯》第一章节《用赝品等待》视频拍摄现场（长征空间供图）

《黄灯》第二章节《我们知道我们在做什么》（尤伦斯当代艺术中心供图）

着可以控制结果，但实际上他不要控制结果。只有十八天对比看下来，才能发现变化，而每一天里注视它的人不可能看到变化。"1000个篮球放在这儿，好像有一种参与的自由，但事实上我们只能是对结果有一种修正。"

第三章：《内战》。6月5日撤展时换成了最后一章：《去十三楼的会议室看免费电影》。汪建伟把《内战》作为艺术家面对这个世界时的一个个人方案。建构作品所用的全部家具都有时间范围：1949年后到改革开放前。

"中国有一个时期与外部隔绝，实际上这种隔绝也包括内部。这些家具和中国自己的传统制造工艺没有任何关系，和西方设计、现代化工业生产也没关系。它就是当时所说的'延安文化'，但比这个更复杂。"汪建伟曾和建筑师一起研究过那个时期的建筑，包括人民大会堂，并没有设计理念，就是当时周恩来总理有一句话：节约、适用，在可能的条件下注重美观。实际上这是世界 20 世纪 60 年代工业设计很重要的一个极简主义的纲领，在中国，它却不是在学术背景下产生的，恰恰是在政治背景下产生的。

家具是汪建伟从旧货市场收来的，每一件都被使用过十年、二十年，有当时的日常生活痕迹在里面，包含了使用者的记忆。2008 年，汪建伟第一次用这些家具做了作品，就是大型装置《隔离》。他用 400 多个旧柜子搭建了一个《第三国际纪念碑》式的"塔特林塔"（Tatlin）。《第三国际纪念碑》是 20 世纪 20 年代俄国构成主义艺术家塔特林的设计，曾是共产国际挑战资本主义生产方式的一个理想模型，所要建造的高度要超过资本主义的象征埃菲尔铁塔，之后因为造价问题未建，永远保持在一个模型的状态。

"剩下的家具我用来做了很多艺术作品，包括现在看到的《内战》。"汪建伟解释说，现成品关联到两个概念：时间的和空间的。他将木柜嵌上金属外壳，或用掏空的木柜来包裹金属材料。新在旧之中，也有时新在旧之外。

除了保留旧家具的木质材料属性以外，他还有意呈现一种不清楚的材料属性，比如坚硬的钢被用在一个不坚硬的环境里面，就出现一种共享，也就有了他要的"暧昧"——每一件家具都从形态和材质上被改造，处在是和不是、可用和不可用之间。

在汪建伟的谈话中，"暧昧"是他频繁使用的语词，就像"质疑"，就像"不确定性"。他说自己对一个已经存在了的被确信无疑的世界随时保持警惕。他作品中有一个很重要的东西，就是作品的这种暧昧性。他没有去消灭这种暧昧性，他让它既呈现出可被过去的经验所判断的那部分，同时又用一种方法去拒绝它可以全部被正确地被识别。

《内战》有两张拼嵌的书桌，分别在不同的位置被拼接了一堆古怪的碎木条，汪建伟开玩笑说是桌子自己长出了瘤子。"桌子已经做好一年了，但

《黄灯》第三章节《内战》（尤伦斯当代艺术中心供图）

我老觉得还应该有它自己的发展。某一天我把它推到'工场'，有很多废弃的碎片堆在那里，突然就觉得这张桌子应该和周围这堆材料发生关系，看它到底能走多远。"汪建伟把这称之为"作品自己的逻辑"，随时可以逾越艺术家的逻辑。

一而再，他们连续做了两件"长瘤子"的书桌，当助手兴奋地试图再而三时，被汪建伟止住了，他意识到了一种危险性。"经过前面两三个月，好像所有人对于未来的工作都有一个清晰的思路，好像拿起工具就能自己发展，我觉得这种状态很危险。那就停一个星期，让大家把'熟悉'忘掉。到今天12点为止，我把第四章的一个重要环节扔掉了，因为它好像有点太正确了。"

在汪建伟的工作室里，我看到即将出场的第四章的几个"主角"：13个由低而高的旧柜子正在厂房里被改造，35个抽屉的写字台，航空包装箱剧场。"'到十三楼去看免费电影'，这句话支持了一个空间，但整个第四章在空间上实际是不存在的，比如没有十三楼，也没有电影。"汪建伟说。

汪建伟始终都在悬置和质疑。回到开篇的《用赝品等待》，等什么呢？等待真品。真品缺位，赝品似乎变得合法，赝品于是成为真品。"无非是用影像记录了一种空间和行为的关系。"他说，"在第一章，每一堵墙的两面影像是有关系的，比如在我的创作笔记里，一堵墙的正面记录为A，背面就是a。日常生活和决定日常生活之间的东西有一种奇妙的关系。"

作为常态的"例外状态"

"开始并没有'黄灯'这个概念，两年前读阿甘本的《牲人》算是一个征兆。他从古罗马法里发现了一个特殊的法律，当一个人违反了这个法律的时候，处罚是这个人不可以成为被祭祀的对象，也就是说对他的处罚是对他的放生，是一种神法的例外。这条法律后又跟了一条：任何处于这样状态的人，可以被任何一个人杀死，而且不受法律制裁。也就是说这个人本身又是处于法之外的一个例外。阿甘本把这两个例外放在一起，研究人和人处于一个生物生命和生命政治的状态。当时我觉得这个概念很吸引我，因为他认为很多我们难以理解或超越我们理解的事情，都是处于一种例外状态。"汪建伟说。

2010年，汪建伟和一些艺术界人士去越南走胡志明小道。走之前他们对越南有一个设想，包括具体的气候，异地获得的所有知识，比如小时候就读过的《南方来信》。但三天下来，他们发现双方在虚构对方的想象的基础上不能构成任何谈话。在岘港，他们讨论政府对当代艺术的态度，有一个越南艺术家说现在的状态是"并没有说可以,也没有说不可以"。汪建伟突然想到现在谈话的状态,是能沟通还是真的不能沟通?他就说自己想谈一个"黄灯共同体",这是他第一次提到"黄灯"的概念。6月回到北京,他开始做多媒体戏剧《欢迎回到真实的沙漠》,"黄灯"的思考被暂时搁置了。

2011年初,尤伦斯中心发出的展览邀约促使汪建伟把观念生发成艺术作品。他用大量的时间来思考结构,他想要一种前所未有的"不稳定"——不稳定的展览结构和不稳定的空间结构。"一开始野心比现在大,想制造一个交换系统,让影像世界和物质世界在整个展览上交替。比如四个屏幕,一开始是影像,到最后影像慢慢往上升,让它的物质系统在展厅里显现出来。但这意味着每天都要工作,很难实现。"

汪建伟对自己妥协的结果,是把交换系统变成了四个章节。在三个月里对偌大的展览空间进行四次构建,这是几近自我压榨的工作量。他想探讨一个艺术家工作的"黄灯状态"。"以前对展览的要求就是4月1日开幕,4月2日就可以睡觉了,因为那道鱼翅、鲍鱼已经吃了。但是我们每天吃大米白饭的这个状态好像怎么也没有办法展示出来。"他想呈现这种作为"常态"的例外状态,比如把自己的工作室跟艺术中心的展示空间连接和并置。

汪建伟位于城乡接合部的工作室有2000多平方米,灰色铁门上面,用白色颜料草草地刷了他名字的缩写"WJW",稍不留神就晃过去了。这里原来是铁艺厂,汪建伟租下后没有对结构做任何改造,只在中间加了一堵墙,把空间简单地隔成生活区、工作区和仓库。

一开始他计划做成一个剧场,想把一种日常状态和剧场空间结合起来,形成生活、工作和最终展示,然后可以构成一个事件:所有人参与到空间,让制作成为后台,和前台之间自由流动。但他发现这只能是一种想象,因为完整的流动状态只可能向汪建伟自己和他身边的少数人展示，这个剧场概念就变得有问题了。结果是，他没有在自己预想的空间里做过一场演出。

这次的《黄灯》，也许可以在部分程度上完成他对日常和展示进行事件性并置的设计。在尤伦斯展厅里搭建四个影像墙的时候，汪建伟特别想把"垛子"的概念做出来，因为平时开车穿过高架桥时，桥洞横梁下的那个空间总是很吸引他，老让他感觉到一种介于审美和功能之间的东西："首先是视觉上的奇怪，接下来它就连接到你的经验和阅读。"汪建伟说。

反光条也是类似的日常经验状态。他的工作室前面本来有路灯，有一天停电了，车子转过弯后，他突然发现平时熟悉的一切都没有了，比如电线杆只剩中间一段，停的车不见了，唯一可见的就是反光条，世界变成了这样一个符号，符号后面的世界看不到了。如果把这样一个警示方式，放到一件旧家具上面会有什么呢？他觉得，一个功能是提示，另一个功能是不要接近。

你所看到的世界，只是一个提示的世界——这是汪建伟在做《黄灯》的过程中才逐渐梳理起来的一个概念。他买了10部电视机，在屏幕上用反光条贴成各种图案，摆放在展厅，通过它们的反光，观众也可以看见正在投放的影像。

汪建伟和妻子搬到工作室住下后，生活和工作的界限在他这里也慢慢被抹掉了。在厨房里，汪建伟拍拍金属餐台顶头的一把椅子说，这是他平时最喜欢待的地方：左手处是小落地窗，坐在这里看书写东西喝咖啡，随时听到隔墙工场区的响动。

这些天工人正在帮他赶做《黄灯》第四章的作品，有天上午他觉得这时候应该听到电锯声了，却传过来气钉枪的声音来，他心里觉得不太对，跑过去一看，果然是做错了。

熟悉的世界之外，有没有你拒绝的东西？

2011年3月29日汪建伟开了微博。他坦白目的"非常功利"：设想"黄灯"是共同体，那么需要一种连接方式，微博于是被当作他不熟悉的一种连接方式。"黄灯"还有另一个重要的概念，即任何时候都应该处于可被质疑的关系当中。微博也满足了这一条："你经常会在微博上读到莫名其妙的话，而且无法解释。"

接受采访的时候，汪建伟总是保持他均匀和缓的语速，以及准确到每一个停顿的叙述方式。一旦进入这种表述，他几乎不会停下来斟酌某个用词，但你可以感觉到他在思考和表达并置的状态。

他说自己写东西极慢，先写一大堆，再不断地改，有时候把文章改到没有了："生活中我比较节约，不是节省。节约的意思是对任何一件事情用最准确的距离和时间来处理，一个小时的事情你不能用10个小时来处理。可是当一件事情必须用复杂的方式来做，那就要复杂，否则它不是节约而是浪费。我自己唯一能想到的描述我作品的词，也是'节约'。"

汪建伟说，两三年前有电视台采访他，问改革开放三十年最大的收获是什么？"我说，如果非要说，这三十年仅仅让我学会了犯错误是一件正确的事情。三十年前，我根本不知道当代艺术，以为俄罗斯艺术和写实油画就是全部。1983年，郑胜天老师从美国访问回来，说'我给你们介绍一下装置艺术'。什么是装置艺术？当时没有人知道。我去查字典，字典里解释成装饰。"

汪建伟记得，当年郑胜天为学生放的幻灯片是大型装置《火烈鸟》，这件作品在美国芝加哥机场。2004年，汪建伟作为访问学者去芝加哥，第一件事就是去看机场的《火烈鸟》。从那堂课开始，汪建伟发现自己拥有的关于艺术的经验并不是全部。"这对我是决定性、毁灭性的打击，因为它颠覆了我所有的经验。以前我到毕加索可能就停止了，但装置把我带到了杜尚和博伊斯,我对绘画动摇了。"

在浙江美院油画系上研究生的时候,汪建伟没有画画,完全是在密集阅读中了解外部世界。"熟悉的世界以外,有没有你拒绝的东西?"汪建伟这样自问。他想起高中时自己最拒绝的是科学,决定重新进入。

"在新街口的书摊上我买了两本书,其中一本是艾什比的《大脑设计》。可能现在已经很少人知道这几本书,但这些阅读对于我是决定性的。我第一次感觉到,如果你不回避艺术也是人类全部知识的一部分,那就应该回到另外一个逻辑上:为什么不能使用人类的全部知识来思考艺术问题?这是我一个革命性的原点。"

曾经得过第六届全国美展金奖的汪建伟没有参与"85 美术运动",因为他不知道自己应该做什么。直到 20 世纪 90 年代,他开始了装置艺术和多媒体戏剧。他是第一个受邀参加卡塞尔文献展的中国当代艺术家,被西方认为是艺术语言最为国际化的一位。

1994 年,他的实验性艺术项目《循环—种植》成为具有相当传播度的作品。他回到插队的地方,说服当地一个农民拿出一亩地做实验,协议是他负责提供新品种小麦种子,农民负责播种,风险与收益由他们共同承担。结果试验田亩产 800 斤,当地其他农民的最高亩产才 700 斤。汪建伟和那个农民把收成分成四份,交公粮、留种、农民的口粮、自己的收成。整个种植过程他用傻瓜相机记录下来。汪建伟用他的"艺术家身份",探讨以这样一种身份进入其他领域时所产生的新的关系。

在成都,汪建伟后来又做过另一个和种田有关的作品。那个时期城市快速扩张,他发现城里建一套商品房,农村就被征用了一块地。"我就在成都找一个最流行的户型,大约 60 平方米,是建筑师刘家琨推荐的,说这个户型卖得最多。我把同等面积的稻子带土移植到户型里,头三天郁郁葱葱,然后就迅速枯萎了。"

汪建伟最不愿意听到艺术家要去关注社会这类说法，他说感觉像是艺术家要游过一条河，到对岸去肮脏一下，再回来洗个澡。"对不起，你就是社会，你的问题就是社会问题，用不着去伪造他人的问题来获利。我现在的问题是，他们非要让我可理喻，要我做安全的事，老是用大多数来威胁我，说大众不喜欢。我不能想象，如果艺术连自己的民主都不能实现，它还能够去为另外一个民主做什么呢？少数不应该有道德优越感，多数也不应该有。"

不可理喻是当代艺术承担的重要角色

曾：今天跟你一起观看《黄灯》的第三章《内战》，感觉你的自我阐释对于你的作品很重要。

汪：这是我每次要面对的。其实我只是在谈制造了艺术品的艺术家，不谈作品本身，因为我的这个语言系统和作品自身的语言系统是并置的，它不提供对作品一对一的解读。但这样又容易遇到一个误区，好像艺术家只要做就行了，最后让艺术品自己说话——这个概念里面最大的问题是艺术家已经接受了一个契约，就是眼见为实。这样会退得更远，退到栩栩如生这一步上去。

眼见一定为实吗？实际上看不到的世界决定了我们看到的世界。这是我喜欢重复的话。所以我谈得更多的，简单说是作为艺术家的个人对社会、对知识的一种态度，它也许可以连接展厅里的作品，也许不能。

曾：可不可以说，你并不关心作品是否被人看懂？

汪：关于"不懂"，我觉得都可以写成一本五六万字的书了。我刚开微博那天，就坐在对面那个位置，整个下午微博上都在谈"不懂"这个词，我回了一条："'不懂'是所有人面对社会的状态，不要把它当成我的专利和当代艺术的专利。为什么一定要对艺术家追问这个问题？"

其实不存在一个关于"不懂"的世界，它只是此时此刻的一个位置，你到达了和你没有到达。所以我更愿意听人谈论不喜欢或喜欢。"不懂"其实是比较绅士化的拒绝，里面有一种权利化的结构，是一个想与不想接受的问题。

曾：那我们换个词，就是你刚才说的"到达"和"没有到达"。比如从一次观念生发到艺术作品完成，你想到达什么位置？

汪：艺术家在每一个创作阶段肯定都穷尽了他的劳动，但随着时间变化，也许你会认为他到达得不准确，或者很准确。我不是太在乎这种"到达"，因为在我看来"不可理喻"是当代艺术承担的一个重要角色。

真的让当代艺术可理喻了，又是个什么局面呢？那就是大众歌咏比赛，是催人泪下的电视剧。我丝毫没有贬低这些东西的意思，我只是认为在当代社会，当代艺术所存在的最基本的位置应该是制造匮乏，不需要去制造众多娱乐中的再笑一次、再哭一次。

最重要的当代艺术的民主，是通过艺术家对"不可理喻"的强调才彰显出这个社会真正的民主，而它要攻击的，是这个社会不给予当代艺术"不可理喻"的位置。

2007年，我被邀请参与策展上海当代艺术博览会的"发现"板块，当时我做了件事情，就是把标题中"发现的惊喜"的"惊喜"二字去掉了。我写了一段话："发现意味着挫折感，意味着对从前秩序的纠正，所以也许是不愉快的。发现从来不是惊喜，发现就是发现。"

曾：你经常谈到阅读以及从阅读中获得的认知。对你的艺术，阅读重要到什么程度？比经历更重要吗？

汪：我有时候开玩笑说，阅读是我的私生活，但我从来没有觉得阅读在建立我的特殊性，它只是建立了我正常的公共知识的来源。

曾：《黄灯》展览期间，你在尤伦斯当代艺术中心已经做过两次对话，但你选择的对话者不是策展人或评论家，而是和当代艺术看起来相关又不相关的人，比如说公共知识分子。

汪："用人类全部的知识来判断当代艺术"，对于当代艺术的公共语境来说，我现在还想不出能有第二个连接可以替代这样一个连接。如果认为当代艺术可以和公共经验有关系的话，它一定不是封闭在当代艺术的特殊经验里，也不是无限度的妥协，妥协到和娱乐完全放到一个系统里去。我每次的作品都在实验一个跟以前不一样的方法，不是觉得它一定就好，也许是一个漏洞，但证明了现有知识和思维方法的落后之后，也许可能性才能显露出来。

曾：北京有很多艺术区，宋庄、草场地、环铁……但你不在其中，离群索居。

汪：我不是一个群居性的艺术家，因为我不喜欢参照。助手帮忙找到现在这个工作室的时候，我人在国外，问我意见，我就短信讲了两条：第一，我不要在艺术区；第二，交通方便。这个工作室在城乡接合部，周围全是收垃圾的人，房子租给我的价格和给收垃圾的人一样，非常便宜。

我其实很少和人谈话，也不一定能随时随地进入讨论。我现在这种生活工作状态和经历有关系。我17岁多当兵，在部队六年，记得第一年和100多人住一间大屋子，这段生活给我的"遗产"就是对集体概念深恶痛绝，还有就是对"一致性"有天然的免疫力，无论这种一致是赞成还是反对。

曾：在乎市场标准吗，比如作品被收藏，或者被很多人收藏？

汪：这个事情是身处这个社会的艺术家必须要面对的，但它不被作为我在工作中的考虑点。我二十年前的画都被收藏了，但我根本不知道也不关心它们在哪里。如果非要考虑，我有一个观点：只有与众不同才是好作品；只有不可理喻，当代艺术才有意义。我不能想象自己事先知道了有多少人在等待它，我再为这多少人去做。

（采访时间：2012年7月）

天安时间当代艺术中心（BCA 供图）

严培明

1960—

出生于上海的法籍华裔表现主义画家,现生活工作于法国第戎。自20世纪80年代末以来,以大型单色油画而闻名,被认为重新拓展了肖像绘画的边界。已在全球各地举办了200多场展览。2009年受邀在卢浮宫举行大型展览"蒙娜丽莎的葬礼",成为首位在卢浮宫办展的在世当代艺术家。获颁法国骑士荣誉勋章(2009)、意大利艺术与文学勋章(2016)。

严培明：
一个悲观主义者的大画布

对我而言，"好想活着"的欲望越来越强烈，压倒了对死亡的恐惧。人到了50多岁，一半时间都已经跑掉了，想做的事情还有那么多。我常觉得，一条命不够。

虚拟死亡

在北京的展览"这样死，这样活"有一个看起来触目的标题，画家严培明说，其实他也没有什么具体指涉，"就是一个情绪的展览，个人想表达一些东西"。

探讨死亡在中国是禁忌，于西方是日常，旅法三十多年的上海人严培明就将绘画建立在这样一种冲撞的语境里。

"死亡对我来讲是一个永远纠缠的主题。生活在欧洲，对死亡的思考会更自由。在日内瓦，我曾看到墓地就在公园里，孩子就在里面游戏，这样的景象让人对生死有很多种想法。对我而言，'好想活着'的欲望越来越强烈，压倒了对死亡的恐惧。人到了50多岁，一半时间都已经跑掉了，想做的事情还有那么多。我常觉得，一条命不够。"

在现实的死亡不知何时到来之前，严培明已经不止一次以自画像的方式在画布上虚拟自己的"死亡"。在《我的死亡》里，他用白布覆盖身体，露出垂死瞪视的脸。另一幅自画像中，他站上椅子，把绳索套上脖颈。甚而，他把自己直接幻化为死亡的终点：一把骷髅。不断地死，同时也可能意味着反复地生，这是他对待世界的方式：置之死地而后生。

2009年2月，严培明成为首位在卢浮宫举办个展的在世艺术家。他为自己这个标志性的艺术事件所选择的主题仍和死亡关联："蒙娜丽莎的葬礼"。就在镇馆之作《蒙娜丽莎》的展厅隔壁，他搭建了一个画布上的生死场：灰色的"蒙娜丽莎"被置身于骷髅之间，两侧墙面上画家用自己虚拟的垂死场景直面他已逝父亲的画像。这五幅画作现在被永久地收藏在卢浮宫的阿布扎比分馆里。

相比之下，在北京这个簇新的四合院里，"这样死，这样活"的意象驳杂。严培明自己对展览的描述是一个个"章节"下的故事：盆景世界、自画像、磅秤、母亲……每一个"章节"都漂浮着只言片语。

这几十件画作里，严培明自我设置的"中心"在自画像部分，那是三幅不同方向的画家的跪像。最后的"结束"在他匍匐于母亲画像前的《妈妈的牌·跪着的我》，这或许是他所说的个人情绪化的表达，观众理解或不理解其实无所谓。

给人留下深刻印象的是"磅秤"系列：黑白世界突然有了一两抹色彩，红磅秤上的黑色盆景，笔触恣意到行将崩裂。（《红磅秤与盆景》）他说，回到上海后，经常在街边看到这种童年曾经熟悉的磅秤，就想着要把它画下来。

但是，上面放一样什么东西才能平衡它的重呢？最后，他放了中国的盆景，也放了西方的大卫、阿里亚斯石膏像。这次展示的作品里，他反复画到静置、逼仄的盆景，好像也没有更深层的取舍，只是和这个四合院的场域有关系，他说："我很想把一个小世界变成大风景。"

严培明的另一个绘画主题是"儿童"，这次展览并没有出现。在他的画布之上，儿童并非指向单纯和快乐，相反，他们承载着这个世界的漠视和不平。

1999年，严培明受邀在巴黎先贤祠举办个展："混血儿们的祭坛颂歌"。63幅黑白单色的儿童巨幅肖像，被悬吊在这个埋葬着雨果、大仲马等法兰西伟人的地方，孩子们来自索维托、留尼汪，那些远离所谓文明世界的"下

《我跪着》，三联画，布面油画，250×200厘米，2014（BCA 供图）

只角"（上海方言，指地段偏远、住房简陋、环境杂乱的地区）。

2009年，他在北京尤伦斯当代艺术中心的个展"童年的风景"，仍是以34件巨幅儿童肖像来面对观众，贫穷、饥饿、不平等、战争，这些沉重的主题被他鼓荡在一面面倒置并绘画了巨大表情的灰色旗帜之上。

2010年，在上海世博园法国馆，他以同样的尺寸和同样的黑白色调，悬挂了42幅画在21面钢板之上，这就是《上海的孩子》。他们都来自最底层的民工家庭，从农村置身陌生的城市，以惊惧、疑惑或哭泣对望这个世界。

"我是一个悲观主义者。"严培明说。被笔触和画布具象的悲观，有一份沉甸甸的视觉压迫，让他的作品不至于轻。

《红磅秤与盆景》，
直径 200 厘米，2014
（BCA 供图）

《一个朋友的肖像》,油画,150×129厘米,2019(严培明工作室供图)

逆流者

严培明1960年出生在上海。和同龄的艺术家相比,他可以讲出一段更跌宕的人生经历:一个在上海人口中的"下只角"长大的孩子,从小口吃,总是和世界沉默相对,唯一的交流方式就是画画。在屠宰场工作的父亲,在里弄加工厂上班的母亲,他们能够带给这个孩子的安慰是腾出家里唯一的饭桌,让他开心画画。

1980年,他没有考上梦寐以求的艺术院校,从上海投亲到了法国。到巴黎第二天,他就被人带到小工厂,开始打工。先是皮具加工厂,然后是餐厅,然后是边上学边打工——严培明考进第戎国立美术学院,成为中国改革开放后的第一个留法艺术学生。

第戎是勃艮第大区的首府,一座有着老贵族派头的城市,在艺术收藏和教育方面都有传统。第戎国立美术学院有艺术和设计两个大系,严培明读的是艺术。一年级的时候,绘画、雕塑、装置,他什么都学一点。到二年级,法国同学里几乎没有人像他一样以绘画为方向,老师也并不干涉他的选择,一再追问的只是"你为什么要这样画",而不是"你为什么要画画"。

"那时候,在法国谈论绘画已经是一件冒险的事情。流行的是行为艺术,此外就是装置艺术。但我只对绘画感兴趣,我只想成为一个画家,我想得很清楚:我喜欢画画,我不要跟着环境走。我就这么逆着潮流一直走到今天。"严培明说。

80年代中期,学院办展览,别的同学都做装置艺术、做行为艺术,只有严培明一个人拿出来的是绘画,反而被凸显出来。他回忆,他画黑白静物,用大笔触,以最简单的方法和别人区分开。"有一天我看着自己的画,恍然大悟:这就是我想要的。这就是我的生存方式。我几乎没有走弯路就找到了它。"

但寻找并非没有过程。1983年,严培明去阿姆斯特丹看凡·高的《奔腾》,这是凡·高所给予他的最大启发。他曾买来海报,仔细量过那些画的尺寸和每一笔触的比例,他决定要绘制更大的尺寸,用更大的画笔,让画幅与笔触达到和凡·高同等的比例。

回到第戎后,严培明将从超市买来的画笔捆绑在一起,做成一把巨大的画刷,举着它走上了自己的路。后来这个细节被反复谈论,人们看到在他粗放的笔触之下有过怎样精心的打量和计算,就像和他谈话时,你能感受到直率无忌之下的冷静考量。

1986年,严培明从第戎美术学院毕业。他还是留在那家台湾人开的餐

《我的母亲——痛苦·希望·恐惧》,三联油画,单幅300×250厘米,2018(严培明工作室供图)

厅里打工，白天画画、看博物馆，18点准时赶到餐厅端盘子养活自己。他说："我一点都不急于离开，我要的只是有时间画画。为了做自己喜欢的事，我非常能够忍耐。"

1987年，严培明用自己的那种方式画了毛泽东像，黑白、红白、巨幅，他得到了关注。

1988年，严培明参加了在巴黎市立现代美术馆举办的群展"画室88"。

1991年，严培明参加巴黎蓬皮杜当代艺术中心的联展"运动2"，那次参展的中国旅法艺术家还有黄永砅、陈箴等人，后来也都成名于当代艺术界。

这一年，严培明终于离开了那家中餐馆。

独来独往

第一次见到严培明，是在巴黎的大收藏家、飞机制造商达索的家里。他举根雪茄，坐在沙发上，法语流利，谈笑风生，背后是他为达索画的一张黑白肖像。

第二次还是在巴黎，他的画家朋友茹小凡家里。十几个人挤在一张桌边，他爽声谈笑，时有结巴，但不以为意。

对于不同的环境和朋友，他穿越自如。对于从来对艺术家充满吸引力的巴黎，他这个"第戎人"却表现得若即若离，"1991年蓬皮杜那次展览之后，杨诘苍、侯瀚如都劝过我到巴黎去，但我更喜欢第戎。在第戎这个城市，一切都有它遵循的尺度，我在那个环境当中，永远是在做艺术而不是其他，我的脑子可以很清醒"。

严培明并不认为在法国存在一个中国艺术家的群体："或者可以这样

说：有朋友群，没有创作群。我是改革开放后第一个到法国的艺术学生，像陈箴、王度，他们都是1986年或1990年以后去的，我直到1991年参加蓬皮杜的展览才和大家认识。我和其他旅法艺术家区别也很大：他们都在大学毕业后离开中国，只有我是高中毕业就到了法国，几乎没有受到国内的学院训练，等于一张白纸。"

不过2002年，严培明还是在巴黎大区靠近中国城的地方买下了一个工作室，3000平方米，当时在很多朋友眼里，这是一个大而不当的面积。去过的人都讶异于它的庞然，但几年后就像严培明所说的，一切都显得适度了。

严培明到巴黎不必再住里昂车站附近的旅馆，他有了画画和会朋友的据点，来访者时有法国政要，包括总统和总理。但他还是更多地待在第戎，在他曾经求学的学院里任教，每天多半时间在工作室，独来独往。"我求生存，不求发展。"他底气很足地宣称。

他不去寻找前卫，就在自己的体系里延伸。他也乐意去了解当代艺术的各种方向，但这种了解不会关照到他的创作。"我是独立的。"他强调。

严培明谈论蔡国强在巴黎塞纳河上的新作《一夜情》的庞大调度时说："我没有这种能量，好像也不需要这种能量，我只在工作室里做最单纯、直接的事情、一个人就能够解决的问题。"

在北京尤伦斯的那次展览，时任馆长的法国策展人杰罗姆·桑斯给他的难题是空间。如何用绘画去填满一个那么大的空间？严培明想到把画变成旗帜，用鼓风机打开，飘置在展厅中间。"但我用染料画在布上，它们依然是绘画。我没有改变初衷。"严培明说。

在纽约的展览，严培明尝试了黑白水彩。在卡塔尔那次，有一个厅也全部展示水彩。在他第戎的工作室，他专门辟出一个纸上作品的创作空间。他想要证明自己没有禁忌，什么材料都可以作为绘画的语言。"过去水彩都是用来画草稿的，突然之间，我把它作为作品来做最直接的表达。"但他说自己不会尝试水墨，因为他认为水墨永远摆脱不了笔墨的负担。

严培明有一段住庙的童年，常被人说起，但他告诉我说，那其实没有那么传奇。"我妈妈认识一个还俗的和尚，他把我们一家人接到那个废弃的旧庵里，并不偏远，就在上海市区。也没有别的原因，就是因为我们穷，没有地方住。庵里其实很热闹，住了很多人家，就是一个贫民窟，没有给我更多的东西。"在交谈中，他总是这样看似轻松地还原到事情本身，就像他画画，简单黑白，但意味深长。

（采访时间：2014 年 5 月）

丁乙在西岸工作室，车皓楠摄

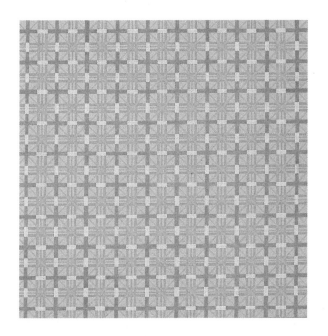

1962—

出生并工作、生活于上海,被认为是中国抽象派画家中的先驱者和开拓者。从 80 年代后期开始,将视觉符号"十"字以及变体的"X"作为结构和理性的代表,形成独特的个人语言体系。创作领域包括绘画、雕塑、空间装置和建筑,作品在全球不同机构和画廊展出,并被包括巴黎蓬皮杜艺术中心、柏林戴姆勒艺术收藏、巴黎 DSL 收藏、香港 M+ 等私人及公共艺术机构收藏。

丁乙：
关在格子里的理性与情感

走进一个画家的工作室，调色板通常是引人注目的，上面堆挤的各色颜料像一件小作品，有的随意，有的规整，是透露艺术家个性的细节。但丁乙两种都不是。他说自己的画室里根本没有调色板，直接打开颜色瓶盖就用，"我不调色的"。

进门的时候，丁乙正站在他那架高大的橙红色升降机上，为墙上一件巨幅作品绘画细部。见我们到了，他启动开关，让那庞然大物缓缓降落，将他从自己的"十示"世界送回到现实当中。

这是他最新的工作室，位于上海滨江西岸。龙美术馆、余德耀美术馆和西岸艺术博览会都离这不远，周边现在是上海当代艺术新贵之地。收藏家乔志兵的乔空间与他的工作室为邻，仅一墙之隔。2016年，乔空间做了一个12位中国当代重要艺术家的"工作室"群展，张晓刚、刘小东、毛焰、严培明、曾梵志他们都是通过镜头或者作品，把各自工作室的状态带到了现场，唯有丁乙省事，他让人在自家工作室和展览现场之间的那堵墙上凿了一个形状不规整的小洞，观众可以直接从洞里参观他怎么画格子。

作为中国抽象绘画领域极为重要的代表人物，丁乙的画格子是他个人的符号，也是中国抽象艺术的标志性符号。准确地说，他画的是"十"字符号，从20世纪80年代末至今，一画三十年，作品系列亦命名为"十示"。用的材料从画布、丙烯到瓦楞纸板、木板，粉笔、铅笔、炭笔，画的尺幅从几十厘米到2米、3米、5米之巨，唯有这个看似不起眼的微小"十"字固着在画面之上，以不受制于时间和空间的状态坚定推进，仿佛植物生长，连绵不绝。

《十示1994—10》，亚麻布上粉笔、炭笔，140×160厘米（丁乙工作室供图）

一个为自己设限的艺术家却从局限中获得了前所未有的自由。他的那根阿里阿德涅之线是从哪里开始的？

上海的腔调

丁乙生于 1962 年。小时候，他家住控江路，隔一条马路，窗户对面正好是杨浦区文化馆。20 世纪六七十年代，一座城市不管大小，文化馆都是最吸引人的地方之一。丁乙记忆中，就有几样东西跟文化馆特别有关联。一是电影海报，差不多两个星期放一部新电影，各个馆画的海报都不一样，那么总会有几个像样的供人品评议论一阵。另外，文化馆门口有个小广场，立着那种巨大的铁皮宣传牌，专业美工每半年被派过来画一次。丁乙最爱看人画宣传牌，这成了他最大的启蒙。"画画的都穿一种藏青色的长工作服，那是我对艺术家最早的印象。"丁乙说。

母亲是幼儿园老师，父亲是商店经理，他们对他搞艺术没有什么直接影响，但丁乙现在回想起来自己还是受到了父亲的熏陶。他父亲是一个动手能力特别强的人，家里的家具、家人的衣服都是他亲手做的。"最神奇的是他有一次不知道从哪里弄来一些那时候很难见到的油画原料，大概在家用半个月时间临摹了《红色娘子军》的一张图画，就画在一块纤维板上。我跟同学吹嘘说我爸爸也是画画的，人家不相信，我说那你今天下午几点站到我家窗户下面来。我家住二楼。我跑回去站到窗口，拼命把画举出去给他看。"

幸运的是，丁乙高中毕业时恢复了高考，上海本地有艺术专业的学校恢复了几个，好的有上海大学，接下来有轻工业专科学校、纺织工业专科学校和上海市工艺美术学校，结果他考上的是最差的美校。"那也不管了，总算开始了很专业的训练。我那个时候所有的梦想就是要做艺术家。"丁乙说。

他们那辈艺术青年心目中最好的艺术家，相当于现在所说的超级偶像，是陈逸飞、魏景山这些在上海油雕室从事主题创作的专业画家。油画《攻占总统府》当时名扬全国。至于丁乙后来倾力一生的"抽象艺术"，丁乙说，他第一次知道这个词已经是考进美校之后了。

他在美校读装潢设计，就是现在的平面设计。那时候国家重视外贸，因为做产品出口要跟国外学，对设计类的学校就有一些鼓励政策，比如学校图书馆可以订阅国外杂志和画册。丁乙经常混到老师的图书室去，由此开始接触到一些西方艺术。"最早大概是1981年，我买到一本《西方绘画简史》，只有几张彩色图，其他全是这么小的黑白图片。不过同时期国外来的展览在上海还挺多的，比如'法国二百五十年绘画'，好多人从外地赶过来看它。"

这个法国绘画展览对中国一代艺术青年几近文化启蒙，几个和丁乙年龄相仿的艺术家都曾在我们采访时，提到与此展相关的难忘经历。曾梵志说他1981年时17岁，一个人背个挎包坐了三天三夜的船从武汉到上海，为的就是赶去看这个展览。和外地艺术青年比起来，生活在上海的丁乙就颇为优越了。

丁乙印象中，80年代初的学画阶段挺混乱的。"那个时候学的是印象派，余友涵给了我最大的启蒙。他那时候就研究塞尚，现在也是一个塞尚专家。他说你理解了塞尚就理解了现代艺术，如果塞尚这关过不了，就还是在传统的意识里。所以关于西方绘画，我实际上是从两个人身上学来的，一个是塞尚，还有一个是郁特里罗（Maurice Utrillo，法国风景画家）。为什么呢？因为郁特里罗从来不画阳光，他都是画阴天的。学生时代还年轻，很容易被这种情感打动。还有就是他画巴黎街景，我在上海能够找到很多相似性。"

余友涵后来是90年代中国前卫艺术运动中著名的"政治波普"艺术家，当时在丁乙就读的工艺美校当老师。余手里有一本郁特里罗的画册，丁乙特别想借来临摹。有一次，丁乙终于跟他开了口，他说那就借一个晚上吧。学校宿舍要按时熄灯，丁乙偷跑到学校食堂，一晚上没睡觉，临摹了三张画。

后来他还常去余友涵家求看那本画册，拍成照片带到上海街上去找相近的构图。丁乙至今坚信是那本画册让他真正认识了西方艺术："1982年我再去上海美术馆看本地创作的展览，就觉得自己不要看了。哎哟，那些技法太差了！"

丁乙对郁特里罗的追随，在内心深处恐怕也不止于临摹街景。郁特里罗生活在19世纪中期到20世纪早期，正是巴黎作为西方文化中心，各种艺术和主义如岩浆迸发的几十年。他是蒙马特女画家苏珊娜·瓦拉东的私生子，人们猜测他生父可能是夏凡纳、劳特累克或者雷诺阿当中的某一个。因为从小住在蒙马特，郁特里罗一度和"洗衣船"时期的毕加索等人厮混，但他对周遭变来变去的艺术潮流却毫无兴趣，几十年只画巴黎街景，落伍与否，成功与否，不以为意。在乱花迷眼的激变时代，几十年执着于一件事，这本身就有迷人之处。丁乙后来三十年画"十"字，有一点郁特里罗的精神性。

"十示"系列开始了

1983年，丁乙被分配到上海玩具厂设计科。白天做产品包装设计，下了班，还是想做纯粹的艺术，于是他在复旦大学对面租下平生第一个完全属于自己的工作室。说是工作室，其实就是一个能够独自待在那里画画的地方："是间本地农民房，大概6平方米，有个小桌子，有张上下铺，下面睡人，上面放画。"

分配那时候基本就是定终身。丁乙清楚，如果自己不想放弃职业艺术家的梦，唯一出路是考学，否则一辈子就在工厂了。

1985年他去考上海大学美术学院油画系，没中，第二年改考了国画系。"考国画其实是权宜之计。那时候我觉得自己的油画已经非常好了，根本看不上油画系那些老师的画，可是我又考不上。"他后来发现，反而国画系的

丁乙：关在格子里的理性与情感

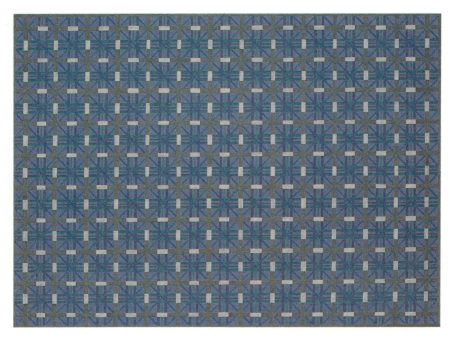

《十示1989—6》，布面丙烯，50×70厘米（丁乙工作室供图）

师资好，学生上书法和篆刻课，全拉去上海中国画院，董衍芳教篆刻，韩天衡教书法，都是书画名家。

1988年，画出未来代表作"十示"系列第一张的丁乙，国画系刚读到第三年。他给那幅画取名《红黄蓝三原色》。"我就画了一个最简单的十字结构，最后像一张网一样。没有什么反响，周边同学都觉得看不懂你怎么这样画。"方法是用鸭嘴笔，把颜色一层层涂上去，像印刷品一样，很理性很冷静。在那以后，不管何种底色，他画面的组织结构都以"十"字为基本，"好似砖块之间的水泥、两根绳子打成的结、芦苇草编或是岔路口"。他将每一幅画都以标题"十示"连同创作年份的方式来命名，比如《十示2017—8》。

第一次见到丁乙作品的人，大都想问一个问题：为什么画"十"字？和宗教有关吗？答案其实特别简单。他早年在美校学平面设计，进工厂后做包装设计，而印刷中标示尺寸的标记就是"十"，他每天都见到，就有了想法。

"有点像是宣言式的创作。我做了很多草图，也写过一些札记，觉得一定要从西方现代主义和中国传统绘画中走出来，找一条自己的路。"他当年的宣言是这样表述的："一、让绘画不像绘画，将与设计的结合作为一种突破；二、自动主义原则，对结构进行理性思考，对颜色不做理性选择，使绘画在最刻板的前提下有一定的自由度和偶发性；三、包括标题均不提供任何故事性，隔断观看者插图习惯的'意象联想'模式，回到纯粹的画面欣赏。"

外面的时代大背景是"85新潮"，即20世纪80年代中期以学习西方现代主义为特征的美术运动，一直持续到80年代末。丁乙现在被视为中国内地抽象绘画的先驱者，前卫的"85新潮"运动的一员。但丁乙自己对此不完全认同。在采访中他回忆说中国当代艺术那几年实际上是处于一种亢奋、骚动和无序的状态，而他不太喜欢"有点像运动的意识形态浓厚的艺术"。他想用自己所认为的理性方法来抵御外面的喧嚣和非理性——但事实上，在"85新潮"的思想主张中，"理性"恰好是最重要的关键词，运动给人的实际感受却走向了反面。

不论如何，丁乙在他第二个小工作室里完成了这样一幅对他也对中国抽象艺术具有界石意义的画作。上海大学的四年，他都在那个工作室里画画，位置在虹桥区古北路上。"那是很奇怪的一种过街楼，楼下过路，楼上住人，我必须先通过楼下修自行车老头的地方才能上到自己的房间。那个时候能租到的也就这种房子，公房不可能有多余，每家住房都很紧张。"面积比早先大了一倍，12平方米，斜坡屋顶，坡下那块低矮空间只能放放杂物，所以他画画的地方还是很小。租金15元并不便宜，当时一个人的工资普遍也就30元上下。

把想象和激情约束在一个个精确重复的"十"字中,丁乙开始了这场事先设计、宣言并且长达三十年尚未结束的艺术实践。某种意义上,这也是一个安静的漫长的被丁乙本人称为"工作"和"长跑"的绘画行为,可以当它是一种去除了全部意义的观念,也可以当它是一场表演。

精神来自精确

2017年10月6日,纽约古根海姆美术馆,中国当代艺术展"世界剧场"开幕。这个展览被解读为北美迄今最大规模的中国当代艺术展,试图在中国当代观念艺术、全球艺术与历史语境之中做新的话语构建。从开幕前纽约动物保护群体对几件作品的激烈抗议,到开幕后对到底什么作品可以代表中国当代艺术三十年面貌的议论纷纷,展览一直被置于各种话题之下,参展者和未能参展者都备受关注。

一个月后,沿着古根海姆著名的螺旋楼梯一路往上,我在展览中看到丁乙有两件早期的"十示"也在其中。之前读到的报道中几乎没人提到丁乙,他不在任何一个话题中。两幅1991年的作品,单独挂在一面白墙上,醒目但又很收敛。在中国当代艺术的重要国际展览上,或者所谓的历史性场合,丁乙总是那个既在场又不在场的人。他曾在一次采访中把自己和中国当代艺术之间这种奇怪的关系描述为"我是一个品种",但"我不是明星"。

1991年,丁乙刚被分配到工艺美校,离开工厂当上了老师。他也换了第三个工作室,这次是在上海延安路高架桥对面的一个院子里:延安西路许家宅。那几年,北京有了"玩世现实主义"和"政治波普",上海在华山艺校办过装置艺术展,身在美协体制外的艺术家也可以卖点作品了。丁乙和那些发誓以纯粹艺术为毕生追求的前卫艺术家们一样,经济条件略微好转。搬到许家宅没多久,他把先前租的一间 15 平方米的房子换成两间 15 平方米,还加租了一个厨房。从决心做职业画家那天起,丁乙对拥有个人工作室这件事就表现出一种特别的专注和投入。即便现在,他还是喜欢去参观大艺术家的工作室,他认为"通过工作室可以了解艺术家是怎么想问题的"。

许家宅阶段丁乙开始画比较大一些的画。没有画案,把两个长板凳拼在一起,为此被迫长时间保持弓腰绘画的姿势。生活一成不变就像他画面的"十"字一样。只要不去学校上课,都是早上 11 点起床,12 点开始工作,直到晚饭时候。中间放松的方式是骑自行车去最近的天山电影院,碰到放什么就看什么,回去接着画,到凌晨四五点钟收工。纽约古根海姆美术馆墙上的那两件作品,就是在许家宅以这种方式画出来的。

到今天已经是著名艺术家的丁乙仍然保持过去这种规律的工作习惯。他很少社交应酬,非去不可的展览开幕式尽量不留下吃饭。原则上每天早上 10 点到工作室,中午叫外卖,午睡后继续工作,晚上 11 点回家吃晚饭,12 点开始画他的小尺幅纸上作品,凌晨 2 点收工。这些纸上作品并非大画的草图,而是另一种状态下的创作。"白天我在画室要站着工作 11 个小时,晚上回家可以坐在椅子上画画,就换了一种更加直觉的思考方式。一幅小件纸上作品,一般我可以用两天完成,如果有什么新想法,能随时看到实现效果。"

2017 年 9 月 29 日,古根海姆美术馆中国展开幕的前一个星期,丁乙在泰勒画廊纽约空间(Timothy Taylor)的个展"黑与白"也开幕了,展的就是他近期十六件纸上作品。像丁乙说的,小尺幅更能看见艺术家即时的微妙调整,以及更敏感的视角。

在丁乙看来,熟练是艺术家的敌人。"最早我的画注重精确性,所有我绘画的精神都来自这种精确。后来因为天天那样弓着,腰很快直不起来了,没有办法持续。我为自己找很多理由来化解,说精神的力量可能也不一定来自精确,然后就开始我说的'口语式'阶段,不再精致地处理画面,有随意

抽象主义大师肖恩·斯库利在纽约切尔西的工作室举办他和丁乙的作品联展,其中丁乙有四幅作品参展(泰勒画廊供图)

的东西进来。但没过多久我感觉到有问题，一放松下来的状况就是我形容的高山滑雪一泻千里。过于熟练导致画面腻味。为了阻止这种熟练，我开始用双线，比如本来一个'米'字结构四笔解决了，我改用双线勾拓，把它变成八笔，每个单元都是小的笔触。"丁乙说起他自己认为相当关键的1992年，一次自我冲突和自我解决的过程。另一种他用来阻击熟练的方法，是改用生布来画，即不做底的画布，这样迫使自己没办法快速和流畅，重新回到理性和精确。

对材料他变得愈发敏感，比如在布面丙烯里面，用上了粉笔、木炭、墨和铅笔。这个阶段的第一张画"红色"，在红底上用了白色颜料和黑色木炭来画栅格。他是晚上开画的，画到中间发现木炭和丙烯无法融合，用什么来替代呢？他想到了粉笔，就是老师写黑板的那种粉笔。工作室里没有，他又着急验证新想法，情急中看到墙角有根药蟑螂的粉笔，拿过来就用上了。由药蟑螂的粉笔助力的这件作品他一直留在自己手上，没舍得转手。

那时所有人都说他的作品像布料，于是有一个阶段，大约1997、1998年，丁乙就直接用苏格兰格子布作为画布，目的是利用布面已有的网格和十字。离他最近的一个大布店在天山路上，他差不多两周要去逛一次。营业员看熟了他的脸，见了就打招呼："又来了啊？"大概以为这是个生意不错的裁缝。

丁乙把找布比喻为找风景，需要合适的颜色、厚度和门幅。有相当长一段时间，他的作品画幅固定在1.4×1.6米，这其实是量体裁衣，因为成品布料的最大门幅只有1.45米。为了画2米的大画，他开始向工厂订制布料，工厂规定100米以上才能上机，他也咬牙下单。直到现在画室仓库里还堆了好多布料，都是当年剩下的。

十年读城

20 世纪 90 年代中期，丁乙的第四个工作室换到了华师大附近的大渡河路，两室一厅，一直使用到 1998 年他结束租房生活。那年，丁乙成了有钱的艺术家，在上海大学附近的城乡接合部买下了一幢三层独栋，这个商品房小区是上海最早推出的 townhouse，每一层都有 60 平方米，丁乙把三楼做成了画室。他有了孩子，过上了安稳的居家生活，偶尔进趟城，几乎和上海市中心的市井繁华隔离开了。

有一天，温哥华一位美术史教授来工作室探访，聊天中对丁乙说，自己看到的上海非常有力量而且充满生机，特别像 30 年代的巴黎，但是在你们的画里面看不到这些感觉，好像你们都在画自己的世界，和正在变化的时代没有关系。

"这话一下子就打击了我。"丁乙说。他有点惊慌，几乎是立刻决定了，要把工作室再搬回市区。1999 年他在苏州河边找到了一处老房——西苏州路 1131 号，原来是 30 年代英国人设计的仓库，他找来香格纳画廊、东廊艺术，还有艺术家张恩利、韩峰等人，一起把整栋空间分担下来。"那地方现在已经被拆掉，变成了地产楼盘。"丁乙说。他们随后都搬到了莫干山路，那里现在是上海有名的画廊艺术区。

每天从郊区的家进城到工作室，丁乙一路目睹上海城市最疯狂的开发，他强烈地感受到转型时期的城市对创作的刺激，于是不做形式主义画家了，由此开始长达十二年的"荧光系列"。丁乙说："那时城市在我眼里就是荧光色和金属色，就像夜景中的霓虹灯一样闪烁。混乱和无序，折射了物质化的时尚和繁荣。"

从决意要做研究型的形式主义画家，转而以艺术关注变化中的城市问题，视觉上愈来愈喧哗，对于过去那个冷静疏离的丁乙而言，可谓一次自我别离。

不过他的绘画逻辑还是留在"十"字系统之中。新作品数码感很强,但他并不用电脑做辅助草图,手稿也不再做,也不再使用尺子、胶布这类工具,所有东西都在他脑子里,以对角关系建立、繁殖、扩张,然后徒手对应在画布之上。"数字化是现在的社会表象,我用它的语言,但我不用它的工具。"丁乙对自己的选择很确定。

2011年的"黑白"系列可以说是他重新看待城市的结果。把画面的色彩转化为黑白或暗色,同时,也把画面里的组织方式放大。有些画面像在绘画星空和宇宙,艺术家显然想以无论心理上或物理上都更远的距离来看熟悉的城市,哪怕在有人看来难免有"生硬"之感。

材料上的敏感还在延续。2014年底,丁乙把画布和布料换成了木板,这个变化始自2015年他在上海龙美术馆西岸馆准备个展"何所示"的那段时间。位于主入口处的展厅近3000平方米,高逾10米,西岸馆高大的水泥巨制所形成的空间压迫对于架上的绘画几乎就是一场"灾难"。看完场地,丁乙就在想一个问题:我怎么战胜它?他觉得还是用纯粹的绘画,不加入任何装置作品。灰色墙体冰冷而坚硬,用画布打不过它,他想到了木刻绘画,用木板对氛围与实体的影响,用平面之下隐藏的内容来控制场域。

这组作品使用了椴木密压板,每块长2.4米、宽1.2米,可以几块拼成正方或长方的巨大尺寸,质地硬朗,足以让他用深刻入里的方式与之对抗。木刻绘画和版画制作技法不同,在试验过程中,丁乙遇到的最大问题是如何消除木刻在画板上留下的白色痕迹。他试着为木板做基底,一层不够,就两层、三层……在木质表面堆积了数层颜料:鲜橙、墨绿、大红和黑,再以棱形、弧形和方形三种刻刀,运用不同的方法和力道在画面上划出线条,划过厚涂的颜料层,刻入底部木板表面,或深或浅,既开放也隐藏,最终由色彩控制画面进而自然形成他经典的"十示"结构。

六个月后，十幅高约 5 米的新作——《十示之 2015（1—10）》被整齐排列在龙美术馆的巨型展厅中，这是他每天工作十五个小时的成果。新作中有五幅为红色调，另五幅为绿色调，观众可以清楚地看到两组系列如何各自由简而繁地发展。

2017 年 5 月 12 日，丁乙又在伦敦泰勒画廊举办了他的最新个展，仍是探索木刻和绘画之间的微妙反应。丁乙表示他想在新作品中"塑造某种正在萌发的力量，而不是已经发散出去的"。英国艺术评论人赫蒂·朱达（Hettie Judah）则说，丁乙的近作体现出一种加速感，虽然他的创作速度并没有变化。

作品的超大规模和对木刻的使用，让丁乙在看似重复中又一次进入到新形态。没人知道"十示"最终会在哪里停步，丁乙说，他也不知道。

我的画像一张网

1. 这是什么，是花布吗？

曾：我还是比较好奇，你当初是如何从对郁特里罗那种很具象的临摹转换到了抽象？你最早看到的抽象作品是什么，给你什么感受？

丁：早年国内抽象作品有两个尝试方向。一是赵无极的路子，水性的、流动的状态。1983年我专门去杭州看他的个展，他的东西其实比较好懂，和山水、意境都有联系。但是我对美国抽象绘画的线条，那时候接受起来还是有障碍的。我受到的另一影响是结构性的，是和城市风景有关的画面构成。这也跟我学过设计有关系，设计的第一课就是平面构成。

曾：但你开始画抽象后，第一幅《红黄蓝三原色》几乎就是赵无极的反向，他有中国意境的混沌感性，而你却是彻底理性。

丁：1988年那件作品其实有很多思考，不是无缘无故的。我那时候在国画系读到了第三年，已经感觉到了国画的局限。而我对西方现代主义也已经很了解。所谓的现代主义从塞尚开始，到毕加索和马蒂斯，把塞尚的色彩和结构理论更概括化了。我就想把曾经影响我的塞尚理论和学校教的中国传统都扔掉。当时有一批老艺术家已经在探讨抽象了，吴冠中发表了关于形式美的文章，刘迅也画有点赵无极路子的泼彩抽象，但他们的画里还是有意象在。我就想全部去掉，只留下结构，像一张网一样。我当时很清楚自己要做什么。

曾：会不会还有一种顾忌，就是你是从工艺美校出来的，现在又用平面设计的方法去绘画，会不会被人认为你作为艺术家却摆脱不了工艺的语言？

丁：对的。但那个时候看到我画的人也不太多。我每次画出一批画，都会拿到工作室楼下有阳光的地方去拍照，邻居就经常会问我："这是什么，是花布吗？"（他们）完全把我当成花布设计师。偶尔有同学老师来看画，也觉得你是不是走错路了。那时候绘画很讲究绘画性。我实际上是很懂技巧的，但正因为如此，我要把它们丢掉。色彩方面，我也有想法，要让色彩像本来世界一样无序，随手拿到什么颜料就用什么颜料，让色彩有一种随机性。基本上，我很多画的颜色都是直接打开瓶盖用，不调的。我这里一直没有调色板。

曾：西方现当代艺术有不少专注画格子的人，对你有多大程度的影响？

丁：早期对我影响最大的两个抽象艺术家，一个是蒙德里安（Piet Cornelies Mondrian，现代几何抽象绘画的先驱），就是结构方面；另一个是弗兰克·斯特拉（Frank Stella，美国战后极简抽象代表），尤其是他六七十年代的作品我觉得很感人，是那么简单又那么明确的绘画语言。但我自己的绘画还是不一样。从开始到现在，我所有的方法，最大的特点全部是线，用线来组织，这在西方几乎没有。西方人还是偏爱体积的塑造。

曾："抽象"这个词最早是怎么译过来的？和你交谈中，突然觉得这个中文翻译特别准确，是一种大象无形的概括。

丁：我没有深究过这个词的来历。和"抽象"相似的词，我们还用过非具象、构成绘画等。说到构成，学中国画给我最大的体会，就是让我看到中国绘画里面贯穿始终的意象的思维，从来没有过纯粹抽象和理性抽象。我们当时在国画系的学习和传统师徒相授的方式还是比较像，这和西方的条目设置完全不同。我们的老师今天教你画石头，明天教你画松树，画山总结几种皴法，画竹子就是风竹、雨竹，这些东西到脑子里再组合。国画很难突破就在于此，它教会你所有的零件，等画一幅画时，这些零件再被取出来拼在一起。

2．我好像没有什么困惑

曾：你9月有个展览是在抽象主义大师肖恩·斯库利位于纽约切尔西的画室里，你有四幅作品和他的作品一起展示。你们也有过对谈。有没有感觉到彼此之间看待抽象绘画的差异？

丁：我们的对谈从蒙德里安开始，但并没有

真正谈论抽象艺术本身，好像是关于更大的题目。实际上我觉得我和肖恩·斯库利之间的连接更多是从作品来感受，一个西方的抽象艺术家他在想什么，用什么方式作为他创作的基本灵感来源。我感受最深的是，他在谈论绘画的时候，谈论更多的是情感。但我们的起步其实很相似，基本形态都从方格开始。我的方法可能更严谨一点，我用鸭嘴笔，他用美工纸贴上胶带刷完之后撕掉。抽象艺术基本有两类途径，理性的必然从构成起步，感性的必然从无意识的表现性起步，蒙德里安和康定斯基在他们的时代都用自己的实践把这两条途径指明了。我现在仍然想要坚持住理性的部分，但也觉察到自己感性的东西越来越多。这可能是年龄的原因。二十几岁的时候没有经历，我的情感是"假"的，有的是宣言和决心，也可以很彻底地用理性来实践这种决心。但现在，这么多年积累的情感的丰富性是年轻时候达不到的，肖恩是这样，我也是这样。你无法抑制它在画布上出现。

曾：你的画看似严谨规整，但实则每一个单元的色彩和笔触都有很多细微变化的随机性。这恐怕是助手无法完成的，但现在很多艺术家都用助手来做作品。

丁：我见过基弗（Anselm Kiefer，德国新表现主义代表画家之一）两次。两次他都跟我说，这个世界上就是我跟你两个人不用助手创作了。他其实是想强调，他是自己创作。但去过他的工作室后，我对此不敢肯定。他的工作室原先是一个百货公司的仓库，非常巨大，人在里面移动可能需要骑自行车。他差不多是一个区域一个主题几十张画，那么大的体量，一个人完成不太可能。我觉得流水作业是肯定的，他经常一个主题20张画，同时开工。

曾：你觉得为什么中国艺术家如此推崇基弗？

丁：我觉得他的人文精神和中国需要的人文精神很像。他所有创作的主题都是反思，反思纳粹，我们这一代人受他的影响是反思"文革"。烧焦的土地，荒凉，苍茫，这些情绪我觉得有共通的东西。但年青一代不一定有这种感觉了。

曾：你个人对他有强烈的共鸣吗？
丁：我对他是对半切吧。我这个人很喜欢去艺术家的工作室，通过工作室可以了解艺术家是怎么想问题的。在基弗工作室参观的最后，他跟我说："我带你去看一下我做给那些画廊看的一个画廊。"我们走出工作室，进了另外一个大房子，私人飞机都可以开进去的那么一个高大空间。我一看就明白了，他其实是做给想要收藏他作品的机构看的，大画、飞机、雕塑……你要买就全部买去，一个非常完整的基弗收藏馆。

曾：看过那么多大艺术家的工作室之后，还有谁留给你的感受比较深？
丁：去年，我去了奥拉维尔·埃利亚松的工作室。我为他捏一把汗，因为铺张得厉害，几乎是一栋大楼，像学校一样，每一层都有不同功能，这边做光学研究，那边做模型，顶楼还有大厨房，厨师在研究食谱什么的。我一直在观察这样的明星艺术家，他们以多媒体方式创作，但技术革命太快，很容易今天有，明天就没了。艺术一经商业的扩散，到处都有作品变异后的影子，艺术中令人崇敬的东西就全部没了。

曾：那么在你看来，什么是"艺术中令人崇敬的东西"？
丁："正"，即艺术家对艺术热爱极其严肃严谨的态度，还有对作品品质的极致追求。没有投机、没有取巧、没有歪门邪道，只想着做出最好的作品。

曾：艺术家尤其是成名艺术家会有类似的困惑，就是走到一定的程度走不动了。你有过这种感受吗？
丁：我好像没有什么困惑，都在工作中化解了。中国当代艺术三十年起起落落，我们经历了很多。我觉得中国的艺术家现在已经不再需要像从前那样看外面。我们可以在创作中把自己看世界的角度和力量充分表现出来，一头扎进去，而不是像以前浮在表面，做一个（西方艺术的）谦虚的学生。

（采访时间：2017年10月）

刘建华工作室供图

刘建华

1962-

出生于江西,在以陶瓷闻名的景德镇生活、学习、工作了十四年。之后以陶瓷和综合材料为媒介,成为中国著名的雕塑和装置艺术家,形成了当代艺术的个人语言体系。曾受邀参加威尼斯双年展等国际展览,作品被伦敦泰特现代美术馆、伦敦维多利亚和阿尔伯特博物馆、纽约现代艺术博物馆、纽约古根海姆美术馆、法国巴黎路易威登艺术基金会等机构收藏。

刘建华：
陶瓷的当代语法

一个当年急切要从传统经验中逃离的人，现在怎么回溯到传统本身，并仍旧能在其中存留下有态度的自我？

白瓷之路

雕塑瓷厂在景德镇的东市区。从国营工厂的身份意义上，它 1986 年就在企业改制中消失了，但物理上的老厂区、老厂名、几座六七十年代的厂房，还保存了下来。走上一道行人和车流缠杂的大坡，就算进了厂区。没有想象中烟气缭绕的烧窑景象，路两边都是挤挤挨挨的门面。那些在各种文艺小镇作为精致生活售卖的同款瓷碗茶具，在这里就像家常的萝卜白菜，被店家一摞摞地堆在门口。

我此行的目的并不是探访老厂的前世今生。我的采访对象刘建华是一个以陶瓷为材质创作雕塑和装置的当代艺术家，他的作品这几年经常出现在全球性的各种当代艺术大展上，也进入到欧美几大美术馆的馆藏里。

1962 年出生的刘建华，个人履历里有一段介绍让他显得比其同代艺术家更为特殊，或者说异质：在成为人们所说的前卫艺术家之前，20 世纪七八十年代，刘建华作为学徒和工人在景德镇雕塑瓷厂度过了十四年时间。一个从小在老式的师徒关系中受到严格规训，被寄望传承"天女散花""飞天"这类传统雕刻技艺的人，他要走过怎样一条路，才会成为现在这个被认为具有"当代性"的艺术家？一个人多年从传统手工行业习得的感知能力和思维方式，对于完全源自西方的当代艺术体系，会有什么不一样的转换价值？这些都让人想去找一些答案。

刘建华决定带我先去拜访他的舅舅，也是他当年的授业师傅：刘远长。老刘师傅今年80岁，对于雕塑瓷厂半个世纪以来从繁华到衰落的历史是为数不多还健在的见证者。此外，他所拥有的"中国工艺美术大师"的头衔，也足以让他在这个小城成为坊间所说的那种"数得上的人物"。

英国有个著名作家也是陶瓷艺术家，名叫埃德蒙·德瓦尔（Edmund de Waal）。他写了一本颇为流行的《白瓷之路》（*The White Road: A Pilgrimage of Sorts*），以旅游札记和回忆录的方式，踏访了世界上瓷器的三个圣地：景德镇、德累斯顿、普利茅斯。景德镇在这本书里占有相当分量的篇幅，而在末章，德瓦尔写到了他去探访一位"刘师傅"的经过：

> 刘师傅现年70岁，我采访了他两个小时，我们喝了茶。
>
> 他的手指很长，说话时不停地比画。眼睛呈淡褐色，略带一丝嘲讽的神色。他住在雕塑瓷厂的一处院子里，四周都是果树。他从1963年起就住在这里，从学生、学徒、雕塑师、经理直至厂长。他是一名幸存者，对这里的情况了如指掌。

我是采访行程结束，返回北京很长时间以后才发现了这本书以及书中关于"刘师傅"的描述。"这是写的你舅舅吗？"我用手机拍下来，发给刘建华。

"是他。在哪儿看到的？"他很惊讶，对这本书写到舅舅并不知情。也是，每年都有难以计数的写作者、研究者、陶瓷从业人、艺术家、商人探访景德镇，他们来自世界各地，拿着从各种路径得来的名单和地址，上门拜访像刘师傅这样的老手艺人。刘师傅们则一遍遍讲着大同小异的故事，至于有没有被真的记录下来、又被用在了什么地方，他们也关心

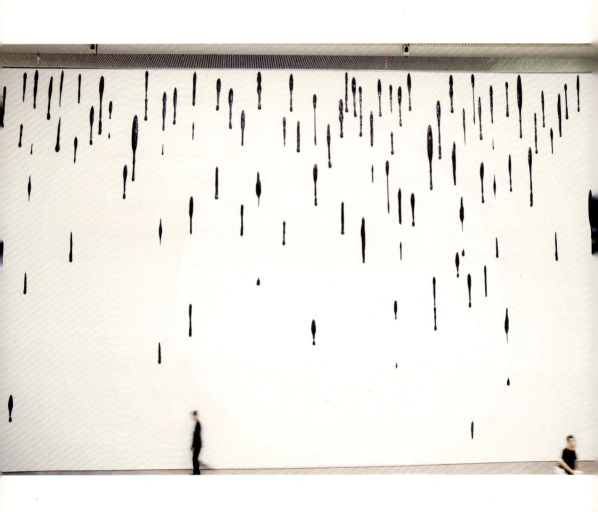

《迹象》,2009。
在墙面上流淌的黑色陶瓷,取自中国书法中"屋漏痕"的意象(上海喜马拉雅美术馆供图)

不过来。

德瓦尔十年前来景德镇采访的时候，不知有没有人对他说起过，"刘师傅"其实还有一个另类的徒弟、家人，二十年前决意离开景德镇，去做了前卫艺术家？德瓦尔或许错过了一个他想要的那种模式的故事：古老/当代、东方/西方，以及一个在瓷器圣地长大的人如何背离了传统又返身回溯。现在，如果德瓦尔像他书中所叙述的情形，走进伦敦泰特现代美术馆或维多利亚与阿尔伯特博物馆的瓷器长廊，他有可能会在展厅遇见"刘师傅"这个徒弟的作品——《白纸》和《迹象》，它们正是从德瓦尔当年寻访过的景德镇老瓷厂里被烧制出来的，之后就和德瓦尔自己的作品一样，成了两家博物馆里的永久收藏。

穿越东西方的白瓷之路始终存在。

手艺这种东西

刘建华在上海和景德镇各有一个工作室。通常他会在每年的春季或秋季回到景德镇（冬天温度太低，南方室内没有暖气，作品会因瓷泥冻结而难以烧制）待上一个月或更长的时间，再将完成后的作品从这里运往上海、北京，或更遥远一些的地方：伦敦、纽约、旧金山、威尼斯……总之都是一些当代艺术展览的中心发生地。

刘建华在景德镇的工作室，叫车间也许更合适，就在他度过了学徒时代的老厂区。我们走过几个装修精致的陶艺工作坊、咖啡屋，在短巷尽头拐个弯，走进了一栋看似废弃已久的两层楼房。从积满灰尘的简易水泥楼梯上到二楼，是占据了一整层的大敞间，200多平方米的地方杂七杂八地放了几张桌案、几个货架，旧作的模具和等待装烧的新作混杂在一起，到处都是。架上几个五彩瓷盘里的旗袍女体很醒目,在画册上见过,那是刘建华在 90 年代末开始为人所知的早期瓷雕。"迷恋的记忆。"刘建华说,"你来的时间不凑巧,装烧和出窑都没赶上。"这两道工序应该是瓷作过程中最有描述性和偶然性的场景,大可以满足外来者的好奇心。

桌案边,有年轻人正在重复他日常的工作:修坯。四十年前,从老家吉安来到厂里当学徒的刘建华,也是这样度过他的一天。

"是舅舅,也是父亲,更是师傅,很复杂的一种情感,别人很难体会。"刘建华说到把他带入陶瓷世界的人,脸上的表情混合了恭敬和没有完全消散的惧意。那几年的学徒生活,无论从哪一种情感角度,留给他的都是严苛的记忆。他说:"整个青春期因此过得非常压抑。"多年以后,朋友们对刘建华

2014 年上海震旦博物馆展出的刘建华作品《落叶》,瓷,2012—2013

的印象都是能吃苦、很好学、有韧性，这些很难和艺术家形象联想到一起的性格特质，和他青少年时期的学徒经历很有关系。

刘建华的舅舅刘远长并不算是那种真正意义上的老手艺人。刘远长身处工业化生产与手工制作瓷器的历史更迭之间，20世纪50年代末他从江西吉安考入景德镇陶瓷学院（现改名为景德镇陶瓷大学）美术系，是为社会主义陶瓷工业准备的新人，但入学后时逢校方聘请了1949年以前的一批老艺人来授课，传了他们几成手上的真活儿。"那时候我们什么技艺都学，连炒石膏都学了。"刘远长现在说起来还是庆幸的。1963年从陶院毕业后，他被分到雕塑瓷厂搞创作，整个六七十年代都在小心翼翼地制作各种姿势和场景下的领袖瓷像，让瓷器为革命发言；80年代改革开放后，他们又回过头去搞传统，钻研观音像、天女散花、福禄寿星……这些标准的民间瓷雕摆件，主要被用来出口创汇。

1977年，雕塑瓷厂宣布从全厂挑42个老师傅"带子传艺"，这意味着有42个子弟可以当上国营厂的工人。有传艺资格的刘远长由于家中孩子尚小，于是刘建华改随母姓投奔到了舅舅家。"他12岁跟着我来厂里，是自己躲在司机脚底下跟过来的，所以后来做什么事他都很自愿。在车间学徒什么都要做，在家里也要砍柴切菜，养成了劳动的习惯。我觉得雕塑在艺术行业里面是个'重工业'，本身就是一种劳动。"刘远长说。

刘建华进厂时，厂里已经是标准化的工业陶瓷生产，但他学瓷雕，就还多少保有手工的部分。雕塑的温度和姿态，是制作者可以拥有自我判断的地方。20多岁的刘建华开始越来越被"自我"和"前途"所吸引，他成为小城里很时髦的美术青年，成天和景德镇陶院分配来的年轻人在一起，学画画，谈论艺术。上陶院成了青工刘建华那个时期最实际的目的，连续考三次，总算如愿以偿。

刘远长第一次看到刘建华跟他说的当代艺术，已经是90年代末，在深圳何香凝美术馆。"光着的腿上穿了件衣服",刘师傅描述的是1998年第一届当代雕塑艺术年度展上刘建华入选的那件"中山装"雕塑。那时候刘建华已经从景德镇陶院毕业,分到了云南艺术学院当了近十年老师。从景德镇跑到那么远的昆明,除了感情原因,他内心其实还有一种冲动:急切想要摆脱传统工艺的环境。他想做一个艺术家而不是陶艺家,比如用大理石和青铜材料去做"真正的雕塑"。

90年代初,"中山装"作为前卫艺术符号正高度流行,刘建华汇入了这一潮流。接下来的"旗袍女体"系列,他也不否认是之后几年流行"艳俗艺术"(20世纪90年代中期开始兴起并流行的一类作品,宣称以对肉欲和物欲的图像呈现来批评消费主义时代)的结果,大红大绿,肆意张扬着欲望。和没有经过陶瓷专业训练的人相比,他的优势在"旗袍"系列开始显现了:同样是极其直白的色彩和造型,为观念的观念,但即使在今天看,也还是比同时期的类似作品多了点说不清楚的东西。刘远长形容这点东西时说是手艺给打的底子:"手艺是好东西。手艺浅了,你就算有想法手上也达不到……一个人东西做得俗气,那不是手艺俗气,是见识俗气。"

作为一种流派和趣味,"艳俗"现在已经被中国当代艺术史、艺术市场所淘洗,不过刘建华仍然珍视自己的旧作:"'旗袍'是我的重要阶段,它让我被人看见。"

技艺和观念

在景德镇这种地方,流布着无尽的内幕和传言,关于手艺、高仿、拍卖价格、真品赝品……口耳相传又讳莫如深。在景德镇两天,原以为跟着

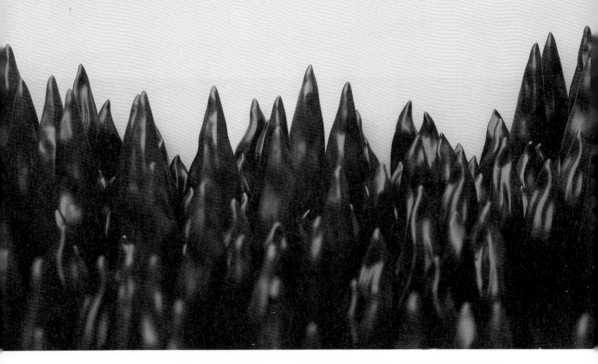

《黑色火焰》，2017。数以千计的黑色陶瓷，在空间中完成了一场安静的想象中的燃烧（刘建华工作室供图）

刘建华可以见识几个奇人，听点好玩的事，但刘建华说每次回来，除了见几个从前厂里的老朋友，跟帮忙干活的师傅们吃吃饭、聊聊天，其他社会交往基本为零。托他介绍关系来景德镇做作品的艺术家，有人已经成了当地政府或大师饭局的座上宾，可以呼朋唤友张罗大事情了，刘建华反倒像个外来客，一直置身局外。只有走在厂区附近的居民楼里，被老邻居认出来，喊声"建华回了"，他才用当地话寒暄几句，这个时候才看出他和这座小城的深厚。

景德镇有最单一也最复杂的产业。现在不见得还是《陶录》里记录的古法，制一件瓷器多达23个工种，要经七十几个人之手，但也相差无几。配

刘建华的装置作品《方》,受邀在 2017 年威尼斯双年展主题展之"时间与无限馆"中展出。陶瓷在黑色钢板上以金色液体的形式呈现,两种材料之间并存的对抗性与依赖性充满了张力(刘建华工作室供图)

制瓷泥的、拉坯的、彩绘的、装烧的,制作模具、制作板条箱……每道工序都有成千上万人在吃这碗饭。刘建华说,他也曾是其中的一个。他们师徒当年分别创作的《飞天》和《霓裳羽衣舞》瓷雕,现在被收藏在景德镇的中国陶瓷博物馆里。

陶瓷和玻璃一样,经历了手工技艺在漫长历史中的塑造,作为一种媒介,它们已经很难抛却自己身上背负的"装饰性"偏见。如何让这样一种古老材料创造出具有思想力的当代艺术作品呢?

年轻时一心想要脱离传统陶瓷体系的刘建华,现在已经有了不同的感受:"技艺和观念的关系,很难说哪个在前,哪个在后。瓷有在制作过程中产生的关系、痕迹、亲密感,有技术上的不可控。这些在作品展示时带来的心理感受,是很复杂的。"

刘建华：陶瓷的当代语法

和很多当代艺术家一样，刘建华对作品尺寸也很费思量。他认为，尺寸带来的视觉感受可以传达观念："当代艺术里面，有时需要反常态，逼迫人思考一些东西。"他2009年的"容器"系列难度很高，要将杯盘等不同形态的青瓷器皿在烧制过程中以郎红釉封存为作品。这些手工拉坯的容器，最大直径有70厘米，装烧难度很大，一窑几十件，往往只能成几件。他说烧坏的也没丢掉，想着不知道什么时候能用上，让人看看作品形成的背后。"烧坏了这本身也是语言里的一部分。"

手艺人和艺术家之间的关系也有意思。在刘建华的景德镇工作室，其实看不到期待中热火朝天的制作场面，每一个想法他都分放在不同的作坊去做，烧制完了再运回工作室。"景德镇分工很细。我虽然从小在这里长大，每次有了想法，也要通过朋友去打听哪里有合适的师傅，不是说以前学过就能怎么样。陶瓷这种东西有点深不可测。"

师傅们呢，价格合适就接活儿，至于这件东西拿去干什么，他们不关心。"我有时候做了展览出了画册，拿给师傅看，他们也就是'哦'，就是这样。他们用技术帮我实现一些想法，但做完以后还是看不懂，因为作品呈现出来跟他以往的经验是完全不一样的。"

那年刘建华请来烧制《容器》的师傅，做釉的功夫在景德镇数得上，但开工后就是不顺手，连烧六窑都坏了。大家几近绝望了。有一天，师傅突然顺手了，连烧四窑全部出了好东西，终于成全了当年那个展览，也就是2009年在北京的个展"地平线"。等一冬一春过去，刘建华回到景德镇请那个师傅再烧一批，无论怎样努力，却再也没有成过。

"师傅们平常给人做商品瓷，做坏了可以用胶水去修补，压力没这么大。但做作品不行，我要求必须一次完成。古代工匠是没有修补一说的，做坏了就砸掉，这种不可重来本身就是陶瓷的魅力所在——作品进了窑，你就不知道经过1340℃高温之后它将如何。这过程令人煎熬，但煎熬也是作品的一部分。"

陶瓷这种材料被带入当代艺术，空间已经发生了很大变化，和传统技艺不一样，和现代陶艺也不同。怎么去寻找瓷的更多可能性？刘建华不断在试探。

2004年，他下决心从昆明搬到上海。那年他42岁。对一个艺术家来说，如果此时尚未获得声望以及由此而来的创作空间，就是一个有点尴尬的年龄。尤其在2006年前后，艺术家们由张扬自由和独立的个体，逐渐卷入画廊、展览、拍卖等一系列市场运作之中，成为艺术系统链条上被选择的生产者。面对身边那些几乎一夜之间由这个体系造就的明星艺术家，身处热浪中的人都很难不被成功的渴望所烧灼，创作上的中年危机因此远比生理意义上的中年危机来得无情。

庄辉，90年代从洛阳到北京798后就认识了还在云南的刘建华。多年朋友，他们见面不多，但一路也是看着对方的努力、困境和如何寻找出路。庄辉跟我说，像他和刘建华这个年龄段的艺术家，危机感基本都爆发在那几年。"对我自己来说，那七八年是最难的，比刚到北京的时候难多了。第一是经济上的处境，第二是到了这个年纪，创作上你需要找到新东西，到一定的时候就会有走不动的感觉。"

庄辉最终是以离开都市，自由行走中国西部荒漠的方式，找到了带他走向艺术开阔地的《无人区》《祁连山系》。刘建华呢，他人从西南偏地走进了中国最繁华的城市，艺术上却也和庄辉一样，开始考虑能否从全球化、同质化的流行符号中全身而退。

恰好这一时期，刘建华的艺术生活中出现了一段重要的插叙——他和四个男人的"政纯办"故事。

当态度成为形式

"政纯办"是个艺术小组，全名有点唬人，叫"政治纯形式办公室"（Polit-sheer-form Meeting），成员包括当时在当代艺术圈比较活跃的洪浩、肖昱、宋冬、刘建华和冷林。其中冷林还另有一重身份是艺术经纪人，他至今在798经营着两家知名度比较高的画廊，佩斯北京和北京公社。

五个人年龄相仿，都生于60年代前期。他们决定组团的时候，国内艺术市场已经燥热起来，艺术家们挤拥在越来越浓烈的竞争环境下各挣前程，80年代那些以理想主义为旗的艺术家群体基本不复存在。"政纯办"却逆流而起社，宣称要重回集体主义，以集体创作的方式进行工作。

2005年"政纯办"举行了第一次展览："只有一面墙"。偌大的展览空间里，作品真的只有一面蓝色的墙——两个月前他们用数码相机在首钢拍下一个工业废水湖，再由做影像艺术的洪浩将画面加工成为五个人都认可的这种蓝色。那以后，蓝色成为他们小组的身份标识，意为纯粹的和精神的。十二年过去了，五个人既各自活跃在国内甚至国际艺术界的展览中，也至今保持定期集体创作和展览的习惯。有人送了他们一个"艺术男子天团"的戏称。

"我也奇怪这几个老男人每次凑在一起，也不太喝酒，一会儿洗澡，一会儿吃饭，每次聊聊这个，做做那个，还能讨论问题。我觉得，这个小组的好处就是他们可以用某种固定的形式进行艺术讨论，在共渡'更年期'这个难关的时候，会有一点组织的依靠。成就不是最重要的，重要的是他们找到了这样一个在一起的方法。并且这么多年，思想讨论的方式没有散掉，也没有被颠覆和改变，这个意义大于作品本身。"庄辉说起来有点羡慕。

刘建华是"政纯办"里面唯一不在北京生活的成员，但他几乎从不缺席小组的艺术讨论，甚至会专门为此飞过来。"我能感受到他对交流的渴望。我们相对来说是一个比较严肃的小组，组织形式虽然非常随意，但在交流上比较严肃。当然过程当中有很多快乐产生，比如一起旅行，一起吃饭，激发一些想象力，同时在交流中探索一些新的刺激方案。"冷林回忆说。

"政纯办"时期的刘建华，个人作品的风格也发生了变化。

冷林觉得刘建华的变化开始于2006、2007年这个时间段："这跟当时整个社会氛围下对艺术做更进一步探索的冲动有关系。刘建华本身是学陶瓷的，他所选择的材料具有一种天然的和历史的联系，以及在历史过程中形成的一些关于美的特殊感知方式。我们所看到的他的变化，就是作品从社会性意义更多走向材料本身以及纯粹性的方向，在纯粹性当中，也和历史、和历史遗产等都有了更多的联系。"

艺术家是意识到了对艺术过度预设立场的危险性吗？总之，我们看到的是，刘建华在之前观念表达的一路速滑中突然踩了一脚刹车，调转了方向。2007年9月，刘建华在外滩三号的沪申画廊做展览"义乌调查""出口——货物转运"。当时媒体还将这一现成品装置解读为"以'进口—出口'为切入点，呈现当今世界发达国家与发展中国家的社会经济现状的一个缩影，并提供深刻的反思"；而当时在接受媒体记者采访时，刘建华也强调他在那一时期（2004年后）想要脱离对陶瓷的使用而尝试使用综合性材料，以及作品想要寻求"社会政治学范畴的关注"。等到进入2008年，他具有社会性意义的表达就以令人惊讶的速度褪去了。在接下来的几个新作品系列里，刘建华以一种接近缄默的方式，为发现而非叙述留出了空间。

2008年"无题"是他开始这个阶段后的第一次个展。色彩和形式都极度单纯的仿宋代青瓷彻底抹掉了他"旗袍"时期的浓烈与驳杂。三维的器皿和人的面孔，被压缩为扁平之物，静默地张悬在四壁之上，无表情，无联想，所见即所示。

2009年的个展"地平线"，艺术家同时展示了"骨头""一叶苇舟""容器""白纸"四个系列的作品，创造力显出井喷之势。愈加简单的形式在"白纸"系列给人的感觉是要寻求极致：灰色展墙上成序列地挂了几张"白纸"，均以白瓷烧成，大约1米宽、2米高，薄至0.7厘米。原本熟悉的材质和外观经由反复的减法后似乎发生了变化，变得陌生和隐蔽，好像不再传递任何信息，又好像传递了无尽的信息。

接下来有《迹象》（墨滴），2011年在尤伦斯当代艺术中心《啸墙》而出。刘建华说，这件作品的灵感源自中国传统书法的"屋漏痕"。关于"屋漏痕"的记载最早出自颜真卿与怀素的对话，比喻用笔如破屋壁上的雨水漏痕。"它涵盖了书法所拥有的艺术形式和美学高度，我试图把这种形式中的情绪放大，让它们在空间中凝固和冲撞。"刘建华说，他以黑釉陶瓷烧制了数以百千计的墨滴形态，使之自由流泻在每面展墙上，直到占据整个尤伦斯的空间。是流动，但也是凝固。

至此，刘建华给朋友们的印象是，他的艺术好似脱胎换骨。"2007年以前是谈论全球化的时候。那时候建华想要成为的是全球视野下一种知识分子的角色，要关注社会，要对公众事件进行自己的评判。但是，到《白纸》到'墨滴'（《迹象》），他回到了自己的内心。没有盘子里的旗袍女人那种张牙舞爪的感觉了，情绪化不在了。"庄辉说，"建华对传统应该说是迷恋的。现当代艺术都是从西方架构过来的，而他选择瓷为材料，本身就有他的一种态度，这在他作品里面是个很重要的因素。早期的'旗袍'表达很急切，到《白纸》阶段他的'话'已经很少了，但作品挂在那里，中国人、外国人看了都觉得很惊奇，也很精彩。这样的材料能达到这样的形式，里面有很高的技术含量。另外他提供了一个想象，一个空间，就是我用旧的材料，仍然可以切入到当代艺术的话题里面来，这是没有谈到观念的观念。"

与传统互搏

2014年，旧金山亚洲艺术博物馆（Asian Art Museum）开馆五十年纪念，美国亚洲协会邀请刘建华创作一件作品，作为博物馆的永久收藏。那年5月，刘建华计划了三天旧金山之旅，专门飞过去勘察展览场地并寻找作品方案。走在明亮的旧金山海滨，刘建华说他很快找到了感觉，"人群的丰富和多样给我留下了深刻的印象"。

回到上海，刘建华和团队开始全力以赴地构想作品方案。他的上海工作室在普陀区桃浦创意园内，800平方米的高大空间就像一个作品仓库。刘建华生活极其自律，也可以说是枯燥刻板：早上7点半起床，做一小时操，吃早餐，9点半准时开始工作。每天他在这个大空间里走来走去，就算足不出户，在微信运动上留下一两万步的记录也是日课。他每个时期的作品都能在上海工作室里找到，他等于是待在自己一个立体的艺术年谱之中，随时都能拉出某个待续的思考过的线头。

最终他拿出了五个方案，博物馆策展人属意于《混合体》(*Collected Letters*)：艺术家计划挑选52个拉丁字母（大小写）、40个中文偏旁部首，以白瓷为材料烧制出来，再组合为装置悬挂在博物馆二楼的门廊。东方、西方、历史、书写、白瓷……这些关键词都政治正确且可留下多重阐释空间。旧金山亚洲艺术博物馆的前身乃是拥有百年历史的市立老图书馆，两种不同"文字"的使用虽然在当代艺术中很频繁，但在博物馆的深厚语境下，加之白瓷这种材料的特殊文化质感，作品仍然找到了自己无可复制的语法。

作品在景德镇烧制，过程十分不易。直到五个多月以后，2015年底，刘建华和他的20人团队才烧制完成了3000个字母和偏旁，装船运往旧金山。

《混合体》现在以一种巨构般的气势被展示在旧金山亚洲艺术博物馆的优雅的凉廊里。作品重量超过1吨，依靠凉廊天花板上的特殊钢筋格栅支撑，在工程学上也被称为创举。

在旧金山项目推进的同时，2015年，刘建华被日本著名策展人北川富朗邀去越后妻有，参加他创办的大地艺术祭。在一个乡村的古相扑场里，刘建华异地重置了自己2002—2010年的一件作品《日常易碎》，取名《遗弃》。北川富朗告诉我，之前在中国见到刘建华的作品就印象很深刻："将古瓷器的碎片、日常用品这些不加修饰的素材'暴露'出来的手法很有意思。是把我们在日常生活中对'美术'的认识直接展示出来。"

2016年,北川和刘建华的合作延续到了日本能登半岛。由于越后妻有和濑户内海两个艺术祭在振兴衰落乡村方面的知名度,位于半岛最前端的珠洲也请北川去复制了一个"奥能登国际艺术祭",刘建华是首届被邀请的30名艺术家之一。这次他将装置《移动的风景》选放在一角海滩——直线距离上这个地点是日本列岛离中国最近的地方,当年日本高僧空海作为遣唐使前往西安,历史记载便是从那里出发。珠洲还有一种黑色无釉的珠洲烧闻名日本,现在已是保存于博物馆的手工艺。

刘建华于是从景德镇运去大量自己收集和制作的碎瓷片,又从珠洲当地搜集到一些陶艺家的废弃物,共同组合为一件长62米的《移动的风景》陈列于沙滩,并"伪造"成海浪经久冲刷后的日常物的遗存。作品的本质仍然是他"日常易碎"的概念,和时间性关联。但在本刊采访北川时,他对这件作品更多是从政治、社会与艺术的相互介入的角度来看待:"《移动的风景》是将中日两国源远流长的关联,在海岸这个有特色的地方巧妙地展示出来了。"

一个当年急切要从传统经验中逃离的人,现在怎么又回溯到传统本身,并仍旧能在其中存留下来有态度的自我?刘建华说:"经验是双刃剑。没有我这种陶瓷从业经历的艺术家,他可能天马行空什么都敢想,但做是另一回事,想的未必就能够在作品中实现出来。我的经验让我总有预判,这是束缚,但也是保证。"

但刘建华并不自恃技艺:"当代艺术作品的好坏跟工艺没有绝对关系。有人会故意反工艺,比如放大陶瓷的局限性,变形、烧坏、不修边……我也有这样的阶段,但现在我是能进能退地去面对工艺。艺术家总是在挑战自身的可能性,每次变化一点,就很可贵了。"

北川富朗每年邀请数十名艺术家来到日本乡村,进入那些被现代时间所遗弃的角落。在他这样一个既是当局者亦是旁观者的人眼里，艺术家和传统之间的关系如同一种"互搏"："历史悠久的传统文化也希望时常脱胎换骨。很多真正的新生事物都是在同根植于地域文化中的传统进行斗争的过程中产生的。"而结果却难以预料。

北川印象中，刘建华是个"外表温和、内心坚定"的艺术家。也许这样的人，是在互搏中可以坚持下来的人。

（采访时间：2017 年 4 月）

刘小东工作室供图

刘小东

1963—

出生于辽宁金城，1988年毕业于中央美术学院油画系，1994年至今任教于此。被视为中国新现实主义绘画的代表人物，作品收藏于新加坡美术馆、上海美术馆、旧金山现代美术馆等机构。2006年"三峡项目——刘小东作品"（旧金山亚洲艺术博物馆）、2010年"金城小子"（北京尤伦斯当代艺术中心）以及2019年"UUMMANNAQ"（丹麦路易斯安娜现代艺术博物馆）等，均为其艺术生涯中的重要大展。

刘小东：
在现实的泥沼之中

他力图以纯粹写实的风格反映矿工们的真实生活：
小心翼翼的、谦卑的、艰苦但又复杂入微的状态，
将自己沉降到生活现实的泥沼之中。

从 2005 年在奉节画《温床》开始，刘小东把绘画变成了绘画项目，或者说艺术事件——"涵盖了一系列多媒体和跨学科活动，远远超出了绘画的范畴"。创作和展览，在他这里逐渐完整为一种标识性极鲜明的刘小东式组合：选择现场，团队前期调研，在现场搭帐篷建立临时画室，专业电影团队伴随记录创作全部过程。

除了创作巨幅油画，刘小东的艺术手法还系统地拓展至速写、手写日记和摄影，他的团队和顾问通常集合了著名策展人、学者、导演，最终将包括纪录片、历史研究及系列文化座谈在内的所有成果和画作一并呈现。

"现场"，成为刘小东绘画的关键词。以这样的绘画方式，他曾经在三峡、金城、古巴等地进行创作。2012 年，现场是在和田。这一年的 6 月 22 日，刘小东和团队从北京搬到和田玉龙喀什河河套，开始预期为两个月的记录采玉工的生活。

刘小东的现场，通常是社会性或人文性话题的所在，给人的印象是在"借力"，或如画家所说，是他从过去封闭的个人视角向重大社会叙事的转换。"三峡系列"和旧作《违章》一样，画面主角为底层民工，但背景从不知名的街头切换到了当时正处在关注焦点的三峡大坝和移民问题。

在这一项目中，刘小东邀请著名导演贾樟柯并行创作，贾樟柯拍摄了后来在威尼斯电影节荣膺欧洲纪录片协会奖和欧洲艺术协会奖的纪录片——

《东》，也助生了获得威尼斯金狮大奖的故事片《三峡好人》。这一次的"刘小东在和田"，他的顾问是著名作家阿城。"想想十多天来阿城一直陪着我们，给兄弟们许多知识，真是件奢侈的事。"刘小东说。

为什么选在和田？从具有视觉性的绘画或电影角度出发，自然会联想到因陌生、远离中心而拥有的异域美感。但刘小东说，他在绘画中十二分地警惕视觉的"异域"性。1986年，他和同为画家的妻子喻红就到过喀什，在那次旅程留下的速写本里，我们还能看到画家面对"异域"的新奇目光，速写里有各种边疆风情和清真寺场景。而这一次，刘小东直觉地把目标过滤为唯一：挖玉的人。自丝绸之路时代，和田玉即是这个地区财富与传奇的象征，至今玉客仍是接踵而至，形成了一个疯狂的玉石经济链。在资源已近枯竭的河套戈壁上甚至房前屋后，到处可见低头采挖的当地玉工，他们连同身后的荒壁，已经在争夺生存空间的现实中销匿了所谓异域风情。

就像两年前回到几近废弃的工业小城去画自己熟悉的童年朋友，刘小东在面对陌生的采玉人时，仍似要努力进入对方的日常生活，以那种"最直接、真实和尽量亲密而敏锐的方式抓住细节"。

策展人侯瀚如形容刘小东说，"他力图以纯粹写实的风格反映矿工们的真实生活：小心翼翼的、谦卑的、艰苦但又复杂入微的状态"，"将自己沉降到生活现实的泥沼之中"。这或许是刘小东用来规避高度社会化的事件和明显的场景之方法。

在初到和田第二天的日记里，他写道："我说时间很短，环境复杂，我不可能了解这么复杂的状况，我想千万不要概括别人的生活，我只就这条河，这个河床上采玉的人，一棵树，哪怕只是一块石头。我画他们，两个月，很小很小的点，开放的信息。成为被画的人和景物的一部分而不要在其之上。"刘小东清醒地知道自己只是一个"旁观者"。

就像新疆女作家李娟，她多年在阿勒泰生活，每一篇文字都在写身边的

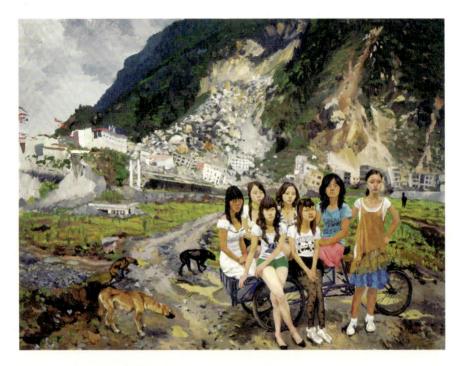

《出北川》，300×400 厘米，布面油画，2010（刘小东工作室供图）

新疆，但在接受"刘小东在和田"项目策展人欧宁的采访时，她说了这么一句话："我描写这种异域风光，无论你距离再近也是一种旁观，因为你不是一样的人。"

　　刘小东的工作过程、在画面上最终呈现的表达，观众都可以从他的和田日记里找到回应。他把这些文字称为"创作日记"，因为平时他并没有写日记的习惯。对于日记这类文本在他创作和展览中所占据的地位，阿城有中肯的评价："小东近年来有将自己的画作过程文本化的倾向，我未有能力将之视为喜或视为忧，因为文本批评已经是一种当代包装了。一般来说，作品很难穿透具话语权的包装，这是福柯们造的孽。"

《最后的猎人》,220×260 厘米,布面油画,2017(刘小东工作室供图)

《穿洞云》,140×150 厘米,布面丙烯,2017(刘小东工作室供图)

6月22日,到达和田的第一天,"安顿好行李,就去沙漠了,沿途是玉龙喀什河,有黄泥般的河流,河滩都是经百遍挖掘翻来覆去的卵石,凹凸不平,在沙尘的白光中闪着光芒,源远凄楚"。(以下几段摘自刘小东的日记)

6月29日,"昨天回到和田,今天上午就去河套,再一次寻找可画的地点,几天的奔波让我中暑了吧,嗓子肿了,有点发烧,无力。中午还在玉龙喀什河的河套上画了草图——'前、后、左、右',我想做同一地点画四个方向"。

7月4日,"昨天傍晚又去河套右侧,忽然顿开,这里太好,前后左右都是那意思,在这儿搭棚画啦,正好还有俩维吾尔族青年在河里洗澡,他们答应我画他们,还有一个瘦高中年采玉路过,曾在广州烤羊肉串,都留了电话"。

入和田 13 天后,7月4日晚,他和团队终于选在闸口河套上搭好了画棚。"黄沙漫天,土军绿的棚子屹立在废墟中,迎风招展,这真是最惊人的艺术品。"刘小东日记里描述的场景，在纪录片里有一个长长的静默的全景镜头，荒凉卵石戈壁之上兀然立着这样一个小棚，确实瞬间触动观者，包括他自己。画棚意外地给了他更多感受力——当然几天后就发现，这样的棚子根本不适合那样的气候。

他们搭棚的地方，主人是一位名叫麦·吐尔逊的维吾尔族老汉，附近都是他的采玉地。老汉带人在卵石堆里挖出许多小窑，人就住里面，每天都在这个被大型机械翻过几百遍的地方一点点人工挖掘，寻找奇迹。

刘小东开始画第一幅画，麦·吐尔逊和他的儿子及他儿子的采玉工朋友都来做模特，一共六个人，参差站在画棚前的沟坎中，吐尔逊的儿子蹲在中间。这幅画后来取名为《南》。新疆天黑得晚，为避开白天的暴晒，刘小东每天晚上7点半以后到河套，画到夜里11点收工。

他在棚里面画画，那些采玉人就在外面挖玉、买卖。他和团队有时不想工作了，也加入进去，跟着采玉人一起买来卖去。晚上画布就留在棚里，若是狂风大作，他便一夜不能眠，担心肆虐的风是否已经撕碎他那戈壁滩上的画棚，作品是否散落在河坝上无法拾回。

"即使捡回所有碎片，是应该展出这些碎片还是应该重画，是在狂风的戈壁上继续画画，还是搬回乌鲁木齐的室内继续完成未完成的画作，这是个大问题。如果遵循自然偶发的艺术原则，我应该展出这些碎片，如果遵循仅用绘画形式与这个世界谈谈的愿望，那我应该不管室内室外，只要完成画作就好。"刘小东说。

《南》最终是刘小东唯一真正在和田玉龙喀什河河套现场完成的大画。沙尘暴的凌厉超过了他和团队之前的想象，每天来到现场都发现画面扑满黄土。刘小东本来"想着将来的一两个月和他们在一起画他们"，结果画了10天后就被迫在7月15日拆除了和田的画棚转往乌鲁木齐。

他在乌鲁木齐又画了一个多月，以在和田的现场勾画和素描，完成了风

2012年夏,刘小东(右一)在新疆和田创作现场(刘小东工作室供图)

沙中没能画完的余下三幅:《北》《西》《东》。在接下来画15张小画的过程中,他决定转换一种创作形式,把照片变成绘画:洗出40×50厘米的照片,然后在照片上用丙烯去画,以此"去掉没用的细节,保留无法用绘画表达的细节"。相纸上丙烯并非新方法,但刘小东从中找到了自己的兴奋点,他觉得被阻塞的部分通过这种形式得到了释放:关于时间、怀疑、否定,关于劳动和艺术品。

在刘小东看来,被认为过时的写实画法也好,相纸上丙烯也好,旧技术如果能用为达成作品的媒介,与当下发生关系,就带来意义。

《北》，300×250 厘米，布面油画，2012（刘小东工作室供图）

陌生有一种张力，陌生有表达的欲望

曾：近几年，你始终在坚持"现场绘画方式"。现场为什么对你那么重要？

刘：好多时候，去现场的意义就在于拉平——现场打破了你的日常生活和思想构架之间的一个鸿沟。一般来讲，艺术应该传达日常接触的东西或者纯幻想的东西，但有的地方是这样的：它确实跟你的生活无关，却跟你的情绪有关，比如那里发生的事情会影响到这边的心情。而一到现场我觉得这些东西就可以拉平了，一切真的跟你有关，因为有一两个月你至少在那里生活过。

曾：第一次找到现场这种方式，是画三峡那次吗？

刘：应该在那之前，真正主动出击是《十八罗汉》，一幅画台湾，一幅画大陆，到他们的营地里去画。《十八罗汉》之前我曾应邀到台湾去讲学三个月。台湾地区的美术教育体系完全是英美式和日式，写实这块很少涉猎，需要做漫长的讲解。我就想，与其这样不如给你们现场表演两张，其实初衷是为了教学。但我觉得还挺有意思的，到画《十八罗汉》时就主动化了。

曾：那你觉得你的这种"现场绘画"和传统的实景写生有什么区别？

刘：这得你们说。我认为理论上没什么区别，但从我个人的感受力来讲不一样，它更像一个行动艺术，而不是去完成一件装饰品。艺术很容易变成墙饰，尤其油画、写实，这几个字的罗列就会形成这个结局。我是用铤而走险的一种方式。如何让它不简简单单变成装饰品，是当今社会的问题，也是绘画本体的问题。我个人的收获是通过现场打开了自己，跟以前的画画意义不同了，变得满不在乎。当你真把一块画布拿到大自然中，拿到充满噪音的地方去，它就是一块塑料布，这块塑料布使你变得自由，而自由是艺术的命根子。

曾：对你来说，在这个过程中的感受比落在画布上的笔触更重要吗？

刘：感受要比笔触更重要一些，所以会逼着我用很多手段去传达这种感受，比如日记，我在家里从来不写日记，但到那个时候我就要写，很多正在进行中的事情说不清道不明，要记录下来丰富整个行动。比如邀请纪录片进来，它在绘画以外拓展了另外一个空间，等等。都说我是画写生，那我就试试在照片上会不会画。这次在今日美术馆展出的一批照片上丙烯，纯粹在照片上画，和写生无关。这是我在修正自己，不停地推翻，推翻已有的东西。

曾：你在日记中说，在照片上画，可以"去掉没用的细节，保留用绘画无法表达的细节"。什么细节是绘画所不能表现的？

刘：非常细微的一个烟头、烟灰、树上的一只鸟、地上的裂纹和桌上的灰尘，这些细节照片可以捕捉，而绘画对此却是非常无力的。

曾：那你用丙烯在相纸上强调的东西又是什么？

刘：强调的是转化，转化成另一种意义。不加上绘画，它就是照片，令我们容易被细节迷惑。加上绘画后，细节也许就有了意义，或者变成另外的东西。对有的照片我能迅速决定怎么画，但有的让我夜不能寐，比如《说不1》。当时我拍的就是市场上买卖玉石的一只手，拍完也没有任何想法，后来我想怎么传达它才可能变得不是买卖关系：手摊开平放是在说"你挑吧，哪块玉好"；把手从平到立就变成了另外一种意义；把中指"砍掉"，意义就更多了。中国人爱说"不"，其实还有比"不"更复杂的东西。

曾：在照片上画画，这种方式好像也有人用过。

刘：这种方式以前好多人用过，不存在发明的问题，只是意义转化的问题。他在照片上涂改，和我涂改的结果不会一样，社会内容、艺术方向都不一样。就像我们画油画，它不是你发明的，仅仅是一个工具。今天来讲，一切都是手段，看它如何传达你的思想。

曾：文本在你最近的两个展览（"金城小子""刘小东在和田"）中都占据了比较重的分量，甚至有人说你在依赖文本。你自己怎么看文本对于你的绘画的作用？

刘：文本和邀请纪录片加入一样，其实是在扩大影响的范围。仅仅几张绘画，对于绘画圈子以外的人来说是很难引起共鸣的。作为艺术家，想在更广的范围内具有影响力，这一点也不可耻。要出名、要打破领域的壁垒，是艺术家最简单的欲望。这个分寸是否得当，做到哪里为止，当然是我个人的问题。

有时候也许别人觉得文本多得淹没了我的绘画，或者我的绘画不配有这么多文本，或者我的绘画比这些文本更深刻，这都是有可能的，就看我取哪种可能性。我觉得有时候需要一点"事儿事儿的"，否则只有"美院"的人知道我，我是不甘心的。

曾：邀请纪录片方面和你并行创作，对你的绘画有干扰吗？

刘：完全没有。他们从来不会说你再来一遍，我可以忘记他们和镜头的存在。不过，画得不好的时候可能会想起来，周围怎么有这么多人，烦死了。

曾：在纪录片中，让人印象深刻的还有那个画棚。画棚是你为自己刻意设计的一种符号吗？

刘：每次画画，棚子都是乱七八糟现搭的，它本身就像个艺术品。不该有棚的地方有个棚，画棚和野地的关系形成了非常有意思的对比。每次回来看照片，我都喜欢那个棚子，特别喜欢，感觉有点像流浪者之家的味道，但同时有一种意志在那里。在戈壁滩上有个帐篷，太美妙了，不可言说的部分非常有诗意，所以我到哪儿都愿意搭个棚子在里面画，它像我的一个象征物一样。

曾：你好像说过去新疆前不愿意做太多案头准备工作，你希望这种陌生状态给你的绘画带来什么呢？

刘：就像人与人接触一样，陌生有一种张力，陌生有表达的欲望，特别熟悉了就容易沉浸其中而忘记了表达。很多人去之前做很多文案，会带一个概念去，我还是喜欢到现场去，在现场判断。这种直觉更像一个艺术家该做的事。我不是历史学家也不是社会学者，我的艺术不对历史负责也不对社会负责,我对我的直觉负责。

曾:在这种直觉的状态下,你在现场能进入到什么程度?

刘:首先我不做想象,进入到什么程度都是惊喜。更多是进入自己的内心,而不是别人的世界。我没有指望用自己的作品去表达新疆的本质,我想借助这个大背景,看自己能表达什么,它们跟我内心的交集有关,完全是借景抒怀。这样就不存在进入不了的问题——只要认识了,就是进入了。

曾:策展人侯瀚如将你的绘画称为"肮脏现实主义",你自己怎么理解他这个词?

刘:我把这种"肮脏"理解为最直接的现实,它不是光鲜的,是赤裸裸的。侯瀚如的针对性还在于:现实主义是无力的,现实主义是粉饰现实的,什么东西到主义了,就基本死掉了。

(采访时间:2013年1月)

蔡小川摄

曾梵志

1964—

出生于湖北武汉，1991 年毕业于湖北美术学院油画系，现工作、生活于北京。自 20 世纪 90 年代起绘画"协和医院"系列、"面具"系列等，以其独特的语言风格和敏锐的社会批判受到评论界的持续关注，成为当代中国最具国际影响力的艺术家之一。2009 年代表中国参加威尼斯双年展；2013—2014 年，先后在巴黎现代艺术博物馆、卢浮宫博物馆等重要机构举办大型个人展览。

曾梵志：
沉默和喧哗

以前我们画得可能很明显，关注社会、关注人性，其实后来也一样，关注自己内心的一种真实状态，但不再刻意要画出什么样的画。我觉得这是特别自然的一种状态。

曾梵志通常不会离开北京超过四天，那样他会感到不安。只要在北京，如果没有其他日程，他每天上午9点半走进工作室，直到晚上才离开。每年他都会在春天开始绘画一件大幅作品。助手提前一个月订好画布，抬放在工作室。他会花上一个星期的时间来观察这块画布，触摸，感受，手指在虚空中比画，动笔前，将精力和体力养到完足。

画刷一旦落下，头三天就像暴雨无歇无止。助手观察他的心情、进展，让音乐在柴可夫斯基的《第二钢琴协奏曲》、斯美塔那的《沃尔塔瓦河》这些熟悉的旋律中转换，偶尔也会是《红灯记》和《沙家浜》。"不对，换一个。"他会向助手直接要求。

工作室外，院子里的小园林由他亲自打理，花时有序：从门口移步到院尽头的池塘，一路四季，迎春花后有粉紫玉兰，盛夏荷，凌霄开至深秋。他在草场地的这个工作室，邻居是劳伦斯·何蒲林——香格纳画廊的老板。当年他第一次将自己的画交给何蒲林时，这个瑞士人还没有自己的画廊，只能把它们挂在上海波特曼酒店的二楼走道上展示和出售。二十年过去了，他们仍然在一起工作，又做了邻居。"我们俩话都不多，在一起只能聊聊艺术和未来，要不就各自沉默着。"

北京尤伦斯当代艺术中心正在举办"曾梵志·散步"大型个展。在邀请日本建筑大师安藤忠雄设计的灰度空间里，曾梵志的《自画像》在七堵墙体结构的层层窗格中侧身睥睨："面具"背后的这个人到底是谁?

三里屯

1995年9月初,栗宪庭策划的"从国家意识形态下出走"中国当代艺术展在汉堡的"文化广场"开幕。这个"文化广场"是一所废弃的厂房,被改造为剧场、乐队、咖啡厅和展厅。这种建在现代工业遗址之上的艺术场所国内如今也到处可见了,但那时候还是新鲜东西,和正经美术馆相比,在这种场地展览,当时给国内艺术家留下的印象是没有那么被重视。

在十来位参展艺术家里面,曾梵志属于年轻的,刚过30岁。但此行给他最深的印象并非展览,而是一行人从汉堡抵达阿姆斯特丹后的第二天早上,他发现自己带出来的美元都不见了。

"2614美元,这个数目我现在还记得特别清楚,因为对我来说是笔巨款。那时候我们每年也就卖出去一两张画,画价也不高。"曾梵志说。那时国内没有真正的商业画廊,买画的主要是使馆人员、大学里的外国老师,还有留学生、外国游客。有段时间,一个使馆工作人员向曾梵志表示愿意为他的画"分期付款",这是他第一次听说这个名词,于是每个月他都可以去领回100美元。

20世纪90年代中后期,中国当代艺术在西方展示的机会增多了,欧洲的重要艺术媒体也开始刊登关于中国艺术家和艺术展的报道。在一种渴望被西方看见、和西方对话的语境下,中国当代艺术不得不主动携带与文化差异、民族属性和意识形态相关的视觉参照。在曾梵志印象中,那个时期国内艺术家在欧洲办的展览几乎都是十人以上规模的群展,而且无不在展名前面冠以"中国当代艺术"这个大帽子。

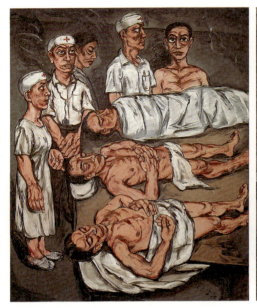 

去汉堡那次,是曾梵志从武汉北漂到京城两年后。"我上大学的时候,就想毕业一定要去北京,一定要去北京。但我是湖北美院的,想分配到北京几乎是不可能的事。后来我 1993 年自己跑过来了,辞掉了工作。那个时候也不叫辞职,叫停薪留职。"曾梵志说。

曾梵志 1991 年从湖北美院毕业后,被分配到江汉区一个街道办事处的防汛指挥部。指挥部下面有个劳动服务公司,叫扬子江广告,沿江的十几块广告牌都归这个公司所有。他就是被分去画广告牌的,是这个单位唯一的大学生。上班第一天,领导给了他很长一个竹梯,让他背着到马路对面去画广告牌。

"我是油画系毕业的,学校是把我们当艺术家培养的,出来让我画广告,我觉得很痛苦。我就天天在家不上班,画我自己想画的那些油画。这次展览

曾梵志：沉默和喧哗

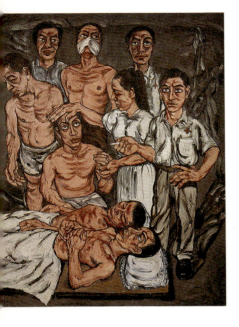

《协和三联画》（之二），1992
（曾梵志工作室供图）

里面的《协和三联画》（之二）就是那个时期画的。"

80年代末90年代初，在全国艺术圈名声挺响的是北京"圆明园"，北漂艺术青年大都群居在那里。曾梵志也一直向往，觉得有很多艺术家聚在那儿，肯定是一个特别有意思的、很自由的状态，他就跑去考察。"一看，哎哟，我说这不是我想去的地方。"他从小在武汉最显洋气的汉口长大，虽然不是什么了不起的大城市，但生活习惯完全是都市化的。

他跑到圆明园村一看，街上养猪、养鸡，一堆土房，到处是垃圾。"艺术家们吃喝拉撒天天在一起，我不喜欢这种生活，我还是希望至少有个相对独立的状态。后来我就找在央美读书的熟人皮力帮忙。他帮我到处找房子，最后找到了中央美院一个老师，他爱人有个同事的朋友在三里屯有套富余的房子。当年私人出租房子还算违法，也不敢明目张胆，因为隔壁邻居都是房主同一个单位的,我们就说是表姐、表哥这种亲戚关系,才把这个房给租下来。"

1993年春天,漫天柳絮中,曾梵志提着个箱子就到北京来了。那时候的三里屯安静得不得了,街上几乎没有行人,远远地看一个人骑着自行车,稍微按下铃铛,声音就穿了过来。现在的遍地酒吧当年也没有,直到1998年左右,三里屯才开了第一家酒吧:"白房子"。

两年后曾梵志搬到附近的新源里,租了一室一厅,客厅也当画室,但也不敢多画,因为画完没地方放,全堆在阳台上,下雨怕进水,只能在那些画上面覆块塑料布,下面再垫上砖头。

曾梵志成名后,传他嗜好穿白衬衫画画,画完了身上可以干净得没有一滴颜料。向他当面求证时,他说确有其事,除了从小有洁癖,也是因为当年三里屯时期房间太小,无奈中养成的习惯。

1994年,曾梵志开始画"面具"系列。尚未成为艺术评论人的大学生皮力旁观了他到北京后的第一次转型。皮力的父亲、艺术批评家皮道坚是曾梵志在湖北美院时期的老师。1990年,还是"大三"学生的曾梵志自己给自己办了一次个展,皮道坚为他写了一篇展览前言《早熟的单纯》,因了这层原因,皮力在武汉就认识了曾梵志。1992年,皮力考上了中央美院,来北漂的曾梵志请他帮忙找房子,一段时间他们来往很多。皮力每个周末都到曾梵志的画室去吃吃饭,打打牙祭,无意间,也见证了这个系列的诞生。

"'面具'是在三里屯时期出现的。当时曾梵志因为1990年的个展和其他一些展览,在当时的前卫艺术圈子里迅速成名。在这种情况下,即使你自己不变,势必很多原先的社会关系都会阴差阳错地发生变化。我想正是这些变化,包括来到北京后身处和武汉那种完全不同的环境,才会有'面具'系列。北京当时正全面开启市场化,人的物质欲望被空前地激发出来。这种不同环境中的紧张和焦虑,必然会成为这批作品的一个因素。"皮力回忆说。

"你发现没有,'面具'里我画的人全都西装革履?因为那个时期全国人民都以穿西装打领带为身份象征,借钱也要买一件,这个给我印象太深了。"曾梵志说。

之后若干年,我们还隐约可以从曾梵志身上看到这一着装观念的延续——出现在媒体报道或杂志封面上的艺术家身着合体的名牌西装,裤线笔挺,衬衫挺括,拥有西方绅士的派头。在另一张人物报道的照片里,曾梵志则戴了一顶红色礼帽,立在画室门口两重华美的灰色帷幕之中。

"曾老师现在基本穿帽衫、夹克和牛仔裤。他还喜欢收藏各种球鞋。以前的那些衣服都在楼上衣柜里放着。"工作室的助手说。

在讲述《肖像L》的故事时,曾梵志也写到他曾经合作多年的香格纳画廊老板、好友劳伦斯·何蒲林对他的告诫:"后来很长一段时间,我都把这张画挂在工作室二楼的墙上,他严肃的眼神正对着我从前买的那一堆花哨又不常穿的衣服和鞋子。劳伦斯一直诫我要更简朴地生活,因为这会提醒我们工作来之不易,变得更勤奋和珍惜。"

曾梵志初到北京时,有段时间还在继续画武汉时期的"协和医院"元素,可他很快觉得,那些东西跟自己身边的现实生活没关系了。在"面具"那种虚饰夸张下面所掩饰的紧张、孤独以及欲望,才是他那时更真实的感受。不过,"协和"画面上曾经给"中国当代艺术之父"栗宪庭(艺术家们口中的老栗)留下过深刻印象的"惊恐的眼睛"和"痉挛的手",仍在"面具"系列里延续下来,并被赋予了一点其时在中国当代艺术中流行的辨识度。虽然他被认为已经"顽强地避开已成为中国当代艺术代名词的'玩世现实主义'和'政治波普'",也不可能毫无时代症状。

画出七八张"面具"后,曾梵志把老栗请到工作室来。"老栗看了说不错。"但与曾梵志本人这段记忆略有出入的版本,是有篇报道中曾写老栗第一次看到"面具"后没有说话,第二次还是没有说话,过了一段时间才写文章评价了这批作品。

曾梵志也说，他那时候能卖得出去的画还是"协和医院"，有一段时间没人要他的"面具"，直到最早买走他《协和三联画》（之一）的香港汉雅轩老板张颂仁出现在他的北京工作室。"笔挺西装下面的血肉那么鲜活，可是已经那么全面地被制定到中产的文化制度，和同时让人自动投入到消费文化的欲望满足的快感中，是那么真切。"这是张颂仁当时的观感。

张颂仁将当时已经画出来的20幅早期"面具"系列带到香港，为曾梵志举办了重要的个展——"假面"。汉雅轩也在1995年成为曾梵志的第一个合作画廊。

"我们主要是君子协定。不过，他很守信用。那是他第一次办个展。我后来没再办'面具'展示，因为我认为彩色的面具画没有以前强。梵志给我另外一个最大的惊奇是他第一次来香港的表现。他社交方面完全没有问题，还立即把收到的画款很准确地买了名牌服装。我对名牌不懂，但在这点上发现他特别有魄力，敢投入，敢改变。我认为他这些重要作品是这个时代的视觉代表，所以一直舍不得放手，也不让人知道还在我那里，哈。"张颂仁跟我说起这些过往。

接下来的故事颇有点商界轶事的味道："上海滩"服饰的老板邓永锵通过张颂仁买了一张《面具 No.6》，将它放到自己开在香港的一家名流会所"中国会"里。据称邓老板花4000美元买画，又花5000美元配了一个古董画框，然后将它挂在一个所有来人抬头就会看到的楼梯走道处。

邓老板告诉每一个来访者，画家画的是查尔斯王子。画中那个西装革履的男子只手微曲放置胸前，像是准备与人握手之前的样子，确实和人们从新闻照片上看到的查尔斯王子的习惯性姿态有几分相似。几乎所有看到过这幅画的名流都相信了这个故事，并在画前合影，画作和画家因此也在更有声望的圈层为人知晓。

"我画的就是一个普通人。"曾梵志后来一直这么回应,但答案如何其实也没人关心了,反正故事足够吸引人就行。

江汉区

曾梵志在工作室里,为女儿布置了练习舞蹈的把杆和大镜子。他其实也喜欢看女儿画画,经常向朋友炫耀她的进步,但从不当面表扬她。有一天临出门前,女儿拿了张画给他看,他觉得非常好,问这是你画的吗?真是张好画啊。女儿第一回听到父亲赞她的画,躲到一边,激动得哭了。

在要不要女儿学画这件事上,曾梵志一直很犹疑。他觉得搞艺术太磨人了,不愿意女儿将来做这个,可内心又很想让她学好画画,"画画能让人有一个和自己单独相处的方式"。他当年就是依靠绘画,度过了漫长的少年时期。

曾梵志从小是个长得好看的害羞孩子,不愿说话,不爱上学,是常人眼中的"问题儿童"。他父母都是印刷厂的普通工人,家住汉口老城中心,周围就是汉正街、统一街那几个市场,比较乱,街坊里面有被枪毙的,有抓起来坐牢的。他父母觉得小孩在这种地方只要不学坏就好了,曾梵志只喜欢坐在家里画画,他们心里反而比较踏实。

15岁那年,初中没上完,曾梵志就央求父母让他退学。"我从小学到中学一直觉得上课很痛苦。我小时候属于特别害羞的人,所以就用画画来逃避。画一个什么东西出来,我就开心,然后一到学校我就痛苦,想着赶紧放学回去,回去也不做作业,就画我的画。"

退学后他进了印刷厂,一边上班,一边用业余时间画画。在工厂期间他认识了一个叫燕柳林的人,比他大10岁。妹妹曾繁慧记得,她哥认识小燕以后,几乎每天下午领着一大帮人来家画画。"十几个人在客厅里画画,我

《兔子》的创作过程 ©Zeng+Fanzhi+Studio（曾梵志工作室供图）

经常在前面的小房里看书，家里安静到可以听到他们各自的笔在纸上的沙沙声，我翻书的声音都比他们响。画完以后，他们会把各自的画靠墙摆放成一排，由小燕主评，其他人稍后发言。"曾繁慧说。

曾梵志被小燕第一次带去湖北美院，很吃惊，觉得简直不可思议，怎么还有这样一个学校，全部人都在那里画画？小燕鼓励他一起考大学，说你一定要把文化课补上来，否则画再好也没用。曾梵志就去报了夜校的高考补习班，在那里补习了一年、两年……每一年，他的分数都比头一年增加很多，但离分数线总还是差一点。他们一直考到第四个年头，小燕超龄了无法再坚持，曾梵志那年同时接到了广州美院和湖北美院的录取通知书。"我妈收到一张就哭一回。"曾梵志说。

现在已经做了心理咨询师的曾繁慧感叹道："虽然那个年代没有像今天这样看重学业，但初中就退学的人，其实也没几个啊！我哥初二都没有读完就决定退学不读了，成为职业画家并有所成就已经是三十年以后的事了。哥哥的早年其实很艰难，培养他和成就他需要一个家族和那个时代共同的成全。"

进了湖北美院，曾梵志还是问题学生。学校要求他们去黄土高原和西藏、湘西、云南体验生活，每次他都不太愿意去。"那时全国美展的主流就是风土人情，因为不会涉及意识形态问题，而我就特别反感。两个星期去黄土高原，只能看个皮毛，我怎么可能体验到那边的生活呢？我的生活就在我身边，我要画跟自己生活有关的东西。"

曾梵志曾在武汉协和医院隔壁住过。那个年代的普通居民家里都没有卫生间，得去外面街道的公共厕所，很脏乱。因为有亲戚在医院里面工作，曾梵志可以天天去医院的洗手间，而不用去挤街上的公共厕所。他每天看到那些病人和医生，对医院里各种生老病死的场景和氛围实在太熟悉了，毕业创作的时候，就提出要画这个东西。老师有点不高兴，觉得这和当时学校主导的乡土题材差距太大。曾梵志不愿意放弃自己的想法,又想顺利毕业,就准备了两套方案,把西藏题材的草图交上去通过了毕业创作初审,自己私下画的是《协和三联画》:"4.6米宽、1.8米高,当年算是巨幅,尺寸是根据我家门来量的,多1厘米都可能进不去。"

《协和三联画》明显受到西方宗教绘画的影响,参照了"圣殇"那种构图,表现出普通人精神氛围的复杂性。1993年,汉雅轩老板张颂仁由栗宪庭带着来武汉为"后89中国新艺术"展挑选作品,以2000美元一幅买走了这组"协和"。因为这笔钱,曾梵志有了做职业艺术家的勇气和自信。

"后89中国新艺术"展是张颂仁和栗宪庭合作策划的,包括54位艺术家的200多件作品,其中90%的作品先由张颂仁私人买下,再展出。张颂仁1983年创办汉雅轩画廊的时候,做的还是港台艺术家的生意。"85美术新潮"在内地出现后,张颂仁看到相关报道,机敏地意识到了新的艺术机遇。他开始和李山、徐冰、王广义、方力钧、张晓刚、曾梵志等内地艺术家接触,并作为中间人,兼为学术和生意,把他们推向国际展览和艺术市场。虽然后来因为这种并非规范的操作而出现很多问题,但在当年,情形要复杂得多:当代艺术在内地基本还处于"半地下"状态,有人过来买画并提供国际展览机会,对艺术家们来说已经是机会难得。能够被人看到,凭画画生活,这是那个时期曾梵志他们最想要的。

张颂仁忆起当年见面的情形:"当时曾梵志刚从美院毕业,住在一栋破落大洋楼的阁楼上,窗外就贴着临街的霓虹告示牌,感觉很诡异。他给我的感觉是个神经质的艺术家,很执着,但特别敏锐。他的'医院'呈现的苍凉无助很能够表达当时底层民众给我这个外地人的感受,所以立即就要求提供给'后89中国新艺术'这个展览。"

曾梵志说,那时候他已经接触到德国表现主义:"学校(湖北美院)有两个图书馆,给学生看的和给老师看的。教师资料室每个月有新的国外期刊，各种画册，所以我们会尽量跟老师搞好关系，好去里边看书。全资料室只有一本《世界美术全集》，永远都借不到，去得再早也是被借走了。我想看的其实就是里面那块'肉'，苏丁画的'肉'。"对这块"肉"的痴迷，还有对自家门口小街尽头的那个肉铺的观察，这些都在90年代后期走上曾梵志的画布，变成了他的《肉》以及《人类和肉类》。在这几幅画中，他故意把人的颜色画得和肉一样，这后来也成了他的绘画特色。

曾梵志说他画肖像的感觉也是在大学三年级那年找到的。他有一张早期油画叫《忧郁的人》，是一张青年肖像，画的是他大学同学周宁。在曾梵志的印象中，这个同学老是自己一个人待着，不是很高兴的样子，让他显得和其他人都不一样。曾梵志一直想画他。有一天，他终于用一瓶啤酒和一盒午餐肉，说服了对方给他做模特。

"我搬一把椅子放在窗前，房子很小，我就站在离他1米远的地方画。他一上来就做了这么个动作，我说别动，你这个动作就是我一直想画的。我画得浑身发热。在这之前，我画画从没有过这种感觉。"

1993年，曾梵志把这张自己很偏爱的画卖给了台湾地区的一个基金会，"当年为了吃饭，谁要买任何东西根本不犹豫"。

2012年，曾梵志又用特别高的价格把这张画从拍卖会上买了回来，1100多万元。当时有很多人传言他是自己送拍，再做一个高价把它买回来，"我也懒得去争辩"。

草场地

2008年后曾梵志持续创造的拍卖纪录是从一张《面具系列No.6》开始的。这幅画在2008年香港佳士得春拍上以7536万港元成交，成为当时中国当代艺术家作品拍卖的最高纪录。

在旁观者眼里，2008年对于曾梵志来说，更重要的大事记恐怕还有世界级收藏家、佳士得拍卖行的最大控股人弗朗索瓦·皮诺（Francois Pinot）对他工作室的造访。可以说，这位法国富豪、PPR集团的大股东是对全球当代艺术界最具影响力的人物之一，他在威尼斯相继拥有了自己的两座私人美术馆——格拉西宫和旧海关大楼，他也被披露出是数件引人注目的艺术交易的主导者。

艺术家对艺术创作和商业市场所表现出来的掌控能力，成为他们日后合作的开端。"因为皮诺，他进入了另一个更高的圈层。"一位艺术圈人士这样评价。

接下来2009年，曾梵志在国外做了两个个展，一个在纽约阿奎维拉（Acquavella）画廊，另一个是在西班牙巴塞罗那的Godia基金会。在全球知名艺术网站Artprice公布的2009年拍卖价格500强名单中，他跃升为中国第一、世界第六。

2014年，巴黎市立现代美术馆以他们所称的"首次采用与欧美艺术家完全对等的方式"为曾梵志举办了法国回顾展，共39件作品，其中有向尤伦斯夫妇借展的那件《最后的晚餐》。这是曾梵志2000年后最为人熟知的代表作品之一，致敬达·芬奇同名画作。大师原作中的13个宗教人物都被他换成了戴面具的少先队员，白衣蓝裤红领巾，围在桌边吃着西瓜，这个画面被西方批评家解读为对中国社会在20世纪90年代经济改革时期的现实的隐喻。2001年这幅晚期"面具"完成后，就被尤伦斯夫妇直接收藏了。2013年，在和巴黎市立现代美术馆做了借展签约的消息发布后，尤伦斯夫妇很快将此画送到香港苏富比参加了夜场拍卖，1.8亿港元的成交价格让曾梵志成为当年的"亚洲最贵艺术家"。这次操作也因此受到质疑，部分西方媒体对尤伦斯夫妇这次拍卖是否在学术平台和交易路径之间投机表示质疑。

2011年，以强势和高调著称的全球画廊界大腕"高古轩"（Gagosian）宣布，曾梵志成为他们代理的唯一一位中国艺术家。"梵志的手法与意象都跟西画很密切，可是内容与感情又完全属于中国这个时代，更准确地说是这个时代的心灵。至于高古轩画廊，曾梵志当然是他们的理想合作伙伴。"张颂仁说。

2014年10月22日，媒体报道了曾梵志的抽象风景画《从1830年至今》在"当代艺术家从未进入过的"法国卢浮宫德侬厅展出的消息，报道称这位中国艺术家表达了对德拉克洛瓦伟大画作《自由引导人民》的致敬。曾梵志告诉我，这个展览计划前后摇摆了两年，中间几乎要放弃，没想到还是实现了和大师画作同在德侬厅展出的愿望。

皮诺来访时，曾梵志其实刚把工作室搬到草场地没多久。之前他一直生活在燕郊，和北京其他艺术家工作室扎堆的798、草场地、费家村、一号地等区域都离得很远。

早在1995年，他就花15万块钱在燕郊买了两亩地。2000年，他从城里搬了过去，有了一个自己的小院子。在那个工作室，他彻底告别已经画了十年、令他感到激情衰竭的"面具"系列，转向实验"肖像"和"抽象风景"——他由中国园林和传统书法而开始迷恋纯线条，并由此形成一组全然抽象的作品。不过直到四年后，他才正式"以线条召唤出风景的形象"，开始延续至今仍在探索的抽象风景系列。

燕郊时期，曾梵志也和其他同行一样，全程经历了中国当代艺术市场令人瞠目结舌又不免心醉神迷的疯狂暴涨。2006年前后，艺术圈里仿佛所有关系都是开放的，成功看起来垂青每一个人，直到2008年金融危机。

在一些人的印象中，曾梵志在2007—2009年那一段就和国内的艺术圈日渐疏远，而成为奢侈品牌活动和时尚杂志封面上出镜最多的艺术人物。有国外藏家向媒体描述第一次在画展上看到的曾梵志：穿着精致而讲究，安静地靠在一根柱子上，抽着著名的Partagas D4雪茄。2007年12月搬离燕郊后，曾梵志精心打造了草场地工作室，时尚杂志的报道中列举了几乎每件画具、家具和器物的品牌，从玻璃茶几上专门定制的白色蜡烛、咖啡几上陈列的全球限量版雪茄盒，到建筑大师勒·柯布西耶设计的马毛躺椅、毕加索也用过的瑞士品牌画箱。走进工作室，第一眼就能看到一个极其讲究的西式阅读架，上面是一本翻开的《元代绘画全集》和一张以头版报道他个展"散步"的国外报纸。他新近从巴塞尔买到的珂勒惠支的珍贵素描，就摆放在他目光随时可以落到的地方。

皮力回忆说："在三里屯和新源里时期，我经常去他的工作室。他工作非常有规律，白天画画，晚上有时约朋友吃饭。因为他的画法是一旦开始一张作品就必须一直画完，所以他是非常高强度地在一个时间段里工作。后来搬到草场地，我们见面相对少一些，他好像也不愿意别人看他画画。我估计画画是他自己和自己相处的时间吧，所以他要维持一种封闭的状态。但是我每次去，很多时候他是一个人在工作室里听着音乐，音乐声很大，好像可以把他自己和世界隔开。我猜想，时尚杂志也好，社交场合也好，在今天，不仅是对曾梵志，对于很多艺术家而言都是一个工作。好的艺术家是能把这两者分开的，而不是顾此失彼。这是20世纪艺术生态非常重要的一个变化。"在皮力眼中，这三十年，曾梵志他们这一代艺术家赶上了国际艺术界在80年代末之后对中国的兴趣，赶上了随后国际上中国艺术市场的崛起以及中国本土资本新贵开始推崇中国当代艺术的契机。这个时机不会再有了。但这种特殊的地位也成为人们，包括专业人士解读他们的一道屏障。"喜欢他们的人和讨厌他们的人的理由都是一样的，就是'价格高昂'。"皮力说。

艺术家的"自我"如果保护得不好，就没办法创作

曾：我们看到的这样一张巨幅"抽象风景"，你一般需要多长时间才能完成？

曾梵志：就讲这张画吧（放在工作室里的《无题》，4×7.2米），至少需要一个月时间。前面几天，特别是头三天，那跟打仗似的，非常辛苦，可能一天的工作量至少需要12个小时，不能休息。倒不是说我规定自己画12个小时，其实我的体力也没有那么好，但是像我这种画法，它必须是在颜料没有干的时候完成第一个步骤。

比方说，夏天很热，我不敢开空调，因为空调会让干的速度加快。我想休息的时候，要做一个塑料的罩子把它给扣上，让里面不要有空气流动，让它干得慢一点，这样我中午可以休息一个小时，吃点饭。第二天一大早我进了工作室，马上就让助手把罩子打开，又开始工作，又是12个小时，连续那几天都是十几个小时的工作量。

像你现在看到的这么大幅的画，我现在没法画了，体力跟不上了，我怕从上面掉下来，因为我是站在一个大的升降梯上工作，不断冲上去跳下来。还有我拿这么宽的刷子，蘸上颜料后非常重，挥完一天胳膊，晚上根本抬不起手来。

像这样大的画，我可能画了有六张。当时画的时候，我老觉得马上还可以再画一张，现在过去几年后，发现再想画却下不了决心。真的有些事情一到年龄你就很难再回头去做。

曾：像你这种画法，恐怕无法像一些观念绘画那样，借助助手来完成。

曾梵志：我是特别讨厌助手画画的。我曾经为这个事情跟别人争得差点打起来了。我记得是在香港，张颂仁为他的汉雅轩做三十还是几十周年庆典，一帮艺术家聚在了一起。我说我反对助手画这个东西，在场很多人不同意我的观点，说那是一种观念。

我认为绘画和其他观念艺术不一样，每一笔都代表着艺术家的情感，如果让别人去帮你完成的话，我是不认可的。大家在那儿争论，最后等于我一个人孤立了，因为当时很多人都是让助手在画画。我那次大概也喝多了，开心嘛，大家都喝多了，想

说什么说什么。

曾：你的"致敬"系列大多是挪用或转叙西方大师的经典图式，比如丢勒的兔子、米开朗琪罗的素描，这个方法好像在三十年前的"85新潮"时期就被不少艺术家尝试过了。现在你重新用这样的方式来绘画，有没有顾虑？毕竟大家对这些经典很熟悉了，感觉不一样了。

曾梵志：就像我前面说的肖像画一样，我必须要保持住自己的状态，一拿起笔就可以达到最好的状态，所以我在审美上一直是拼命往回追，不管走得多远了，我一定要回头去研究文艺复兴的东西，去看宋元的东西。我画米开朗琪罗的这种素描，因为我最喜欢的就是他的素描。

《拉奥孔》也是，两三千年前的一个雕塑，里面这种悲剧性力量的东西一直影响着整个美术史，它影响了米开朗琪罗，影响到很多人，包括我。所以我觉得重新回到源头去思考、去寻找的话，对我个人来说就是挺有意思的。

但是我画《兔子》，并不是说就在重复画一个丢勒的《兔子》。如果你看过丢勒的画作，会发现他原稿其实就这么大点一张素描。我开始是画一个兔子，再往上面覆盖抽象风景，画着画着，就把兔子的形态抹掉了，我眼睛里面已经不看这个东西，我其实是在画自己的另外一种情绪了，在画风景。这是我们所说的美国抽象表现主义，但是兔子也还一直在风景里面，那是我喜欢的一个符号。然后等远距离一看，发现兔子被我画得找不到了，这个时候我再用简练的手法，去把它从线条里面找出来。所以你们看到的这些笔触和线条，始终穿插在一起……我就是反反复复地去画这么一个图像。画什么不重要，过程很重要。

《兔子》是我第一张用这种构图来画的作品，4米宽、4米高。画完以后我自己觉得挺有意思，马上接着一、二、三，连续画了好几张。

曾：这个系列现在差不多告一段落了吗？

曾梵志：没有停下来，肯定还要画一段时间，和"纸上作品"同时进行。我通常几个阶段穿插在一起。我会提前几年就着手去画新的东西，因为我必须要保持一种新鲜感，如果让我天天重复，可能最后就变成一个手在而心不在的状态。

曾：《拉奥孔》是其中最新完成的一张吗？和其他几张"抽象风景"相比，你好像没有特别去用线条"破坏"它。

曾梵志：我们小时候学画画的时候，首先就是画拉奥孔的石膏像，所以对这个痛苦面孔记忆太深了。我一直都想通过某种方式来重新画这张画，但真的开始画以后，过程极度痛苦。比方说，画丢勒的《兔子》我是可以改变它的，但画《拉奥孔》我却没办法。画的过程中我完全被它的形象给吸引住了，我想把它破坏掉，但是没办法破坏得了，然后我就陷在一个不断较劲和挣扎（的过程）中……这其实是个特别有意思的问题，拉奥孔的形象太强大了。

曾：有文章介绍你在2000年左右开始对中国传统绘画有意识地去了解和研究，对你后来的绘画也有一些影响。2000年你个人大概是在一个什么样的状态中？

曾梵志：2000年我把工作室从北京新源里搬到燕郊那边去了。我有了一个小院子，开始对园林感兴趣，对山石、植物自然也会多看一些，经常会去苏州。看多了以后，再回头去看传统水墨画，就突然有感觉了，我以前看那些画是觉得非常枯燥的。

那个时期我开始研究宋元的绘画，慢慢慢慢看。宋徽宗的《听琴图》，我真的是挂到家里面整整看了十年。也看书，像徐复观的《中国艺术精神》，对传统的东西越来越着迷。我也开始喜欢收藏古董，收藏石头，去想象古人的审美。

80年代的时候，觉得西方的一切都是好的，中国的一切都不好。我们湖北美院油画系隔壁就是国画班，我们总是嘲笑他们，根本不愿意去看他们画的画。现在想起来，当年教水墨画的都是年龄很大的老师，有些还挺厉害的，应该跟着学学。

曾：无论中西，一个人对自己造园有了想象，实际上也是一种身份的带入。我想你那个时期可能不仅是审美发生变化，世界观和生活方式可能整个都在改变。

曾梵志： 我觉得是这样的，可能也是年龄增长的原因。我现在 52 岁，对事情的看法就跟以前完全不一样。2009 年，我画了两张觉得挺有意思的作品，就是那双皮鞋《靴子》，还有一张自画像——把鞋脱掉的那张。2009 年对我来说是很重要的一个时间段，经历了很多事情，人生也有各种起伏变化，在某些方面突然就觉悟了。我画自己把鞋给脱掉了，就是因为武汉人爱说一句话"光脚的不怕穿鞋的"。我其实是想让自己放下，不要有太多负担，我觉得如果自己是个光脚的，就没有什么拘束了。

进到展厅里《散步》是第一张，第二张就是《靴子》，其中存在很有意思的一个对应关系。其他人导览可能不太注意到这一块，但是我在布展时和策展人交流过这样的想法。《散步》是我当年给那张画起的名字。1990 年我第一次做个人展览时印了一个小册页，就拿那张画做的封面。皮道坚老师还给我写了一篇文章，那是第一次有人为我写文章。我那时大学三年级，取名《散步》是因为我觉得自己在创作的过程中就像散步一样，属于非常自由的一个状态。当时的风气是请人写文章一般都要付钱，我没钱，至少要送点东西吧。我就跟皮老师说这张画我自己最喜欢，我把这张画送给你，而他也一直保留到现在，这次展览我找他借过来了。

很多艺术家都喜欢画皮鞋，像凡·高。我看过凡·高画的皮鞋，破得简直是不行了，我觉得那双鞋肯定是陪他走过无数乡间的路，画了很多画。但我画的那双鞋非常新，是一双在国外定制的高级皮鞋。我有很多这样的皮鞋，我也比较喜欢皮鞋。

我有次跟我女儿说，你知道爸爸为什么经常爱给你买皮鞋吗？我女儿说不知道。我说因为爸爸在 15 岁的时候还只有一双布鞋，如果穿得特别脏了，要洗了这双鞋再等它干。

曾： 其实很多人对你的了解停留在"面具"系列，包括 2013 年那张《最后的晚餐》，拍卖过亿元成为中国当代艺术最高价格纪录。

曾梵志： 我 1994 年开始画"面具"，一直画到 2004 年，画了整整十年，170 张。拍卖公司就天天拿那几张画翻来覆去地拍，拍出一个高价，他们就做一次广告，写文章说曾梵志拍了多少多少钱。我其实也非常反感，但是没办法。别人觉得我只能画这种画，其实"面具"只是我整个三十年过程中的十年，而且这十年我同时也画了其他作品。

这次布展我就有意把"面具"系列给打破了，我把它放在我的肖像作品里面，因为一开始也是画肖像，只不过是戴了面具的肖像而已。我从1999年开始更多地画那些肖像，2001年做了第一次肖像作品的展览，叫"面具之后"。其实我那时候就有点讨厌这种带有符号性的东西了。这个主题你已经完全消化掉了，后面是毫无意义的重复，我觉得应该彻底放弃。

曾：我发现你的肖像几乎不画女性？

曾梵志：画过几张。但为什么不愿意多画呢？因为我画的形象不好看你知道吗？所以我一般愿意去画男性。也有女性朋友让我帮她画，我画得特别痛苦，因为我有自己特别的造型手法，先用笔，然后用刀，等于整个把笔触抹平了。

如果脱离这种手法而一味要画得漂亮的话，对我来说这个工作就变得很痛苦。我给我女儿画过几张素描，每次画完以后，我女儿都说给她画得是不是年龄大了一点？她才14岁，我画出来的感觉是有20岁那种。还有人问你不画女性是不是因为你是同性恋？我说不是。

我画的很多肖像，眉毛之间这个地方是紧锁的，眼睛是盯着你看的，你走得偏一点，它还是看着你。我画劳伦斯的时候，跟他提出的唯一的要求就是"我看你的时候你也看着我"，在画的过程中，一定要对视我的眼睛。

曾："肖像"系列现在结束了？

曾梵志：也还在画，但画得少了。我隔一段时间必须要去画一张肖像，因为我偏爱肖像，但几个月不画，技术可能就慢慢会退化；如果一年不画，肯定得用多一年的时间把它给捡回来。所以我要一直保持，不能让它变得很陌生。

我画的卢西安·弗洛伊德（Lucien Freud，已故英国著名画家）这种肖像，很可能这辈子再也画不出来了。当时是我很巅峰的时候，连续画了好几张肖像作品，然后在自己状态最好的时候画了弗洛伊德。我画他的时候，我内心也在想这样一个问题，就是一定要把他内在的某种东西给画出来，画完以后我觉得达到了自己最满意的效果。

我还说一定要想办法把这幅画让弗洛伊德看一眼，那时候他还活着，跟我同在纽约的阿奎维拉画廊。我当时跟这个画廊合作和签约，就是因为喜欢弗洛伊德。但特别可惜，刚画完他就去世了。

曾：像这种4×4米的画幅是很少见吗？它对绘画者来说有什么挑战？

曾梵志：很少人会这样画，因为麻烦。有人画3×3米的，或者2.5×2.5米，这种尺寸比较多。从古代到现代，我看也只有当代艺术家会把画画得很大，但通常是横着拉，很少有人愿意画成方的，我也不知道为什么。我当时是在画那张《兔子》的时候，突然想要这样一个方的大尺寸。我以前画的都是2×2米，或者2.5×2.5米，最大也就是2.8×2.8米，因为再画大了以后，根本没法搬动。我现在画室的门是按照这种尺寸设计的，画从我这儿可以出得去，但别的地方你可能进不去，所以很麻烦。但这个尺寸的视觉效果真是非常非常强烈，你近距离站在旁边，视线永远会在画面里面，上下左右都在画面里面，你人很容易被吸引进去。

曾：一定要这么大尺度才能呈现你的想法吗？

曾梵志：对。如果是那种小品性的东西，想表现一个特别庞大和丰富的想法就很困难。西方油画讲究这种尺度和张力。东方的纸上作品可能不需要那么大，通常就是手上拿着看这个距离，以小见大，靠自己去想象，你可以把它想得无限大。我这几年一直徘徊在这两者之间，在思考这个问题。

曾：你说自己这些年的绘画有五次大的转变，也在"曾梵志：散步"这个展览中做了呈现。每一次想要寻求转变的阶段，如果看不到方向，会不会陷入焦虑？怎么解决？

曾梵志：中间有，但这种焦虑是很短的。我从来没有去说我要转变了，然后把前面画的都停顿下来。我通常是在前一个系列的创作过程中，突然找到一个点，顺着它往前走，但是我不会把前边停下来，不会有完全找不着方向的空白期。

我一开始的习惯就是画着画着,突然通过几张画,转变到另外一种画,这是特别自然的一个过渡。然后我就不想回头了,永远不回头,因为对之前的东西完全没了兴趣也没有了感觉,我的所有兴奋点都到另外一条岔道上去了,而且那条岔道是越走越宽。

曾:谈论当代艺术,特别是中国当代艺术,人们比较容易去关注艺术家的作品里是不是具有社会批判意识或者承担某种意义。这在你的"协和医院"和"面具"系列里面也看得到。但在后期画作里,比如肖像、"抽象风景"和纸上作品几个系列里,这种东西好像越来越少,逐渐消失了。

曾梵志:以前我们画得可能很明显,关注社会、关注人性,其实后来也还一样,关注自己内心的一种真实状态,但不再刻意要画出什么样的画。我觉得这是特别自然的一种状态,年龄增长,对什么东西有兴趣一定要特别忠实,不能说要永远像某一种类型的艺术家。

曾:那么你理想中的艺术家应该是一个什么样的状态?

曾梵志:反映自己真实内心的一个状态。怎么想的就怎么创作,不要受外界太多影响,保持一个强大的自我。我就走这条路,我不要一直调整自己。不管别人的说法是对还是错,一去调整了,你的自我就失去了,肯定就不是一个好的艺术家了。

曾:某些阶段,外界对你作品高价的质疑或者说不同的声音,会不会也大到让你觉得很难忍受?

曾梵志:我觉得没有那么严重。你看这段时间我的微信朋友圈是开着的,因为所有的朋友都过来看我的展览,我要接待他们,给他们点赞。但平时我是把朋友圈长期关闭的,我也不看微博,我不受外界影响。
以前有工作室的同事帮我看,说曾老师有一个微博天天在骂你。我说你们以后不要把这个东西给我看,骂我也好,说我好也罢,都不要给我看。从此以后就没有任何人跟我说这些了。
我活在我自己的世界里面,我觉得挺好。艺术家的"自我"如果保护得不好,就没办法去创作,真的。

曾:每次采访之前,我会搜索采访对象的资料来研究,我发现你是比较特殊的,你极少出现在其他同时代艺术家的回忆文字里,你自己也很少留有文字谈论什么。你的名气很大,作品价格很高,但相对来说又像是隔膜于中国当代艺术群体性记忆的一个人。

曾梵志:可能是这样的。我自己不爱写东西,我也写不好,对自己的作品,包括现在的纸上作品,也不想轻易地去定义它们。我只负责创作,很难去负责解释。我觉得解释这件事特别难。我可能在画的过程中突然有了一点想法,但我又不是特别爱写下来。他们老说你应该录音,想到什么就录下来,但我没这个习惯。

(采访时间:2016年10月)

姜杰工作室供图

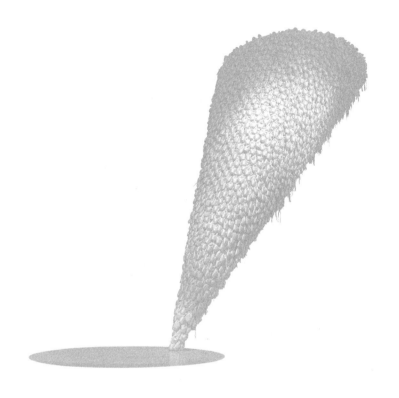

姜杰

1965—

出生并工作、生活于北京。1991年毕业于中央美术学院雕塑系,现为该系教授。从早期以婴孩或儿童为创作题材,到近作《大于一吨半》,在用女性视角审视世界的同时,亦能不断尝试打破外界对于女性艺术家、对于雕塑美学的界定与认知。曾多次参加国内外大展,作品被日本福冈美术馆、丹麦妇女博物馆、新加坡国家博物馆、广东美术馆、中国中央芭蕾舞团等公共艺术空间收藏。

姜杰：
被软化的观念

姜杰总在积极寻求一种社会语义，最终，作品却循其材质和制作感受，自行实现为另一种或另几种语义，这是非常有意思的状态，用误读或歧义都不足以解释。

当2014年上海浦江华侨城"十年公共艺术计划"将姜杰的装置新作《大于一吨半》作为日常的场景性公共艺术展示出来时，艺术家必须面对最根本的疑问：如果不止于涉猎欲望主题，它的景观化呈现指向什么？

女性艺术家用作品来隐喻男性文化符号并不少见。1968年，居纽约的著名法裔女艺术家路易斯·布尔乔亚就曾创作过重要作品《悬挂两面神》(*Hanging Janus*)，它形似男性器官的一部分，又像女人的身体，这种双性意象代入了两性关系的和解假象。

姜杰在她的新作品中糅合了庞大体量、悬挂概念和软雕塑材质，明确的符号由此被赋予了含混多义的形态。"那种重量、无助和下坠，可以成为我思考的承载物。"姜杰说，这就是她选择的理由。她使用了这个符号，但又不是这个符号本身，"它指向一种生命状态"。

作为中国当代艺术中经常被提及的学院派雕塑家，姜杰一直以她敏感于表达存在的脆弱性和易逝性受到关注。在这个意义上，看似极端和挑衅的新作并未脱离她的语言体系。

姜杰成名于1994年。当时的中央美院画廊举办了一个名为"雕塑1994"的展览，五位参展艺术家包括傅中望、隋建国、张永见、展望和姜杰。不管是姜杰还是其他几位，这个五人展都是他们各人艺术生涯中的节点：于中国当代艺术，"雕塑1994"被认为是从传统雕塑理念到注入观念意识雕塑的转变标志，也因此建构了以他们五人为代表的新一代雕塑家。

那一年，姜杰的个人作品是《易碎的制品》。她以蜡为材料，翻模制作了几组婴儿造型，然后用一张宽大的透明薄膜将作品覆盖包裹，"婴儿"们相互挨挤，予人的观感是正在发生轻微的却将是不可逆转的碰撞和碎裂。脆弱的材料和脆弱的存在感，这组作品对观念的传达处在一种临界状态：当观看被附着在子宫、婴儿和隐喻女性堕胎的解读之上，它是过于直接的女性主义表达，而当它仅指向一种模糊的处境，作品却具有了多向的维度。

"婴儿"符号自此开始延伸为姜杰之后作品的一条主要线索，并在她20世纪90年代末开始的"领养系列"中扩展了外延。1999年，在澳大利亚悉尼的"亚洲交通"展览中，姜杰以西方人到中国领养孩子为始发点讨论命运的偶发性和归宿感。在那个现场，她用了100辆小推车放置婴儿雕塑，观众只需填写她按照当地法律文件复制的领养表格及调查问卷，并交纳少许费用，就可以领养一个"婴儿"回家，也就是拥有了艺术家的一件作品。她本来很想把这种行为无期限延续，比如请领养人定期寄回关于"婴儿"的照片和资料，但除开幕当天艺术家目睹一对同性恋人领养了"婴儿"，整个计划因无人现场互动而自然中止了。

但是三年后，姜杰对于这件作品的全部企图在"长征计划"这一作品中得以完成。"长征计划"是艺术策展人卢杰在2002年启动并延续多年的一个当代艺术项目，他邀请250名国内外艺术家重走长征路，沿途举办画展、摄影展、雕塑展，同时也对民间艺术进行考察与整理。这些"在路上"的艺术作品由位于北京798艺术区的"长征艺术空间"呈现，也被带到世界各地的双年展、美术馆展示。2002年，姜杰在长征行程过半的时候加入，并提交了作品《长征·肖淑娴》。她仍然使用了自己的婴儿符号，计划用作品复制当年女红军将孩子遗留在老乡家的故事，然后在长征路沿途寻找愿意"收养"作品的人。

"我想探讨在政治和战争之外的人性问题。"姜杰说。她本来想做十几件作品,后来担心老乡对看似死婴的作品的承受度,只带过去两个,用了写实的玻璃钢材质。他们在贡嘎县找到肖洪刚一家愿意做接受者。"我要求他们给'婴儿'起一个名字,每年在'领养日'带'婴儿'照一张全家福。这个雕塑本身是不变的,全家福其实记录的是收养者家庭的家景变化,比如他们自己小孩的成长、老人的衰老。从2002年开始,他们坚持每年照一张,一直延续到现在,已经十二年了。这是纪念碑的方式,但不再是方尖碑,而是时间的、横向的纪念碑。"姜杰说。

姜杰一直保持着和收养家庭的陌生感,就像真正的父母和收养家庭的关系。她没有去过现场,当年的"收养"手续是艺术家邱志杰帮助签署的。关于这个家庭的情况,她只知道男主人在一家奇石馆干活,女主人务农,家里有一个男孩两个女孩。"婴儿"作品本来是没有性别的,但这家人想要一个女孩,就给"婴儿"起了个名字叫"肖淑娴"。每年8月24日他们都按照约定寄一张全家福给姜杰,现在已经有12张了。"从照片上看得到他们的家庭成员开始发生变化,大女儿有了男朋友,这个新成员就出现在最近一次寄来的照片里。以前是胶片的,用信封寄过来,大概是请附近照相馆的人到家里帮忙拍的,后来改用数码了,通过电脑传给我。我每年给寄一两百块钱过去,他们一直也不肯要。我自己挺喜欢这件作品,它是无限开放的,有时间的持续性,但也不矫情——有些时间性的作品会比较矫情。我有时候也不知道当代艺术到底该是什么样子,我想这么做,就做了。"姜杰说。

在考入中央美院雕塑系之前,姜杰上了四年北京工艺美术学校。她考学是在1980年,那时刚恢复高考没两年,北京攒了一批画画好的人,年龄大一点的考到美院了,小一点的读美院附中,条件不太符合的就进了工艺美校。对于那个时代的艺术爱好者来说,工艺美校和金光闪闪的、如艺术"黄埔军校"一般的央美附中相比完全不在同一档次。姜杰回忆,这种不如他人艺术血脉纯正的隐隐自卑感跟了她好长一段时间。

美校那时在琉璃厂,归属轻工部管,学生毕业后不像附中生可以直接报考美院,必须先到北京工艺美术总公司参加统一分配,工作两三年后才有可能获准考学。"工艺美术总公司下面有很多小厂,什么珐琅厂、首饰厂、玉器厂,我记得展望好像分到了玉器厂,我分到了证章厂。1986年进入央美后,老师常说附中是培养艺术家的,工艺美校是培养工艺美术大师的,我那时觉得这话特别难听。工艺美术大师,意思不就是说我们特别匠气,不够艺术嘛。"姜杰说。

直到几年后,从央美毕业又留校,自己开始独立做作品了,姜杰才慢慢发现,其实在工艺美校的四年学习给自己打下好多基础。她在工艺美校学的是特种工艺,当时课程里有很多中国传统的东西,老师都是早先被打成"右派"但专业水平非常好的名家,书法篆刻有熊伯齐,工笔花鸟有万一,还有徐北丁教国画,工艺方面也有特别好的老师傅到学校来面授技艺。"那时候十五六岁,接受能力强,经常跟着老师去看石窟、看博物馆、下工厂,见过太多好东西了,也接受了非常严格的基础训练。工艺美术跟美院的纯美术不同,特别讲究手上功夫,比如一件东西要打磨到什么程度,画一块波斯地毯要画到多细。那些拷贝纸连唾沫星子都不能溅到上面,干活的时候不敢咳嗽也不能打喷嚏。花鸟的丝毛和晕染工艺,中国画对纯天然颜料如石青、粉绿的用法,这些我全都是在工艺美校学到的。"姜杰说。

从那以后姜杰不再看低"匠气",开始试着把这些"匠"的技艺转换为自己作品中个性的东西。她越来越清楚自己要什么。现在,即便是在教学中,她也会安排一些训练,让学生做得"匠"一点。"我告诉他们,你得先做到一个极限,然后才知道后面该怎么做。如果一开始手上就松,以后不知道要松到哪里去了。有些东西是慢慢渗透的,比如作品的控制度、体量关系，都是在大量综合训练后才能达到。"

她聊起很多年前在陕西见过的一块古碑，上面是浮雕人像，人物很规整地嵌刻在碑里，但在碑的一个下角，她发现人物有一只脚逾过边界，踏出了那么一点点，意外的打破使得这块碑在一堆同类碑刻中立时跳跃出来。工整的、程序化的匠人，在这样一个极小处释放了个性，完成收中之放。无名工匠以这个微妙的、有趣的"小动作"给姜杰留下无尽回味。

有评论者曾提到，姜杰做作品，无论是雕塑还是装置，常在看来隐秘的小地方留下一两处微小的看似无关紧要的补笔，比如窟窿的处理、边角的处置，新作《大于一吨半》于庞大体量上敷上的几不可见的小块纱布，这样的闲笔，并不止于表面被人所感受到的女性的敏感细腻，其实和她关于这块古碑的记忆不无关联。

姜杰对"匠"和"工"的经验感受，在材质选择和艺术语言上外化成为婴儿符号之外的另一条线索：蜡、瓦、纱布；覆盖、包裹、碎裂。从《易碎的制品》开始使用的蜡，在1996年的《平行男女》中被丰富和深入。这件作品完成后，当时是被作为女性主义概念来解读的，但现在回头去看，艺术家对现成品使用和改造的过程本身却释放出更值得记述的东西。当姜杰在一家工厂里偶然看到这两个橱窗童装模特时，她并不知道要用来做什么就下意识地买下来，带回工作室放了很长时间。

"我每天都看看它们，作品概念像显影一样慢慢显现。"姜杰说。模特是玻璃钢的，并无性别，她开始用纱布和蜡在上面做一些塑造，一边放纱布一边挂蜡，以传统的手法做出有性别感的小肌肉、骨骼。做蜡工艺复杂而脆弱，一层一层上蜡，她回到"匠"的技艺本身，实现的过程就是一种方式。作为医用品的纱布她只做轻敷，造成既可脱落又可覆盖的观感，在姜杰看来这种技法本身又是悖论。在新作《大于一吨半》中，她在局部仍然使用了它。《平行男女》最后呈现为两个头对头平卧的男孩女孩，睁着空洞的大眼

《平行男女》，1996，作品被日本福冈美术馆收藏（姜杰工作室供图）

睛，互相观望又无法看见。

　　姜杰用瓦当来做系列装置大概是在2004年前后开始的。在这个阶段，她一度完全弃用雕塑手法而以现成品来实现作品。姜杰是北京人，那几年北京老城的大规模拆迁据她说是这系列作品的观念发端。《龙游》《之上之下》，她都用屋顶、家、传统来解读过其中的元素。但就像之前之后的多件作品一样，姜杰总在积极寻求一种社会语义，最终，作品却循其材质和制作感受，自行实现为另一种或另几种语义，这是非常有意思的状态，用误读或歧义都不足以解释。

　　瓦当系列的视觉感和形式语言在《粉色乌托邦》中似显饱和。这件作品最早是在南京完成的，2010年又被带到比利时欧罗巴艺术节的中国女性当

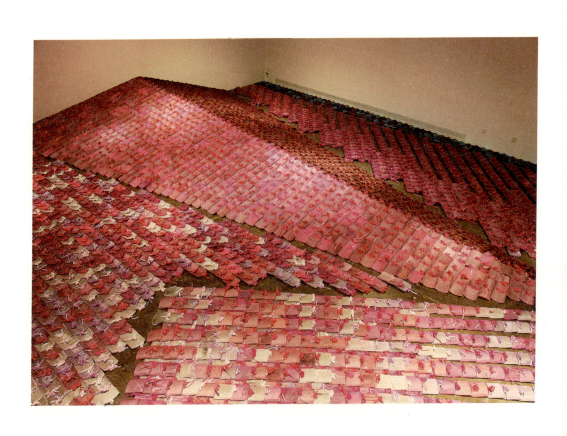

《粉色乌托邦》,2009,材料:粉色绸布,灰色土陶瓦(姜杰工作室供图)

《向前进 向前进 》,2012,材料:视频声音、钢架、芭蕾舞鞋、石膏
(姜杰工作室供图)

代艺术展"镜花水月"中展出。姜杰不再如《龙游》或《之上之下》那样借用古代宫廷瓦当元素,她用粉色的丝绸袋子,分别将一片片灰色的民间屋瓦包裹起来,再用丝带系住,码放。我看过比利时的展览现场,被粉色丝袋包裹的瓦片在100多平方米的地面整齐地铺开后,那种美是具有打击度的。但艺术家等待的是随后到来的破坏。

　　姜杰讲述她当时在现场的复杂感受:"作品的设计是观众可以在上面随意行走,我就拿着摄像机在这边等着,心里有种特别奇怪的感觉,你所有的工作都为了那一刹那,人走上来的时候瓦即破碎。有人小心在意,有人放慢了脚步,有的快跑,有的蹦跳……我听见破碎的声音。但有一个特别小的女孩,可能是家长带去的,只有她一个人是蹲在墙角不断重码被人踩乱的瓦。我觉得这是特别有意思的过程,就像这个作品命中注定会出现的一幕。"

　　2012年的《向前进 向前进》,从乌托邦的理想意义上讲仍可以视为这个序列的延续。因为要为中央芭蕾舞团做一个雕塑,姜杰有段时间经常出入排练厅,对演员们每天大量丢弃的旧舞鞋发生了兴趣。获得允许后,她收藏了近三年的旧舞鞋,约1000多双,一箱箱搬回工作室。芭蕾是姜杰少女时代的梦想,粉色的舞鞋把这种梦想具象化了,但芭蕾的美感不足以撑起作品,怎么做她还没有找到路径。有一天她去参加好朋友孩子的婚礼,聊天时朋友告诉她,某小区有一个芭蕾俱乐部,都是挺大岁数的女性在那里练习。姜杰听了觉得有意思,跟着朋友去了一趟,被震住了:里面年龄最小的40多岁,最大的70多岁,都穿全套芭蕾行头,跟着空政歌舞团的一位专业老师在练习。芭蕾舞在她们年轻时代是高不可攀的梦想,现在终于可以触摸梦想了。她们每天在喜悦中练习,对自己走形的身材和赘肉一点也不在意。姜杰准备了50多个问题,先后去现场采访拍摄了三次,这些访谈录像和1000双旧舞鞋制作的巨大装置构成了作品《向前进 向前进》。

　　"有时候我会反复端看一块苗绣,老东西,密密地绣,一根线劈成好多根线来绣,这么一块东西要做上好几个月甚至一年,过程本身就已经赋予了它什么。"姜杰说。人们总是喜欢谈论女性艺术家习惯用什么材料,丝绸、花边、布料,"其实用什么材料都无所谓,在一件作品后面支撑它的东西最重要"。

(采访时间:2014 年 11 月)

范西摄

向京

1968—

出生并工作、生活于北京,1995 年毕业于中央美术学院雕塑系。作品在业已被边缘化的写实雕塑语言里,做出了非常独特且具影响力的当代性实验,被许多重要机构收藏,包括中央美术学院、上海美术馆、香港 M+ 博物馆、美国 Chazen 美术馆等。曾在国内外众多机构举办个展,对当代性与传统媒介、女性身份与普遍人性等学术命题表达了阶段性的思考。

向京：
秘密藏在大象的身体里

我觉得秘密、意义什么的都藏在大象的身体里面，我相信整个作品的意义即将显现。工作室的墙外是一片树林，再过去是铁路，我的大象看起来好像要从林子里面走出去，我总怕它会突然不见了。

　　雕塑个展"这个世界会好吗？"开幕那天，向京在今日美术馆的现场应接不暇。一个朋友看展后悄悄走了，给她留条短信，上面全无应酬之类的"很好"或"祝贺"，只为她的"杂技"系列，兀自写下几句："中国的杂技是对人生太伤心的模仿：孤独，与恐惧作战，毫无退路，一溃则千里；惊险处，呼吸更不能乱，力量要表现为技巧。再多排练也不能确保没有失误。"

　　在工作室，向京对着手机，一字一字，大声读给我听。向京说，这条短信她要一直保存，"朋友说得特别准确。在杂技这种惊心动魄的状态里，包含了我对'处境'的感受。里面的肢体是离奇的，但是这些扮演却都成立；人扭曲到这样了，但是你在看的时候，什么痛苦都变成一种展示"。

　　在杂技表演的技能元素中，向京只是抽取了"托举"和"柔术"两种——两者都是以身体作为表征的超极限的扭曲。比如在展厅入门处，入场观众迎面就似撞上那根高耸的《无限柱》，十个女孩叠成一线，每人都在以不可思议的翻转姿态来承受其上的重压，每个面孔却都保持着同一的微笑表情。展厅中间放置了一个上下盘旋的通道，观众可以爬上并走动，去俯视下面的八组杂技作品，整个空间于是变得更像一个被人围看的、似乎隐藏了某种隐秘语言的训练场地。

《无限柱》
（向京工作室供图）

艺术批评家朱朱说向京，"杂技"其实是潜藏在她记忆深处的一个顽念，这个顽念源自她童年时看过的一部香港纪录片《杂技英豪》，"影片中所呈现的杂技奇观使当年的她震惊而且着迷"。

向京本人却对拿童年经验来对接她的作品表现出些微的抗拒感："不是一定要跟经验扯上关系，不是这个想法。我就想做一个跟处境有关的概念：我觉得杂技有很深的生存痛感，完全是表演性的，一群人叠在一起，却好像感受不到重量和扭曲，我就特别想做出这种感觉。在这里，杂技指涉人的一种处境和状态，是'不得不'的状态。"

向京其实还有一个初衷，是希望在这个新系列里对"语言"做相对深入的探究。在央美附中和央美念了八年，又做职业艺术家二十年，她始终觉得当代艺术的整个文脉都是从西方过来的——不仅是背后的理论支架，还包括语言表达都在西方的系统里面。她就想，做一个很东方的东西，但又一定和当代艺术中所习见的东方符号保持距离。但她现在意识到，意图和完成度之间难免有裂隙。

"我最终完成时在这方面是欠缺的，包括东方美学的线索我也没有做出来，只是很好的愿望。我想以后想清楚了，再慢慢去做。"她说，"这个话题本身已经太大了。"

在前不久和哲学家陈嘉映的一次对谈中，向京曾自述创作时的状态："艺术有时就像个乌托邦梦境，艺术家每每搭建它像是急于在旧世界倒塌之前建造成功一个新世界。这样的理想和忧郁症一样的情绪始终裹挟着我。我差不多三年做一个个展，每次情绪起伏也就是一个展览的周期。展览之前那段时间饱满而坚定的自我膨胀，沉浸在封闭的世界里，之后将近一年的时间完全处在一种空虚、怀疑的状态里面，怀疑所有的价值，挺可怕的。"

向京有一个习惯，每次做一个展览的时候，已经在拼命想下一个要怎么

向京：秘密藏在大象的身体里

《孔雀》，玻璃钢着色，2007（向京工作室供图）

做，这能让她变得异常兴奋。2008年她在上海准备个展"全裸"时就开始构思现在这个展览，"杂技"系列里的《有镜子能梦见镜子》就是从上海开始的。然后是2009年，她和丈夫瞿广慈决定离开生活近十年的上海搬回北京，一年多忙乱不堪，工作的情绪断断续续，后来才又接上。

向京一直相信自己的直觉，她觉得自己能特别准确地判断出什么该做下去，什么是有问题的应该丢掉。但如果那时候有人跟她聊，可能又什么都聊不出来，"好像作品的意义都显示在将来，超乎我的预想"。

向京每次都带着强烈的情感体验和自己的作品相处，状态近于魔怔。"动物"是她展览里的另一系列。她做了一头大象，取名《异境——白银时代》，但做的时候她其实老想着海明威的《白象似的群山》，也不知道为什么，当时这个意象就是在她脑子里来来回回，切都切不掉。在一个夏天，作

《异境——白银时代》,玻璃钢着色,2011(向京工作室供图)

品完成了,体量庞大,大得难以搬动。整个夏天,它都白天黑夜地蹲伏在她工作室外的那条过道里。

"晚上经常特别晚才回家,我从它身边慢慢挤过去,外面有盏路灯照在它眼睛下面,我突然感动得不得了。夏天雨多,外面有树影,特别安宁,安宁到不像一个真实的世界。我那时就沉浸在这样的状态里。我觉得秘密、意义什么的都藏在大象的身体里面,我相信整个作品的意义即将显现。工作室的墙外是一片树林,再过去是铁路,我的大象看起来好像要从林子里面走出去,我总怕它突然会不见了。有一天中午我睡过头了,起来一看大象真的没了，心里一惊。其实它是被助手抬到外面去冲洗了。"向京说。

工作室邻铁轨，火车的轰响声隔段时间就由远而近地过来，把我们谈话的场景变得富有画面感。向京现在像是在说一个童话，其实当时她在这种极度沉浸的工作状态里是饱受折磨的。整个创作时间段她都浸在自己的情绪里面，包括身体，譬如暴瘦和易怒，她自己都不觉得。

在今日美术馆里，"动物"系列陈放在由大幕布屏蔽出来的另一段空间里。向京为六件作品拟了总题——异境。"异"，应是心底暗藏的幻象以及她的想要触摸却又无法抵达吧。向京塑的这些动物格外动人。她赋予它们"老灵魂"一般的斑驳色调，它们以蹲伏或独立之姿，给予凝视者宽厚和安宁。

静默的《异境——不损兽》造型那么单纯，神秘如从远古穿越而来，令人想起《神异经》中的载述："南方之兽如鹿豕头，善依人求五谷，名无损兽。人割取肉不病，肉自复……"

回首的《异境——这个世界会好吗？》明净动人，双眸哀而不伤却又直抵人心。向京显然是爱它，把全场最沉郁的盘诘以它之名而发了："这个世界会好吗？"

向京不否认，自己是决意要背离人们对她过去作品的既定印象，诸如"个性化的女性题材表达"或者"通过身体说话"。她倒不觉得个人化视角有什么问题，改变的意愿主要来自她自身对改变的巨大渴望。她平时喜绿衣，看起来静默，内心实有强烈的挑衅性："这是我最基本的力量的来源。"

在 2003 年开始做《你的身体》的那个阶段，向京感受到的是外部世界巨大的侵犯和伤害，而她比较积极的姿态是顶住。这是她那时候的表达方式。到 2008 年的"全裸"展览时期，她关注的是自我存在的状态，外部世界似乎突然变得不相干了，于是她设计人与人之间的情感状态、欲望以及不安的表达。

她提到《浴缸》这件作品："我很喜欢。那时原发的动机很强烈，是那种精神上的暴力的呈现。后来做了一系列，像剧照一样。后来是我主动放弃了那种状态，因为我讨厌自说自话的样子。现在想来有点遗憾，我这一生可能不会再有凝聚起来的力量去做那样血腥的作品了，但是我觉得一件东西做到位了，就很过瘾了。"

这两个时期的作品让她身边很多朋友感觉不安。向京说，尤其很多男性都反感《你的身体》，因为她确实是在有意挑衅男性视角的那种"观看"。两年内她没有接到任何对这件作品的展览邀请，最终是她自己办了一个展览来做展示。在这个时间段的收获，是找到了一种自在的状态："甚至在我讲欲望的时候，都没有设置欲望的对象，它就是在自我的状态中待着。后来我对人类整体处境的关注和构想，也是这么慢慢来的。"

做《你的身体》时她35岁，做"全裸"系列时她40岁，都在年龄节点上。向京感慨，女人在某种程度上真是体验性的动物，到一个年纪，就像打开了一个开关。在北京的时候她还弱小，到上海后离江湖比较远了，在大学里安静地做教职，然后辞职，闷头创作，作品帮她完善了自己，再去跟江湖交集的时候，她觉得有力量了。

40岁以后，向京感觉眼界好像突然改变了，看世界更清晰了："比如我以前对抽象的东西，完全不能做。就是最近，好像可以开始了，至少绘画是这样的。"

40岁以后的向京不再迷恋摇滚乐，不再拒绝收听新闻联播，但40岁以后的向京还是像"文青"那样无可救药地爱诗和诗人。里尔克、阿赫玛托娃，成为连接她新旧界面之一种。

就像"全裸"这个系列引用过里尔克，《凡人—也许我要求一切：每一次无尽沉坠的黑暗和每一次攀登的闪烁》还是取自里尔克的《祈祷书》，用在那件构思诡异的《四人组合》作品上做了长题。

为《唯岸是处》里的那个海象，她引来阿赫玛托娃的诗句为之吟唱："世界上不流泪的人中间，没有人比我们更高贵、更纯粹。"朱朱也言及，也许这样的引用多少显得夸张，但显示了她"标举精神性的强烈欲望"。

向京自嘲："我经常东抄一句、西抄一句，反正总归有个出处。为作品起名字真的很痛苦，我始终觉得作品是可感的、很复杂的，一旦用文字表述，就非常迅速地限定了某种意义。但另外我又特别觉得作者应该承担起这个责任，我讨厌用'无题'这样的题目。"

细看"动物"系列，会被那些眼睛吸引。与向京原来的那些女性的眼眸一样，它们依旧安静、无助，兼有不易看见的柔情："动物是人最本性的现象，所以我还是在做人。"

这个世界会好吗？

这样庞大的设问其实无须人来回答她。

《异境——这个世界会好吗？》，玻璃钢着色，2011（向京工作室供图）

当代艺术已经变成一个基本的游戏

曾：你说，要做东方的东西，但不想用东方的符号，是指什么？

向：我觉得大家都在想这个问题。比如政治波普，是用得特别泛的符号；另外还有中国画这个线索，很多人从中找东方的东西，不论是形态，还是画意。我觉得这么做没什么出路，除非你去画正宗的古画。这个东西其实已经不在了，语境不在了，语意也就不在了。目前，我也很难说有相对清楚的思路，慢慢去做吧。

我感觉当代艺术已经变成一个基本的游戏。国际大展特别明显，基本是在一个政治语境的范畴里做很多文章。那些作品的很多语言都非常接近，也可以判别出这是非洲的艺术家、这是印度的艺术家，但从作品的结构上来说已经一致化了。

曾：我发现从开始做作品起，你从没有变化过材质，一直用玻璃钢。一般来说，女性艺术家对材质的选择容易强调性别角色，比如丝绸、纸品。

向：我肯定不会特别去强调自己的女性角色。我在某一次女性艺术展上，看到有些艺术家用粉色或白色的丝绸，我就不会用那些东西。另外，雕塑嘛，我愿意用塑造的手段。对我来说，玻璃钢挺好的。玻璃钢的颜色很接近皮肤色，看起来是特别没性格的材料，恰恰是你赋予它什么，它就是什么。而其他材料的属性都太强烈了，比如说丝绸，丝绸本身的话语已经在那里了。

人家也说，从雕塑转做装置艺术可能比较当代，认为我太传统了。但是我觉得，任何一个方式都可以做当代的东西，关键是，你是否关注当下的问题，你的精神性是否是当代的，并不在于手段。就这一小块，往深了琢磨有无穷无尽的乐趣。你看我没改变吧，其实我每次在着色方法上都有很多尝试，专业的人可能都没看出来我是怎么做出来的效果，其实全都是很傻、很土的材料。

曾：你在塑造手段上不做变形，看起来非常写实，这在当代艺术的语境里很罕见。

向：我的作品《无限柱》，真实的演出最多五人相叠，最底下那个人都已做不出表情了。像我这样弄上十个人，在现实中完全不可能。但是我们看它却好像怎么都成立，因为有表演的情绪在，就没有身体的痛感了，它变成一个轻的东西。另外，杂技的构图也跟西方的马戏不一样，它都是平面的，从某个角度看比较均衡。

我以前从未在创作中对自己产生过巨大的怀疑，是极其自信的，做得特别流畅，想得也清晰，在自己能控制的范围内。当然，这个控制是指问题的发力点，你的视角、立场还是个人化的。但是这次，我在做的时候想这想那，对自己充满了极大的怀疑，很焦虑，直到做那批"动物"。"杂技"是在前面做的，时间也断断续续。

曾：这种焦虑跟你改变方向有没有关系？因为你决定暂时中断从女性身体经验出发，开始关注人的处境，这个题目显得比较大。

向：我觉得是。因为我要转换一种思维方式，这种思维方式不是我能轻易控制的。过去我老是强调主观视角，世界是在个人眼光之下的，我一直在营造个人视角下的世界。这次我设置了太多问题。比如我做"杂技"，我始终觉得这是个修辞，是在指涉人的处境，我就怀疑这东西对不对、会不会到位，是不是刻意了，所以一直在巨大的怀疑中。

曾：所以不管人们怎么说你的作品没有观念，你都不大在乎，是吗？

向：我觉得，观念还是有吧。观念还是很重要的，是作品背后支撑的东西。但观念必须要有些转换的部分，变成更加视觉化的呈现。如果仅仅是观念，那还不如直接写出来好。费解，这种形态太让人讨厌了。

曾：你曾说过，不愿意别人用女性主义来评价你的创作。这是你改变方向的原因吗？

向：首先，我不喜欢用女性主义来局限自己的作品，那样你就是一个仅仅在此话题内发言的人了。另外，我觉得女性主义根本是与中国无关的话题，是西方的运动中产生出来的概念。所以中国也谈不上什么女性主义。在中国是整体认同一种价值观，我们不去对抗什么，也从来不打算对抗什么，这是与西方很不一样的。所以，我不愿意将西方文脉中的概念强加于作品。

曾：你对"女性经验"这个词也反感吗？

向：这个还好。女性经验就是包括我刚才讲的身体性，女人就是用身体去思考的。女人情感化的思考方式也与身体有关。当我意识到这个问题时，发现真是这么回事。当代艺术很屏蔽情感化的表露，我就特别想放大这种表达，我就愿意去强调。我甚至很期待去设计一些道德话题，比如善、恶，为什么当代艺术就要摒弃这些话题的讨论呢？我不妨以后都做一下。

曾：那你觉得在中国存在所谓女性艺术史的视角吗？

向：我觉得这个说法很无聊。很多女性展览并没有揭示出女性生存的真实问题，只是把这些人聚集在一起。我不愿意面对女性艺术史这个概念，首先人数不够，其次质量不够高。这个话题太边缘了，还是等有足够的讨论内容后再进行吧。现在做所谓女性艺术展的特别多，多过了女性艺术家本身，而这种展览无非就是时尚杂志的话题，变成被消费的一个东西。你被它玩了一把，你被消费了，同时你还是同谋，你帮助它消费自己。我特别反感这个。

曾：会不会觉得，有时候看得太清楚，创作的困难会更大？

向：我经常会有这种状态，想做什么还不清楚，但是不做什么很清楚。曾经有一个策展人找我，想做女性艺术家的展览。我说如果你是真想做研究，应该找更年轻的女艺术家，比我年龄还大的就不用关注了。像我们那一拨人，现在还显山露水的几个，从外部形态上看都相似：一定是夫妻俩都搞艺术，一定是两人相互帮衬，包括我自己在内也是这样。这几个人就是我们这一代女艺术家的生态的标本，只有这种形态的才幸存下来，其余都消失了。所以我说，我对你们做女性艺术家展览不感兴趣，要是做一个"消失了的女艺术家"展我倒很有兴趣。

（采访时间：2011年10月）

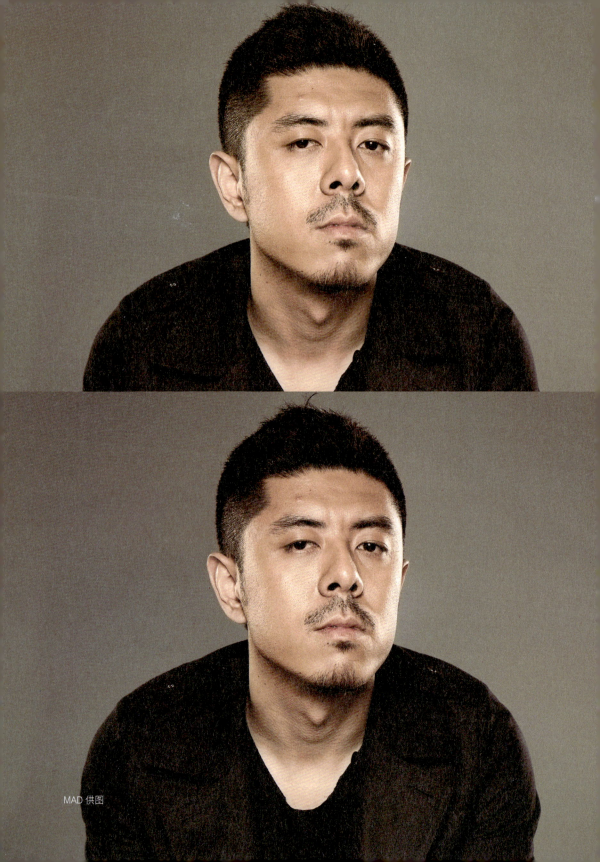

MAD 供图

马岩松

1975—

出生并工作、生活于北京。曾就读于北京建筑工程学院（现北京建筑大学），后毕业于美国耶鲁大学并获硕士学位，被誉为新一代建筑师中最重要的声音和代表，是首位在海外赢得重要标志性建筑的中国建筑师。他倡导把城市的密度、功能和山水意境结合起来，代表作有加拿大梦露大厦、北京胡同泡泡32号、鄂尔多斯博物馆、芝加哥（洛杉矶）卢卡斯叙事艺术博物馆等。2019年4月，巴黎蓬皮杜艺术中心为马岩松及其创立并领衔的MAD建筑事务所举办了该馆首个建筑永久收藏展——"MAD X"。

马岩松：
超现实是关键词

为什么我只会被某一些作品打动？因为它们把我带到了一个不知何所在的地方，只能自己去感觉、去思考。

如果说在越后妻有大地艺术节的邀约之前，建筑师马岩松和当代艺术有过什么重要交集，那就是丹麦—冰岛艺术家奥拉维尔·埃利亚松了。

2003年，埃利亚松在伦敦泰特现代美术馆的涡轮大厅里做了那个气势万丈的人造太阳——《天气计划》(The Weather Project)。第一次，置身于一个美术馆空间，马岩松感受到从未有过的触动。

更奇妙的是，几年后，他就和这位自己喜欢的艺术家有了一次合作。

2004年，在离开伦敦扎哈·哈迪德(Zaha Hadid)建筑事务所后，马岩松回北京创办了MAD事务所。这个耶鲁生以令人惊讶的速度成长为青年建筑师中醒目的人物。2010年春季，北京尤伦斯当代艺术中心邀请马岩松和埃利亚松跨界打造建筑—艺术展——"感觉即真实"。无论从艺术家的国际影响力还是作品呈现形式，这都算是一个年度艺术事件。

当时的报道描述他们在现场制造了一个"另类现实"：马岩松为展厅设计了一个长近60米的蜿蜒空间，埃利亚松用红、绿、蓝三基色组成的"荧光灯阵"以及填充于整个空间的雾气构成了一个人工的光谱空间。光谱是虚幻的，体验是真实的，"将空无一物的巨大空间化为给观众带来神秘体验的人工环境"正是埃利亚松最容易令观众兴奋的。

对于和埃利亚松合作的马岩松，时任UCCA馆长、国际著名策展人罗姆·桑杰斯是这样介绍的：作为中国建筑界的杰出代表，马岩松颠覆了业

哈尔滨大剧院内景

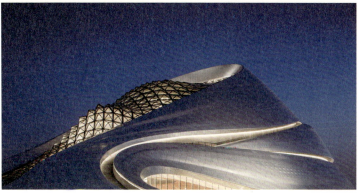

坐落在松花江畔的哈尔滨大剧院,从湿地中破冰而出,建筑内外线条如行云流水(MAD 供图)

内固有的分类和分级模式。他的作品永远充满令人惊喜的元素，以最前沿的科技材料和技术手段，实现其大胆的建筑设计理念，并总能牢牢抓住观众的视线。他奔放的建筑形态仿佛有机体和人类实体，传递出令人无法抗拒的生命力。

八年以后，现在的马岩松怎么看待他和埃利亚松的这件作品？"这种东西对我来说也属于大地艺术的范畴吧，跟自然或者环境结合的作品，做出来气场就非常大。可能跟我建筑师的身份有关系，我对那种特别具体的、叙事性的东西一直没什么感觉。"

超现实、大气场、自然、想象、幻觉、前沿的科技材料和技术手段……在2018年这个夏天的越后妻有，马岩松把这些概念再次全部用到了隧道作品中，包括埃利亚松式的荧光灯阵和三基色光谱。

清津隧道建于1996年，有二十多年的历史，并不太老，也没有废弃。它位于上信越高原国家公园界的清津峡（日本三大峡谷之一），专为步行游览溪谷而修建。隧道全长750米，受中国古代哲学系统观"五行"（金木水火土）启发，MAD在隧道中的每处空间只是加上极简的一件作品，原有空间却因此拥有了新的想象和张力。五件作品，既独立存在又在内部逻辑上呼应彼此，完成一条"光之隧道"。

"光就是材料。"马岩松和他MAD的同事们并不纠缠于是在做一个艺术装置，还是在帮十日町市政府改造一个建筑空间。他觉得这两者没有界限，都是在现有条件下去创造，这条件可能是自然环境，也可能是人造环境。"隧道已经在这里，内和外的关系也有了，我们只是在这个现实的基础上去想象。我并没有特别想艺术应该怎么做。"马岩松说。

第一洞依旧空无一物，保存了原初的样子。途中有变换三基色的灯光作品《色》被安置在隧道两壁，引领我们走进"即将发生"。

第二洞《窥》，建筑师对空间功能的敏感显现了，他们做了一个既是真

马岩松：超现实是关键词

马岩松"光之隧道"系列作品之《镜池》，2018（MAD 供图）

正的卫生间也是装置作品的卫生间，使用了一种透视材料，人们"从室内能够看到室外，外面的人，外面的景色，但是别人看不到你"。被人群围绕的你，好像隐身了。

第三洞是在洞壁安放了数十个水滴形状的镜面。这件名为《滴》的作品，马岩松将其阐释为"像在沉闷的水泥墙体上凿开好多个通往未知空间的洞"。为封闭制造开放的诗意错觉。马岩松认同把所有建筑都看作情感行为，是人对自我的认识，以及对自己和世界关系的认识的变化，"要不然怎么从窑洞、帐篷变到现在的建筑？"所以他觉得无论建什么，一座城市还是一个公共空间，都基于人对世界的想象。当然也包括这次的隧道改造。

"光之隧道"的尽头就是第四洞作品《镜池》。行至山穷水尽，却豁然开朗：一片水面将半圆的洞口反射成为一个完整的圆形，似山水画屏，也似宇宙黑洞。我们可以浸足观景的那片水面是从清津峡引上来的河水，清凉透骨。洞顶墙壁铺设的磨砂不锈钢板，将外面的山水、天空的光线甚至微风吹动的细小水纹都反射到隧道内部，内和外的边界模糊了，现实和幻觉形成交替。这是整个隧道作品最精彩的末章。由远而近，每走一步眼前看到的画面都在变化，而绘画者其实就是自然本身：阳光、空气、山风、岩壁、河水，还有人。人流多少对于感受这件作品影响很大。7月29日开幕那天，入洞的人密集，作品疏朗的景深就短暂消失了。

我们和马岩松采访对话的地方，是回到洞外后的第一件作品《天外》之所在。

在深涧之上、进入隧道口必经的路边，MAD盖了一栋小木头房子，其大斜坡的屋顶是越后妻有山区特有的建筑形态，因为这里长冬多雪。一层供人小憩，二层阁楼是一个艺术参观空间，正中一方温泉泡池，坐在池边，头上从屋顶嵌入的圆形凸镜正将山涧中真实的河流"吸"到空中。低头踏入现实，仰头即为幻象，虚虚实实之间，是自然和人工之间的互译。

2019年4月10日,法国蓬皮杜艺术中心为马岩松领衔的MAD建筑事务所举办的永久馆藏个展开幕,名为"MAD X"。来自MAD十个项目的建筑模型,展示了其成立十五年来的设计思想:与自然对话(MAD供图)

把"熟悉"抽离干净

曾：在接受越后妻有大地艺术节的邀请之前，你对"大地艺术"有什么了解？

马：我在内华达山区看过美国的大地艺术，是詹姆斯·特瑞尔（James Turell）做的那个"Roden Crater"（罗丹火山口）。艺术家20世纪70年代买下了两座有40万年历史的死火山，用二三十年的时间在死火山口里挖了一个隧道洞穴，然后以空间和光线创造了一件巨大的作品。还有日本的直岛，作品是放在自然环境里面的。其实建筑也算是一种大地艺术吧，因为它跟大地和环境都有关系。

但大部分艺术作品还是放在一个空间里展示的。我发现，我个人对美术馆空间里面的艺术特别没感觉，不管是绘画还是雕塑，也不管是传统的还是现代的。可能是我对一件作品所存在的时空特别敏感吧。我真正被空间里的作品所打动是奥拉维尔·埃利亚松的作品。2003年他在伦敦泰特现代美术馆做了一个《天气计划》，就是那个大"太阳"。那年我刚毕业，在伦敦为扎哈工作。在学校的时候我就觉得埃利亚松的东西很牛，所以那次专门去看了展览，非常被那种气氛触动。

曾：第一次走进大地祭这个隧道现场，最早出现在你头脑里的作品想法是什么？

马：就是现在你看到的。我认识北川先生之前已经去过直岛，当时就想，我要是能在这里建一座美术馆就好了。我是建筑师，对环境比较敏感，如果很烂的环境我会抗拒它；如果很美，就会渴望通过作品和她对话。在任何地方，自然和艺术放在一起都很美好，我相信北川先生和大地艺术节要的也是这个。它背后也许还有政治、社会的诉求，至少这不是艺术的初衷。政治和社会的东西在建筑中却很常见，因为任何建筑首先都要服务于一个时期、一个地方的人，经常被认为实际用途强过精神性。但大地艺术给我的感觉是，怎么美好、怎么超现实，就应该怎么来。这个隧道洞其实非常沉重，像个工程一样，而且尺度特别大，有750米进深。当时主办方给我打的第一个预防针就是"没什么预算啊",我心想这可怎么弄。那天我们走到隧道尽头,在最后的洞口看到了一张很旧的大桌子,那是个展台,里面陈列了这个隧道的历史;桌面上有块玻璃,正好反射出洞口外面的部分景观。我贴着玻璃拍了一张照片。现在那块玻璃就变成了你所看到的整片水面,变成了《镜池》。我也不知道为什么"水面"和"玻璃"当时能让我联系起来,有可能是人在隧道里听见岩下流水哗哗的声音,眼前却干巴巴的是个水泥空间。直觉应该有这个水,然后想到通过反光,把内和外连在一起。地上水面反射了完整的景观,但完整还不足够,我要洞外的一些变化,比如水波的流动被看到,要光线的变化更虚幻,然后就有了铺满内壁的不锈钢板——有了反光以后,整个洞口边缘变得有一点模糊,就有了一点幻觉。我追求的是,当有人走进洞里,就来到了区别于外部的另一种空间,那么我会带他走过这750米到达超现实。

曾:"超现实"是你的关键词?
马:对,因为在隧道外面你已经看到水和山了,那不就是现实吗?如果对自然没有诗意的转译,那就还是现实。我做建筑也一样,追求把现实抽离。我喜欢自然,它在有人类之前就存在了,对我来说就有一种远古性。不管山、石,还是沙漠,我都追求把这些"远古"跟特别未知的东西碰撞,把"熟悉"全部抽离干净。当所有让你感觉似曾相识的、能够找到文化参照的东西都不存在了,你就好像掉进一个巨大的黑洞里面,必须往很远的地方去找坐标。我觉得人的想象空间就是这么来的。为什么我会被一些作品打动?因为它们把我带到了一个不知何所在的地方,只能自己去感觉、去思考。

曾:建筑和艺术最直接的交会可以说是美术馆(博物馆),很多名建筑师也都希望留下一座自己的美术馆建筑。在你看来,为什么美术馆对于建筑师有如此大的吸引力?
马:美术馆对所有想要创造的建筑师来说都有吸引力,因为它是一种文化建筑。其他建筑,比如商业建筑、住宅,即使你对它有文化诉求也很难表达出来。但不管后面有没有权力和资本,文化建筑要表达文化这是共识,那么建筑师的思想、价值观、他整个的历史观就都有机会表达出来，对建筑师来说绝对是巨大的吸引力。我个人甚至觉得这是当建筑师的唯一诱惑：能把思想固定为历史，被那么多人长时间地去感受、检验，喜欢或痛恨，这就是建筑师所拥有的满足感。

曾：可以说说你个人最喜欢或最讨厌的美术馆吗？

马：我最喜欢丹麦的路易斯安娜现代美术馆，很平实，跟环境结合得很好，也很美。谈不上讨厌（哪个美术馆），但没感觉的挺多的。我发现很多美术馆就像宜家一样，宜家就让我觉得烦：特别大，很多人，进去了就出不来，然后功能好像特全，又有吃的又有买的。有很多专业人士把类似这种空间形式的美术馆视为成功的美术馆，但是如果这就是成功的，那一个美术馆跟商场有什么区别？

在我看来，人们走进美术馆之后应该在精神上有一种"放下"，而现在大部分美术馆要的是现实——来多少人，多少体量规模，这造成它特别追求商场式的成功。我理想中的美术馆要营造一个大的时空，让人进去就能脱离掉身边的城市，平时生活里的那些东西。

曾：以上面说的这种标准，你觉得自己做的美术馆达成了多少？我们知道你在鄂尔多斯有件作品。

马：我觉得鄂尔多斯博物馆挺成功的，因为盖完了里面什么都没放（笑）。当时我受超现实的影响很强，觉得建筑就该超现实。鄂尔多斯这个地方本身就挺超现实。我第一次去的时候，新城还是个大模型，放在一个房子里，那是沙漠里唯一的房子，其他地方都空着，跟海市蜃楼一样。我就想，如果这座城真建了，大模型变成城市了，我在沙漠里面弄点城市建筑算什么超现实呀，我应该把沙漠放回到城市里去，然后空降一个宇宙飞船。所以就做了一个像沙丘一样起伏的广场，上面放了一个金属壳体。后来确实很多人愿意在那待着，在坡上坐啊、跑啊、骑车啊。那个空间让人感到放松。四五年前我又去了一次，发现里面有展品了，中庭放了恐龙什么的，内容跟一般博物馆也差不多，马上就现实了。最近是在网上看到它的几张图片,上头那灯跟大红灯笼似的,但那不是我的设计。

曾:普利兹克建筑奖被视为全球建筑界的风向标。这两年,它的授奖对象更多倾向于植根本土和嵌入社区民众生活体系中的建筑师,有人形容为建筑的平民精神。你怎么看这种趋势?

马:不,它仍旧还是一个精英的奖。我认为一年给一个人颁个奖,首先这种方式就是精英的,但是因为近几年全球政治环境的改变,一个精英的奖也要自我调整,要考虑如何在这样一个政治环境中塑造新的精英。在过去,像扎哈、弗兰克·盖瑞、库哈斯……他们都得过普利兹克奖。这几个人的价值在于他们的个性、他们的艺术性、他们的反主流。那个时代被人赞颂的品质在今天被认为是危险的,甚至是一种不正确的。现在是要更多地考虑地域性,还有人的平等、文化的平等,比如对中国的关注,对南美的关注……对第三、第四世界的关注。

我觉得也不用太过于讨论普利兹克奖会怎么样,毕竟是私人基金会设立的奖。就是说不能把这个奖当成事业目标,因为它其实是非常现实的,对这个时代的政治环境和文化环境是非常敏感的……我曾经预言中国未来十年不可能再得奖,或者说我希望中国不要再得奖。当年中国获奖(注:2012年度)符合西方对中国的城市化进行批判的需求,希望中国对城市化有一个反思,但不代表中国以后就不城市化了。中国未来的城市要怎么形成,这肯定是建筑师在未来十年、二十年里要去直面的问题。就算建筑师都去关注乡村建设问题,可能也没办法解决中国城市这十几亿人口怎么弄。

我觉得中国的建筑师会面临这么一个挑战:能不能在世界所有建筑成就之上往前推一步——这一步不仅是对中国的城市文明有益,也对西方发生影响。我觉得这才是最大的价值,不走这一步,就永远是西方的好学生。

曾:说到未来,你好像不止一次提过建筑应该具有未来性。什么是你所理解的"未来性"?

马:建筑首先要解决问题,我说的"问题"

是使用上的、社会的、政治的。人有梦想。所谓理想生活是什么？就是当下你还不在理想中，想要更好的，就是解决今天的问题。我相信建筑师都是精英的，是极少数人对多数人的关怀。不能说他空想了所以他就是独裁者。包括古代文明，园林是大家商量出来的吗？不是，它显然是非常有造诣的少数人的想象。老北京城的规划是大家投票，然后一起商量的吗？肯定也不是，它背后的哲学思想和价值观是智者才有的高度……我们要相信这样的人。不能说我不相信你，还要限制你，然后大家商量才是最好的，我觉得这种民主形式出不来好东西，因为大部分人还是更关心眼前的现实而缺乏远见。

曾：回到眼下这件隧道改造作品，你对它赋予了"未来性"的诉求吗？你在创作过程中更多的是采用建筑师的视角，还是艺术家的视角？

马：好像在这个作品里面我的身份更像艺术家。我总觉得人们对艺术家没那么挑剔，对建筑师却很苛求，人们会说这个建筑对我有什么用处，稍微跟实用主义不符，就被批评劳民伤财。同样地，人们也会批评实用主义的城市是千城一面。谈艺术的时候，多数人不会有这种心理，可能是因为艺术没有花很多钱吧，或者说艺术只服务于人的精神性。在感受不到作品里面的精神性的时候，有人甚至还会自责，我是不是应该改造一下自己啊？但在建筑面前，尤其在公共建筑面前，人们的态度会变得傲慢。我想这可能和建筑师的思维方式也有关系，一个建筑怎么让它给所有人提供更宽容的感受？我喜欢的那些伟大的建筑师都是博爱的人，对这个世界很有爱，这点造成他们成为悲剧人物，因为有太多美好的东西实现不了，但我个人觉得，他们的魅力也在于这种实现不了。

（采访时间：2018年7月）

第 二 辑

蔡小川摄

小野洋子

1933—

出生于日本东京,现生活在美国。自 20 世纪 60 年代初出现在国际艺术舞台上以来,在视觉艺术、表演、电影制作和实验音乐领域的创作一定程度上影响了观念艺术的发展。1969 年与歌手约翰·列侬在蜜月套房举行的为期一周的"床上和平反战运动",打破了艺术、政治和社会之间的界限;近年来利用社交媒体向更广泛的受众传达她关于艺术和激进运动的理念。

谁让她是小野洋子呢?

就让我自由吧,让我做我自己!……感受我的能量或者闭嘴。

单独访问小野洋子的时间被严格预定为 15 分钟。我被告知这将是正式谈话时间,不包括进场和退场所占用的部分。据说这是她此次北京之行给媒体的最好待遇了,"最短的只有三分钟"。采访地点未定,将是她在北京期间变换停留的四个宾馆中的某一个。直到预约日期的前一天晚上,我们才拿到第二天一早采访的确切地址。

这是我第一个要以分钟来计时的艺术访问。有一瞬间,我犹豫着应该把她当作不与俗流的前卫艺术先驱,还是当作习惯了和媒体做游戏的娱乐巨星。几个月前,也是在北京,被中国"粉丝"狂热追逐的英国绘画大师和时尚偶像大卫·霍克尼(David Hockney)曾接受过我的专访,就算他面无表情的法国助手暗自克扣了 20 分钟给一家国外媒体,仍有一个半小时可以留给采访者。

但是,谁让她是小野洋子呢?只要"甲壳虫"、约翰·列侬以及关于列侬和她的爱情传说还在空中飘荡,媒体就难下决心放弃一个能够当面向她提问的机会。

作为艺术家的小野洋子,曾要求别人不要在谈论她作品的时候总是提到列侬。狂热的歌迷把她看作拆散"甲壳虫"乐队并寄生于列侬名气之上的女人。但如果对小野洋子的艺术生涯有所了解,就知道这并非全部事实。

在 1966 年遇到列侬之前,小野洋子已经是纽约前卫艺术圈里一个具有鲜明自我特质的艺术家了。她出生于日本东京，一个富有而恪守传统的银行家家庭，从小随父亲工作地点的变换在纽约和东京之间迁移，接受过良好的钢琴、歌剧等古典教育。

少女时期，小野洋子和家人回到东京，在战争环境里养成了后来被她自己描述为"aggressive"的叛逆性格。1952年，全家重新迁居纽约后，她进入莎拉·劳伦斯（Sarah Lawrence）学院学习音乐，逐渐成为一个极端的自由主义者，并开始前卫艺术创作。

通过第一任丈夫、日本实验音乐家一柳慧（Toshi Ichiyanagi），小野洋子认识了纽约先锋音乐家约翰·凯奇（John Milton Cage），由此和20世纪五六十年代相当先锋的激浪派（Fluxus）艺术运动有了亲密关系。她的名字开始被人和乔治·玛修纳斯（George Maciunas，激浪派创始人）、约翰·凯奇放在一起谈论。

不过，小野洋子并没有加入激浪派，据她自己说是因为要保持艺术观念的独立性。她有个工作室位于曼哈顿钱伯斯大街（Chambers Street）112号。在那里，从1960年后，她和作曲家拉蒙特·扬（La Monte Young）合作了一系列的先锋表演。比如，小野洋子曾将画布剪碎丢在地上听任观众践踏。这些活动后来都成为研究激浪派的重要线索。

小野洋子也算生逢其时。在20世纪60年代，代表他者文化的"东方思维"（oriental thinking）、佛教禅宗和大麻药物一起，在西方的前卫文化艺术圈里风靡，并被赋予了反西方理性文明的诉求。

1964年，小野洋子在东京以500册的极小印量独立出版了先锋诗集《葡萄柚》（*Grapefruit: A Book of Instructions and Drawings*），它其实是一件艺术作品，将一些打印着诗句和绘画的整洁小卡片组合起来，上面写着近似日本俳句的静寂而古怪的文字，诸如"记录下雪的声音""想象天空中同时出现1000个太阳""做一个吞拿鱼三明治并吃了它"，等等。这种乌托邦式的、短暂易逝的可诉诸行为表演的艺术表达后来被命名为"指示文字",成为小野洋子的符号之一。

关于诗集取名为《葡萄柚》,小野洋子说那是她最钟爱的一种水果:"葡萄柚是橘子和柠檬的混合物,对我来说,它代表着东方和西方这两种文化的交会,正是这样一种生活经历给了我关于宇宙力量的指示。"

这是和那个时代非常合拍的一种聪明的表述。《葡萄柚》果然引起了激浪派的极大兴趣,乔治·玛修纳斯在他的 AG 画廊里展出了这件作品。1964年,这本诗集又作为"激浪派系列"中的一部公开出版。

但是真正让小野洋子成为纽约先锋艺术圈里的关注焦点的,是 1965 年的行为作品《切片》。她在纽约卡耐基演奏大厅表演。被邀请上台的观众可以得到一把剪刀,随手剪碎这个女人的衣衫,同时也剪碎了她成名的壁垒——在我们后面的访谈中,小野洋子将之称为"blocks"的那种壁垒。

接下来的 1966 年,小野洋子最为人所知的"行为"是她和约翰·列侬的相遇。但其实在这一年,她还有另一件著名的概念影片《No.4》,也被称作《臀》。摄像机以近距离拍摄了几个屁股,然后并列于四个屏幕展出,背景声音是这些屁股的主人以及那些想参与者的现场采访录音。作品发表三十年后,一家全球著名的手表品牌在 1996 年购买了版权,推出了"屁股手表"系列。

但是无论如何讲述她的艺术作品,人们还是宁愿记得一段以刺杀和死亡为结束的传奇爱情。很多人都知道,1966 年 11 月 9 日发生在伦敦 Indica 画廊里的那个迷人的故事的开端:列侬爬上一架梯子,透过放大镜,看到了洋子留在天花板上的微小作品:"Yes"。他坠入对这个娇小而强大的东方女人的迷恋。

1969 年 3 月 20 日,离开各自的前配偶之后,列侬与小野洋子在直布罗陀宣布结婚,那一年小野洋子 35 岁,列侬 28 岁。而在这之前,他们已经共同经历了"甲壳虫"解散、纽约同居和毒品事件。

小野洋子和约翰·列侬，两个名字之间从此不再有清晰的分界线。就像1969年他们蜜月期间在阿姆斯特丹希尔顿酒店里共同完成的那件反战行为作品——"床上和平反战运动"。两人在四周墙壁贴满反战标语的床上待了七天七夜，敞开门接受记者采访和拍摄，合身一体，面对全世界。

上午10点30分，我们进入小野洋子的房间。一个摄制组正在拆卸器材和灯光，他们刚刚结束另一场15分钟的访问。小野洋子侧身坐在距门最远的沙发上，和新闻发布会时一样，仍是她的标志装束：紧身黑衣，墨镜，斜扣礼帽，只是帽子的颜色从蓝紫换成了米灰。隔着中间一群忙乱的人，小野洋子转头看到了站在门口等候的我们，略微探身，点头，温和地笑了一笑，像是表示有点抱歉，让我们久等了。

已经82岁的小野洋子，2015年却在当代艺术领域表现得相当富有活力，连续举办了三场主题并不重复的个人展。

5月，MoMA为她开幕了持续四个月的大展——"小野洋子：一个女人的独角戏"（*Yoko One: One Woman's Show*），回顾她在1960—1971年的早期创作，包括共计125件行为作品、影像作品、纸上作品、装置和档案材料。这个展览的大众传播度，可以从一些报道的描写里看到，比如说，观众无须自己寻找观展路线，只要跟着源源不断的可怕人流行进就可以了。

11月8日，东京当代艺术博物馆为她举办个展"我的窗外"，主题源自她描绘纽约公寓窗外景致的一组作品。

11月14日，位于北京798艺术区的林冠艺术中心开幕了小野洋子的最新个展"金梯子"。这也是洋子在北京的首个展览。其间，她的概念艺术诗集《葡萄柚》也出版发行了中文版，并在中央美院美术馆举办了一场讲座。

小野洋子不止一次表示过，在谈论作品时最好忘记列侬的名字。但在林冠艺术中心的展览里，几件作品却都明显可以看到，她多少还是放入了列侬的印记。

"梯子"的符号在她作品中不止一次出现。此次的《金梯子》是为北京展览特别创作的，是一个以观众参与为概念的艺术装置。洋子在现场放了七把形态不同的中式梯子，包括木、竹等各种材质，但每一把都经过纯金箔贴金处理，在从空间顶部天窗投进来的光线之下，呈现出多变的光影。她也同时邀请观众带来属于他们自己的金色梯子，不限尺寸、形状和材质，与她一起构成一件完整的作品。

北京林冠艺术中心的小野洋子个展"金梯子"现场，作品《金梯子》，蔡小川摄

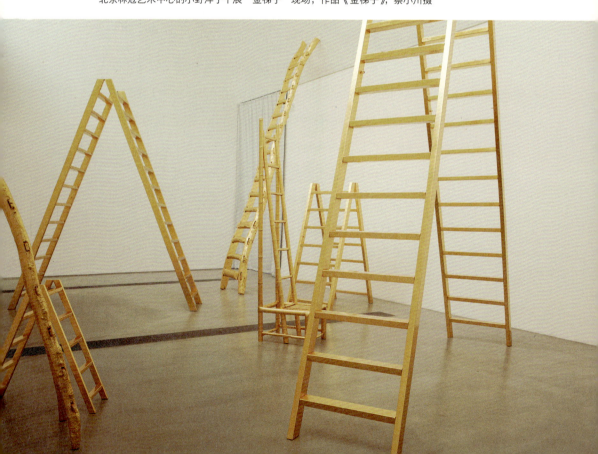

谁让她是小野洋子呢？

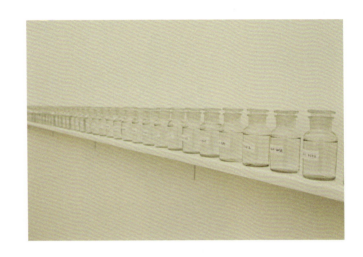

《我们都是水》，
蔡小川摄

在《金梯子》邻近空间里摆放的是一座西方式的蓝色的螺旋式楼梯。观众可以向上攀登，但到达顶部时，会因为感觉到楼梯的晃动而难以集中精神看向咫尺之上的天空。这件名为《看天空》的作品前不久曾在她MoMA的个展中展出，洋子表示她想要喻示一种意识觉醒和微妙的心理体验。

一把梯子，"将决定你进入未来的方式"，这是典型的"女巫式"的小野洋子风格的"指示文字"。这两部和"梯子"意象相关联的作品，难免让人联想到列侬爬上梯子去观看她作品的那个场景。

在步入展厅之前，观众会在户外小广场上看到几棵种在大木头包装箱里的"愿望树"，种的是松、竹、梅，显然是选取了中国元素。洋子邀请观众写下一个愿望系挂在树上。这个作品曾在世界很多地方展出过，在展览结束时，所有的愿望签将被收集起来送到冰岛首都雷克雅未克，和"来自全世界数以千万的"人们的愿望汇聚在一起，因为小野洋子在那里为纪念列侬建造了一个"想象和平光塔"。

这个作品是美好的，但令人困惑的地方在于，艺术家将一个由己及人的

《看天空》,蔡小川摄

生活祈愿行为真的转变为了一件艺术作品吗？这也许值得讨论。而它和列侬的关系，确是显而易见的。

最大型的一组作品被安放在中央展厅，也是进入时看到的第一件作品：《出口》。这件作品包含了约 70 个"棺木"——并非真正的棺木，而是用木质包装箱制作——每个前面都有松、竹、梅等植物从前端开口处长出，棺木是"为那些在大型灾难中不幸离世的男人、女人和孩子而做"，而植物"象征着生命的复兴与永恒"。

11 月 14 日开幕这天上午，刚刚传来巴黎遭遇恐怖袭击的消息，在这样的氛围中，这件作品有了特别的意义，而小野洋子一生在创作中重复表达的主题"和平"和"政治"也获得了极大的共鸣。她说："政治之所以这么差劲，是因为我们并不真正关心它。它们得不到我们给予的爱和尊重。我们只是说它们不好，但我们做了什么？"

在四周墙壁搁板上包围整个展厅的，是整齐摆放着的 118 个小玻璃试瓶，里面装的是相同体积的水。在瓶身外面同一个位置，贴着一张写有人名的标签，因为在中国展出，所以用了中文手书，名字则是古今中外各种名人，去世的、在世的、好的、坏的……

小野洋子对作品的表述仍旧直白到底："你是水 / 我是水 / 我们都是水，装在不同的容器中 / 所以相遇如此简单 / 有一天我们将一同消逝……"这首诗写于 1967 年，作品概念创作于 2006 年，此次在北京是重新创作。

声音概念作品是小野洋子的另一个符号。她和列侬一起录制过唱片，组建了"顺从的洋子"乐队，并推出自己的先锋摇滚乐唱片。她有着标志性的尖细而神经质的嗓音，坚持嚎叫式唱法，有人完全受不了，有人赞美她"使人的喉咙本身成为一件具有丰富表现力的乐器"。

这次在北京的展览中没有专门的作品来呈现。但是，小野洋子兴之所至，现场表演了两次她标志性的"嚎叫"。新闻发布会刚开始，主持会议的人刚介绍了一小段小野洋子的北京之行，她就站了起来，主动表演了一段她的声音行为，无意义的尖叫和呻吟，嗓音充沛令人震惊。两天后，在中央美院美术馆的讲座上，她再次做了声音即兴表演。事后，有人在微信报道里，戏谑地将这场讲座的标题取名为《啊啊啊啊啊啊……》。

有人想要解读她即兴嚎叫中令人费解的意义，或者行为的目的，其实小野洋子无须解释。不管人们如何评价她的艺术作品，有一点是无可置疑的：在这个世界上，并没有几个艺术家可以做到像她一样，只要出现和发声，就可以成为一件作品。而做到这一切的过程，漫长而充满坚持，本身就是值得记录也值得谈论的一件大"行为"。

访谈进行了 16 分钟。如果不被助手打断，她好像还有很多话想要说。墨镜有时滑落，我可以看到她的眼睛里放出热烈的光芒。她是一个老人，有着恐惧，但仍然挥舞着瘦小的手臂，想要传达自己的生命力以及对世界的看法。

如果一定要解读她每一次拼尽气力的"啊……"，不如摘取她自己的一段文字，来自她写给批评者的公开信《别阻止我》：

> 到了我这个年纪，好像就该按照这个年纪的特定生活方式生活。请别阻止我成为我自己。我不愿像这个年纪的很多人一样，年老体衰。请不要又制造一个老气横秋、垂垂老矣的人。
>
> 就让我自由吧，让我做我自己！……感受我的能量或者闭嘴。

我想站在最高处，
成为最高的那一个

曾：《我们都是水》是第几次展出？每次瓶子的数量都会一样吗，118个？

小野洋子：我也不知道是第几次。每次展出的数目不一样，取决于当地有多少名人。

曾：瓶子上面贴哪些人的名字是你自己挑选吗？对名字后面的那些人你都了解多少？

小野洋子：是我选择的人名。但我不了解这些人。以往我都确保我是知晓这些人的，但这次我不知道中国有哪些有名的人物，所以我做了相关咨询。

曾：你把列侬的名字和曹雪芹放在了一起。

小野洋子：那是随机的。

曾：《金梯子》这件作品，介绍中说里面所有梯子你都用24K纯金箔包裹了外观。为什么要选用纯金这么昂贵的材料？想要表达什么？

小野洋子：我认为金这种材料代表男性。对女性来说，也许钻石就很好了，带有一些感性，比如结婚钻戒或者订婚钻戒。但是梯子不具有感性特质（sentimental quality），反而是代表一种野心。我想站在最高处，想成为最高的那一个。那么，金这种材料就很适合，是一种男性思维。

曾：介意别人在谈论你艺术的时候，提到你的女性身份和女性特质吗？

小野洋子：没关系的。现在变化太快了，一些女人很有女性特质，但另一些正在变得强大。事实上，她们已经变得强大了，但是发掘出来（这种特质）还需要费些工夫。这是件很难的事情，但十年时间就会发生很大变化。

曾：在一张很多年前出版的唱片里，你曾高喊："是，我就是个女巫！""女巫"，你反感列侬身边那些朋友和歌迷给你的这个评价吗？还是说，你觉得巫性对一个艺术家来说其实是很有趣的特质？

小野洋子：这个评价很好啊。女巫，意味着女性难以置信的智慧和才能，这也是男性不喜欢女巫的原因。比如有个女人，她只是一名医生，但是他们把她杀了。我之前去过那个被杀女医生的房子,那是一座充满智慧而美丽的房子,就像房间的主人一样。她没有任何过错,只不过因为她是一位出色的医生。

所以我做两件事情,第一是女性要理解这种力量,第二是男性不要害怕这种力量。他们经常感到恐惧,觉得"天啊,那个女人具有强大的力量"。但是他们需要知道这个星球是有问题的,因为我们允许人拥有的唯一力量是男性的野心勃勃的权力。

女性的力量被忽略了,工人阶级的力量也被忽略了,包括移民的力量。唯一使这个星球运转的力量只是来自很少数的男性。这就是为什么我们变得贫穷,产生各种各样的问题。于是就会有穷人说:"好吧,那我们开战吧!"情况会越来越糟糕。

去打仗也许会失去胳膊或者腿,这对男人们来说也不是好事。因此,男性应该意识到他们也需要女性的能量,是给予,而不是斗争。

曾:日本艺术家,或者中国艺术家,即便作为先锋派,在西方眼光里也可能很难摆脱一个标签:东方的。你在美国生活和创作这么多年,对此有何感受?

小野洋子:那是很老的说法了。现在世界变化这么快,东西方已经融为一体。中国和日本之间也没有分野,这是件很好的事情,因为我们认识到了我们自己是谁。日本有很多东西是从中国借鉴来的,我们很"中国",也很尊敬(中国)。要尊重你自己,爱你自己,之后你才能给予世界一些东西。

如果不尊重你自己,不爱你自己,能给予什么呢?给予是非常重要的。我们都需要给予世界一些东西。这就不能把女性排除,而是从女性中获取能量;不能把青少年甚至更小的孩子排除,因为他们也有自己的好想法,有时候我们不理解他们,但我们也需要倾听他们的意见。

还要听听老人的意见,因为他们经历了很多,但问题是现在人们不再听老人的话了,老人正在失去他们的力量。在过去的乡村里,人们会去请老人讲故事,老人就会认为他们需要记住自己知道的故事,好讲给别人听,但现在我们不再听老人讲话。那我们知道些什么?知道过去发生了什么是很重要的,这样才会知道未来要怎样做。未来也是基于过去的。

曾:作为一个艺术家,处在目前的名气、地位和年龄,你还会害怕什么?
小野洋子:当然会,这个我一定要说出来。以前我有很多阻碍,想法只能从这些阻碍的狭窄间隙中产生。现在这些阻碍都消失了,我却变得越来越恐惧。我也觉得莫名。不过当我写点什么的时候,我会觉得很轻松,写得很快。

(采访时间:2017 年 8 月)

关海彤摄

希拉·贝歇
Hilla Becher
1934—2007

出生于德国波茨坦。她和丈夫伯恩·贝歇于1959年开始合作，之后一起进入杜塞尔多夫艺术学院学习和工作，以拍摄重工业创造了"类型学"的摄影方法，成为20世纪极具影响力的概念摄影艺术先锋。贝歇夫妇后来被称为"贝歇学校"，影响了几代摄影师和艺术家，包括著名的安德烈·古尔斯基（Andreas Gursky）、康迪达·赫弗（Candida Hofer）等人。

希拉·贝歇：
一种工业"圣像"

当我们发现它们正在慢慢消失时，我们觉得至少应该留下一些视觉记忆。于是我们决定将它们拍成照片，以便随时可以揣在怀里带走。

这次来中国，希拉·贝歇只带了台小相机，拍了一些仅仅作为自己留念的影像。"如果是创作，对我来说，现在年龄已经太大了。要知道，拍摄是非常艰苦的工作。"78岁的摄影大师实话实说。

希拉和丈夫伯恩·贝歇（Bernd Becher）在近五十年的时间里，持续拍摄德国境内以及欧洲其他国家正在消失的工业建筑，记录人类工业时代的遗迹。这些图像成为德国文化记忆的一部分，并在当代摄影史上具有持久的影响。2004年，当哈苏基金年度大奖颁给贝歇夫妇时，评语中有这样一段："他们自成系统的摄影作品是实用建筑主义者的杰出代表，从他们的作品形式来说，他们既是摄影家也是观念艺术家。"

希拉的青少年时光在波茨坦度过，那时归属于民主德国。她有个做摄影师的妈妈。她13岁开始拍照，在当地一位老摄影师瓦尔特·艾希格林的工作室里学习。老先生来自摄影世家，教会希拉以19世纪的古老风格来拍照，那些画幅极大、技法简洁的照片后来成了希拉一生的摄影信仰。老先生派她去为铁路公司拍铁轨、蒸汽车头，这是希拉最早对拍摄钢铁材料发生兴趣。在进入杜塞尔多夫学院后，她开始重新深入这一主题，"我觉得铁是拍摄静物的最佳材质"，而拍摄花朵在她看来相当无聊，因为她认为，如果人们拍摄那些本来就作为"美"而出现的对象就会很无趣。

伯恩的家乡在希格兰德（Siegerland），德国西部一个小矿区。长在矿工希拉·贝歇：一种工业"圣像"

当年的贝歇夫妇在拍摄工作中。右一是他们的儿子

家庭，伯恩从小所见的就是那些无处不在的采矿设备和加工设备，他也熟悉环绕矿山周边而建的每一个小村子。伯恩后来这样阐释自己从小生成的审美：对海洋、阿尔卑斯山、湖泊这些美丽的自然风景不感兴趣，着迷于"海港边的无人区和铁轨构成的景象"。那些机械设备在他眼里也是一种景物，他说："这种经济学的审美，源于人们对物体的普遍使用，其实这无非是由巨大的工业容器和管道组成的支架，但它们在我眼里却是一件件雕塑。"

儿子马克斯成年后，在一部关于父母的纪录片——《摄影大师贝歇夫妇》中说，他们是"合适的一对"：伯恩喜欢收藏各种小东西，连商品价签也要收藏，但这些东西堆在一起"却毫无系统性可言"。希拉更热衷研究，擅长用图像阐释复杂的现实。"他们有共同的审美，而且都能在物体上发现乐趣，但妈妈更有清晰表达事物的欲望,她想让人们一眼就能看明白。"

希拉和伯恩于20世纪50年代末在一家广告公司里相识,他们很谈得来,开始一起拍照和旅行。两个人都很穷,好几年后才攒出购置整套设备的钱。他们的第一台相机只是普通禄莱,后来终于换成一台可以基本满足创作要求的6×9画幅的林可夫相机,后来还有13×18画幅的相机。最初的合作是希拉经常跟着贝恩回到希格兰德的父母家,爬到矿山上去拍照。然后,他们开始反复去德国鲁尔工业区(Ruhrgebiet),开车到处寻找能拍摄的对象,记录下最具代表性的埃森、波鸿、多特蒙德。70年代早期,对波鸿的汉尼拔矿区和第二矿业联盟矿区的拍摄对他们来说意义重大,因为这是第一次全方位地对矿区进行记录,也是鲁尔区工业文物的最早影像,最终促进激发了德国公民组织对工业建筑的保护行动。

希拉说她喜欢拍高炉,"从炉顶拍摄如同站在树梢上一样"。而为了从最合适的角度拍到一座高炉,他们常常需要各背一套40多公斤的器材,沿着攀爬梯爬到其他高炉的顶部。这是具有极大挑战性的事情,有时得上下往返几次才能把设备搬运到位。希拉以"纪律性"来总结她对拍摄的理念,与这些经验不无关系。

几年后,他们去了和德国比邻的法国、比利时,60年代中期去了早期工业发生地英格兰,十年后又去了美国……旅行的国家越来越多后,他们不再像早期那样普遍记录,开始试着减少拍摄数量而集中拍摄特定的对象,即工业生产中的"范例",尤其是那些在很多国家和地区一再出现的物体,更是他们的重点。他们有很多有趣的表述方式,比如说,"这些水塔也有一张脸,你需要仔细观察才能够辨认","拍提升井架就像看一条鱼",或者"水塔和水塔也有区别,有的像踩着高跷的夜壶,有的则像穿着演出服的小丑"。

这样的拍摄延续了差不多五十年,直到2007年6月伯恩去世。早期拍摄的时候(20世纪60年代),他们的拍摄对象大都还在正常运转,尚未成

《冷却塔》©Bernd&Hilla Becher,歌德学院以及 Schirmer Mosel 出版社为采访供图

《石灰窑》©Bernd&Hilla Becher,歌德学院以及 Schirmer Mosel 出版社为采访供图

为工业文物,只是经常会听到某某工厂或矿山马上就将关门停产的传言。再过一些年,他们就已经在拍摄被废弃的、行将消失的对象了。"当我们发现它们正在慢慢消失时,我们觉得至少应该留下一些视觉记忆。于是我们决定将它们拍成照片,以便随时可以揣在怀里带走……"比起希拉,与童年记忆不可分割的伯恩有更多的伤感。希拉跟我回忆起当年伯恩对她的邀约,伯恩说:"我一定要把这些记忆留下来,你要加入吗?"

对拍摄主题的选择是主观的、感性的,对拍摄对象的表现是客观的、精确克制的,从构图到光线从未加过任何特定阐释:大画幅、长焦、漫射光。观者从贝歇夫妇的作品里看到的永远是一组组精确的重现:成排列的高炉、提升井架、水塔、通风塔、储料罐……但精确和克制本身构成了静默的张力。

功能性的工业建筑,通过他们而第一次被作为艺术图像记录,并以百科全书式的方法按照外形和历史分类来组合和展示,仿佛一种工业"圣像"。希拉说她从不怀疑存在一种特定的类型,对于高炉、提升吊塔或水塔具有典型意义,"这些典型就是文化传统中特有的标准和形象"。

锡根市的鲁特·诺尔画廊在1963年为贝歇夫妇举办了他们第一个作品展。在这次展览中,伯恩和希拉已经试图用到类型学的对比,至少在形式上有了对"排列"的初步尝试。他们将四张、六张甚至十几张照片排成一个个方块,他们意识到,"把许多相近的拍摄物体放在一起,就会呈现出一种震撼的效果"。

多年后,策展人鲁德格·德伦塔尔(Ludger Derenthal)在那部关于贝歇夫妇的纪录片中提到了"工业文物"的概念,他说:"这些摄影让民众意识到这些矿区其实是一种身份认同,鲁尔区的移民们围绕着矿区生活是一种自觉的行为,这跟普通的村庄不同。一般来说,教堂是人们生活的中心,而在鲁尔区,矿区设备尤其是提升井架,成为这个地区的地标建筑。"

但是在 20 世纪七八十年代，当时的德国摄影界对这些"毫无构图"的作品不太接纳，反而是美国当代艺术界——以极简主义艺术家卡尔·安德烈（Karl Andre）为代表，给予了他们很高的评价。1990 年，当代艺术界的权威奖项"威尼斯双年展金狮奖"也颁给了他们。据希拉说，这是他们获的最奇怪的奖，因为威尼斯双年展并没有设置摄影奖项，他们拿的那个奖原本是颁给雕塑类的。

我们的摄影其实是一种"过时"的摄影

曾：你和伯恩从20世纪五六十年代开始拍摄工业主题，那一时期正好是西方各种艺术运动十分丰富的时候。你们对拍摄方向和方法的确定和当时的艺术大环境有关系吗？比如说波普艺术和极少主义。

希拉：当时我和伯恩都是杜塞尔多夫艺术学院的学生。那是一个有趣的时代，尽管大家都没什么钱，也没有什么资助，但学院里的艺术活动非常活跃，同学中也有很多人后来成为非常有名的艺术家，像里希特（Gerhard Kichter）、波尔克。当时这些人其实年龄都比较大了，入学前参加过"二战"或者有其他经历，受过这样那样的专业培训；还有些同学是从东德来的，比如我自己。那真是整整一代人。

不过我和伯恩并没有受到当时那些现代艺术运动的影响，反而是置身其外的。那个时期流行抽象，在波普艺术出现之前，大家基本上都在搞抽象艺术，我们这种现实主义作品不受欢迎。

曾：当时你是怎么从东德到西德的杜塞尔多夫学习的？

希拉：这个故事说来话长。我妈妈当时被人怀疑是间谍，听到消息后，她就带着我和两个姐姐从东柏林逃到了汉堡。我在汉堡找到了一份航拍摄影师的工作，每天拍这个在战争中被炸得面目全非的城市。后来，一个曾在波茨坦和我一起跟随艾希格林学习的女朋友先到了杜塞尔多夫，她写信让我赶紧过去，说有一个拍广告的工作机会。对我来说，那确实是一份好工作，收入也很好，但两年后我还是放弃它了，因为我觉得这不会是我将来的事业。我跑到杜塞尔多夫学院申请入学，当时学校里没有摄影系，老师开始并不想接收我，后来才改变主意。我到处听课，也继续拍照，不过我从没想过要成为一个画家。

曾：你和伯恩从1959年开始拍摄工业建筑，等到了70—90年代，欧洲的工业环境在不断变化，你们的拍摄理念和记录方法有没有随之改变过？

希拉：工业环境的变化也不是突然发生的，

而是一个缓慢的过程。"二战"后，德国就有一些煤钢联营的大企业开始从老工业区迁往重要的港口城市，但老工业区并没有马上死去，直到70年代还非常有活力。像伯恩的家乡比较小，企业也都比较小型，像矿山、冶炼厂、高炉等设备都比较旧，更早开始变化、消失。伯恩就说我们现在必须要用镜头拍摄下来，做一种记录，问我要不要一起来做这个工作。我们去英国南威尔士拍摄过，那里和鲁尔一样，也是一个工业密集的地区，有些设备竟是19世纪60年代建造的，但坚固耐用，就一直还在使用。其实在整个工业发展的过程中，从来都不是以追求外观的美好作为目标，而是追求功能。

至于说拍摄理念，我们从一开始就试着要尽量拍出19世纪照片的感觉，基本上都是画面的尺幅很大，光线很柔和，坚持使用黑白摄影，因此很多人会觉得我们的照片很过时。这个选择，跟我们想要达到的拍摄效果也有关系，因为工业建筑都特别高大，拍的时候尽量要让建筑在画面当中保持垂直性。大尺幅的底片也可以拍出所有的细节，在照片上面，甚至每一个螺丝钉都是肉眼可以辨别出来的。我们认为这一点很重要。

曾：你和伯恩始终是作为一个整体来出现的。在这几十年里，你们一直是一起旅行的吗？实地拍摄的时候，有没有分工？

希拉：我们并不总是在一起。一般来说，长途旅行一起去，但平时有些拍摄就是两个人分开进行了。我们住在鲁尔工业区的时候，可能有一个人要在阴天出去拍摄，另一个人则需要待在暗室里冲照片。有一次在纽约拍水塔，是我一个人上去的，因为那个水塔上面有个大屋顶，上面有人守卫，如果男的爬上去，人家可能会开枪，所以只能是伯恩在远处拍，我独自带着相机爬到上面去拍细节。而有些事情又必须让伯恩自己去做，比如在德国拍矿山的时候，他们有忌讳，说如果女人进到矿里就会带来霉运，我就不能去。

但两个人一起拍摄的时候可以互相帮助。很多地方去拍摄时需要提前申请许可，到了厂矿里，给你自由活动的时间也特别少。我和伯恩各自有一套相机，遇到被限制的情况时，为了尽可能利用时间，总是两个人分开拍摄。在德国，一些小的金属冶炼厂或者矿山很难获准进入，法国和美国也是，但在英国就相对简单一些，可能英国人比较喜欢我们去拍摄。

曾：在谈论你们的作品的时候，人们总是冠以各种艺术概念，比如直接摄影、纪实摄影、新客观主义、类型摄影等，你自己怎么看？

希拉：前面说过，我们的摄影其实是一种"过时"的摄影，用那种大画幅相机，包括后来我们在杜塞尔多夫教的学生也都用大画幅。这种属于19世纪的摄影方式非常珍贵，可以精确地重现对象。但在我们那个时代，流行的是新闻摄影和超现实主义，摄影界更多人追求成为媒体摄影师，为画报或者报纸工作，他们觉得这样才是比较伟大的职业。

我觉得，"类型摄影"对我们来说算是比较重要的一个定义，也是我自己最先提出来的——当然，这一体系从前就有，但主要是在自然学、生物学领域使用，比如研究特定的动物或对植物进行分类。但对我和伯恩来说，"类型摄影"是我们找到的一种表达结构或者说语法：我们长期研究重工业这个主题，总是拍摄相似的物体，强调可调节性和精确性，然后在创作过程中像科学家一样归类，形成越来越多的细分，得到不同的组和不同的现象，比如一开始设定的主题是"水塔"，慢慢会变成"顶上有球状物的水塔"或者"细柱型的水塔"。

（采访时间2012年4月）

张雷摄

大卫·霍克尼
David Hockney
1937—

20世纪最重要的艺术家之一,同时也被认为是英国当代最伟大的艺术家,波普艺术运动的重要贡献者。在过去的六十多年间,通过摄影、版画、绘画和 iPad 绘图等多种媒介,探索了从肖像画到风景画等的艺术表达。2018年,创作于1972年的代表作《艺术家肖像(泳池与两个人像)》在纽约以9031.25万美元的价格售出,成为在世艺术家中拍卖价格最高的作品。

大卫·霍克尼：
艺术世界的"黑客"

我确实是个喜欢"看"的人，看任何东西都感到兴奋。我觉得大多数人没有"看"到太多东西，他们只关心前面有没有障碍，确保自己可以正常行走。我不认为他们是在仔细观看。

  他的穿衣风格和在自画像里一样：灰色裤子、粉蓝毛衣，露出橘色的恤衫领口，最外面再搭件果绿羊毛开衫。所有颜色，看起来都像是刚从他的调色板里洒出来，极其地大卫·霍克尼。

  因为是在下榻的房间里采访，大卫·霍克尼没有戴他著名的鸭舌帽，从门后探出半个身子。出来接我们的是助手让-皮埃尔。在《更大的信息：戴维·霍克尼谈艺录》这本书中，作者马丁·盖福特（Matin Gayford）在不少段落写到过这个"霍克尼一家"的成员：法国人，音乐人，陪伴霍克尼及其伴侣约翰·菲茨赫伯特生活在英国的布里德里顿（Bridlington）小镇，驾车带霍克尼绘画了东约克郡的那些旷野。

  任何出现在大卫·霍克尼身边的亲密关系几乎都获得关注，这并不令人惊讶。那么，该如何介绍大卫·霍克尼呢？对这位老先生有太多奇奇怪怪的描述：当代最具影响力的艺术家、最出名的英国在世画家、英国《卫报》笔下的"全天候时尚偶像"、被媒体追逐的同性生活绘画者、艺术史上的嘻哈之士，及获得英女王颁发的"功绩勋章"的两名画家之一（另一位是已经去世的伟大的卢西安·弗洛伊德）。

  总之，一个在全世界都有狂热"粉丝"的明星艺术家，如果可以为他寻找一个对照，大概就是安迪·沃霍尔，他们至少在外观上都是艺术和时尚、波希米亚和波普主义的精心混搭。不同的是，在霍克尼身上，还深深刻着英国旧式绅士以及中产阶级知识分子的印记。

霍克尼出生在英国约克郡的另一个小镇布雷福德，他自己也回忆过，在那里唯一和艺术相关的东西就是海报和招牌。少年霍克尼每周在布雷福德语法学校可以上一个半小时的艺术课，这是他在1959年考入伦敦皇家艺术学院之前获得的全部艺术教育，纯熟完美的素描技巧几乎完全来自天分和自我训练。

霍克尼的艺术第一次进入公众视野是1961年，在伦敦RBA画廊相当著名的"当代青年"（Young Contemporaries）展览中，他和其他几个参展同学幸运地搭上潮流，一起成为战后英国波普艺术兴起的标志。

不过，霍克尼后来的成功与任何艺术流派或运动都没有什么关系。他是一个不甘陷于既定立场的人，就像我们现在看到的藏在他大眼镜后面的眼神：敏感、兴奋、充满质疑，并且有一种小男孩将要开始游戏时才有的兴致勃勃的挑衅。

从20世纪60年代初开始，霍克尼获得了皇家艺术学院的金奖，极其短暂地留在波普阵营。有人说他只做了5分钟的波普主义者，围观了一会儿抽象表现主义也觉得无趣，然后走向了被他称之为自然主义的绘画之路。

霍克尼几乎没有浪费时间去纠缠于写实或不写实，画人物还是画风景，持久的激情都投在强化的色彩以及不断变化的观看方式和视觉空间上。他表现得仿佛闯入艺术世界的一个"黑客"，享受着智力上的优越感。

1964年，霍克尼第一次到洛杉矶就着迷了，决定从英国移居加州。"阳光、海水和性"开始进入他的绘画。他用丙烯画画，拍摄宝丽来照片并进行拼贴创作，画了第一批"游泳池"系列。那些泳池里的漂亮身体都是他的同性爱人，画家用令人目瞪口呆的蓝色水波和网状光纹抚摸他。

在《艺术家肖像》里，穿红色西服的男子站在泳池边，盯看泳池里的裸体男孩，就像画家本人，迷恋着男人身体被放在水中的景象。

《水花》里通体透明的明媚，则是他送给同性恋者的一个乌托邦。

霍克尼的代表作之一《比弗利山庄的主妇》(1966,油画)曾创下"二战"后艺术品拍卖纪录

    70年代,他开始挑衅传统肖像画风格。1971年,他画出了《克拉克夫妇和宠物猫帕西》(*Mr and Mrs Clark and Percy*),画中人是他的设计师密友克拉克和他的新婚妻子。这幅画现在被人视为"英国最重要的当代艺术作品之一"。

    之后,他用相似的画面结构方式,创作了《我的父母》。他的色彩越来越大胆,风格却变得简朴。那时他不到40岁,已经获得盛名,"足可媲美任何在世的艺术家"。

    在那之后,霍克尼开始挑战摄影,宣称摄影从绘画而来,也将回归绘画。实际上,这也是他自己艺术生涯的一个巨大扭转:不再用摄影的观看方式来观看世界。他像个游戏高手，尝试各种绘画媒介和风格，毫不在意艺术界的评价。他设计舞台布景和演出服装，用复印机、激光扫描和传真机来画画，用苹果电脑的 Ossis 程序创作了第一张电脑素描并打印出来展览，就像他自己所说的，"对一切能够做出图像的技术都感兴趣"。

进入 21 世纪后，霍克尼成了艺术史上真正可怕的"黑客"，几乎就要彻底改变人们看待艺术史的维度。1999 年，他发现早在 15 世纪，在照相机发明之前，古代大师们就使用镜子、透镜和其他光学设备来画画。

因此，他停止绘画两年，专心来推演和撰写自己的研究，并在 2001 年正式出版了一本书《隐秘的知识：重新发现西方绘画大师的失传技艺》。他在阿姆斯特丹凡·高博物馆和洛杉矶郡立艺术博物馆就自己的发现做了演讲，与 BBC 合作拍摄了同名纪录片，结果十分轰动也备受争议。虽然他只是想要讲述光学投射和绘画的秘密关系，却难免被某些人视为揭开了大师们身上的"皇帝新衣"。不过，这本书也为他赢得了更多年轻艺术家的喜爱。

2005 年，他搬回英国东约克郡定居，再一次令艺术界惊讶地回归英国风景绘画。他在布里德里顿买下一栋老屋，十年来画遍了约克郡乡村的各个角落。

2010 年，霍克尼对法国 17 世纪画家克劳德·洛兰（Claude Lorrain）的一幅画作《山巅上的布道》(Sermon on the Mount) 有了不同寻常的兴趣，就像毕加索曾长久痴迷于研究 17 世纪西班牙画家委拉斯凯兹的《宫娥》。区别在于，《宫娥》是委拉斯凯兹的晚期名作，而《山巅上的布道》虽然收藏在美国弗里克美术馆，却少有研究者关注过。

霍克尼告诉朋友马丁·盖福特，他将以洛兰的布道主题来创作系列变体画。这也是毕加索曾经做过的，他用《宫娥》为母题，总共画了 45 幅变体画。很快，就在 2010 这一年，霍克尼完成了用 30 张画布拼接的大幅油画——《更大的信息》(A Bigger Message)。

还是洛兰画中的山巅布道场景，霍克尼借用了令他着迷的关于仰视的空

霍克尼晚年专注探索的 iPad 画作《春至沃德盖特树林》（局部），2011 年 1 月 8 日绘于东约克郡，纸上印刷（左 & 右，大卫·霍克尼工作室供图）

间营造，但色调和色彩全然是霍克尼的：他把黝黑的山体变成了炽热的红色，四周是绿得难以置信的森林，蓝得难以置信的海水。霍克尼单纯而戏谑地处理视觉和变体，洛兰画里的宗教布道圣地，被他画得好像洛杉矶的太平洋海岸度假地一样新鲜欲滴。

什么是更大的信息？霍克尼认为，就是一个更重要的信息。回答得虽然有些许调侃，但无疑他相信这是一幅可以向未来传递信息的画。

不过，让他再度成为艺术界话题的，不只是他用几十幅画布拼接起来的巨大风景画、以九个摄影机同时"绘画"的散点透视实验，老先生用 iPad 绘画和艺术界所做的游戏尤其让人意外。

4 月 18 日，在佩斯北京画廊开幕的展览"春至"，就全部是 78 岁的霍克尼用 iPad 所作的绘画，记录了东约克郡从冬至夏的风景。这个展览曾于

2012年在伦敦皇家艺术学院展示。那些色彩用鲜艳这样的词语已经无法讲述，那是他"看"到的和他人不同的一个世界。

"将生活与轻松愉快的新鲜味道融入了树木深处，使之变得迷人可爱"，英国画家康斯坦布尔对洛兰的评价，挪用过来放在霍克尼身上也毫无差池。

霍克尼的想象总是和他同样强悍的自信搭档，经他描述就成了魔幻现实。比如，他相信凡·高如果生活在当代，一定会像他一样，用 iPhone 画素描，然后在每个早晨，将画作发送到弟弟提奥的收件箱里。

他在五年前第一次拿到一个 iPad，立刻发短信告诉盖福特，在 iPad 上作画是比用 iPhone 大多了的乐子，"凡·高会喜欢这个的，他还会用它写信"。继而他用不容置疑的口气告诉马丁·盖福特，如果有了 iPad，毕加索也会喜欢得发疯。

霍克尼当然要和我们讲述中国，讲述《中国日记》（与斯蒂芬·斯彭德合著）所记述的 1981 年的中国之行，以及在 1986 年如何与一幅在他看来伟大的中国画相遇。1986 年，他在纽约大都会博物馆东方馆看到《乾隆南巡图》时 50 岁，中国传统中是"知天命"的年纪。一年后，他和菲利普·哈斯（Philip Haas）合作拍摄了影片《与中国皇帝的大运河一日游，或曰表面即错觉而深度亦然》，他撰稿，担任导演，并出演了那个讲述者的角色。作为对《乾隆南巡图》的参照，霍克尼在影片中谈到了意大利 18 世纪画家卡纳莱托（Canaletto）的画作《从西南眺望圣马可广场》，表达的仍然是他在各种场合反复阐述的观点："有人说意大利的绘画是从一个窗子向外看，但我要问：你在哪儿？你在屋子里面。中国风景画的视角要大得多，你可以走出去，在其中穿行，对我来说这是更好的想法。窗户是摄影，我认为现在是时候打破窗户了，我已经开始这么做了。"

也许我看世界的方式不一样

曾：我采访过一些和你年纪相仿的著名艺术家，他们讨厌像大众一样被技术控制，比如会强调自己用胶片而不是数码，或者不上网不发短信。你却很不一样，用iPad画画，短信发得像年轻人一样顺溜。

霍克尼：我知道很多像我这样年纪的人不用新技术，在美国或在英国，一个78岁的人不会喜欢这些。但是所有艺术家其实都在用技术，就像我说的，毛笔、纸张、铅笔都是技术，而iPhone不过是一种更新的技术。我对所有能做出图像的技术都感兴趣：照相机、传真机、iPad等，任何东西。

曾：这么多年，从来没有什么新事物是你抗拒的？

霍克尼：我没什么不能接受的东西。确实，会对某些技术没那么好奇，因为我喜欢的只是能做出图像的技术。这也回答了为什么我对摄影感兴趣，有些艺术家不喜欢，但我认为应该懂得摄影。

曾：你对摄影发表过很多"不好的"看法。有没有摄影家朋友与你争论？你也认识大师卡蒂埃-布列松，他说过什么？

霍克尼：布列松所处的时代是摄影的时代。20世纪20年代以后相机变小，光被发现，照相不需要三脚架了，可以在大街上拍了。1975年左右他基本结束了摄影生涯，正是在那个时候计算机进入生活，改变了很多领域。今天我们不可能再出现一个布列松，因为我们不可能再用同样的方式理解摄影。布列松只拍摄而从不剪裁照片，他也不赞成剪裁，但如今几乎每个人都会剪裁甚至"操纵"照片。我想指出，"操纵"是在摄影术诞生之前就有的。基于化学工艺的摄影时代持续了大约一百七十年，已经结束了，我们现在处于新时代了。

我说过，洛杉矶时期（指他自己住在洛杉矶的20世纪60—90年代）会因为一个摄影师把两张照片拼接到一起而开除他，但我认为现在不会了。一张照片我看起来是这个样子，但它真的是这个样子吗？我表示怀疑。现在每个人都可以成为摄影师，昨晚（我在中央美院讲座时）人山人海，都在拍照，没什么可以阻止他们。每个人都在改变摄影，摄影也需要这种改变。

曾：在坚持绘画这点上，你又好像很念旧。20世纪七八十年代，西方艺术界大有抛弃绘画的潮流，装置和行为才是人们追逐的先锋艺术。那种气氛对你有什么影响？比如说，你也因此有过困惑吗？

霍克尼：没有。我只对图片（picture）感兴趣。我认为真正有力量的是图像（image），而不是装置和行为。行为是现在时的，剧院是现在时的，但图像不一定是。
时间是巨大的谜。我现在意识到我会走向死亡。我年轻的时候认为一切永恒，所以才会吸烟。但当我到了78岁，我意识到自己将会在某个时候离开人世，因此我努力多干活。艺术家老了之后，唯一想做的就是待在工作室里，每个艺术家都这样，这也是我目前的状态。我比二十年前工作得更努力，画得更多。

曾：有人问过你，如果邀请五人共进晚餐会有谁，你当时将毕加索放在了戈雅、伦勃朗、米开朗琪罗和歌德之前，为什么？

霍克尼：我认为毕加索是非常独特的艺术家，独一无二，无与伦比。他留下的作品数量巨大，非常巨大，他所达到的成就直至现在人们也还在不断发现中。去年10月我去纽约，看了1200幅毕加索和马蒂斯的画作。我还看了大都会博物馆关于毕加索和立体派的展览，包括胡安·格里斯（Juan Gris）、乔治·布拉克（George Braque）、费尔南德·莱热（Fernand Leger）等。是的，如果让我排，我把毕加索放在第一位。

曾：但是有一种评价——大概你也听说过——认为毕加索被20世纪艺术史"严重地神化了"。

霍克尼：我从不认为他被高估了。也许有人这样看，但我不会。

曾：你拜访过他吗？1973至1975年，你曾在巴黎寓居过。

霍克尼：毕加索是1973年去世的，我那时确实住在巴黎，但他已经非常老了。我记得他去世那天，我正打算去见让·雷诺阿——

画家雷诺阿的儿子,也是电影导演。我在开车去他那儿的路上,从广播里听到毕加索死了。我把消息告诉让,他说:"死亡是一件多么不毕加索的事情啊!"

曾:杜尚呢,你怎么看他?
霍克尼:杜尚本身是个有趣的艺术家,但我不确定那些追随他的人也是。我指出过,杜尚的画作《下楼梯的裸女》是关于一个裸女在楼梯上的运动的图像,而毕加索结构画面的方式却是眼睛的运动,是关于你的移动、我的移动、视觉的移动。这有很大的不同。就好比抽象艺术,我觉得中国人不再需要什么抽象艺术,因为你们早就有了,"文人石"就是一种抽象。对欧洲来说,抽象艺术的发生可能是因为摄影。许多人认为摄影是终极真实,我不同意,我是少数几个不同意的人之一。我已经创作了一些新的观看角度并证明可行。我认为压根儿就不存在"终极真实"这种概念。

立体主义其实就是我们面前的东西,比如这张咖啡桌。摄影存在的问题是不知道"我"在哪里,当做出一个扭转时,你就更清楚自己的位置了。所以"透视"是个有意思的话题,在过去一百年里还没有被充分讨论。上一回大讨论是1907年对立体主义的讨论,现在这个话题因为摄影的缘故被排斥了,但立体主义确是一种"透视"的技术。

曾:盖福特说,长时间的观看是你人生和艺术的两大乐事。你觉得自己是一个什么样的观者?热情的?挑剔的?或者有更确切的描述?
霍克尼:我不知道,也许我看世界的方式和别人不太一样。但我确实仔细审视过自己是如何观看的,这对我很重要。我正在读劳拉·J.斯奈德的这本书:《观者眼中的风景》(*Eye of the Beholder*),她讲到观看视角的再发现。我觉得大多数人没有"看"到太多东西,他们只关心前面有没有障碍,确保自己可以正常行走。我不认为他们是在仔细观看。

我确实是个喜欢"看"的人,看任何东西都感到兴奋。还是个孩子的时候,坐公交车我会爬到二层,跑到车厢最前排,就为了可以看到更多的东西。二层总是烟雾缭绕的,可我不在乎。

现在我很聋了，但没关系，能看就可以。我也不听音乐了，因为听不清了，音乐从我生活中消失了。但没关系，我脑子里有好多音乐。我还可以画，绘画总是有价值的。

曾：你还常去博物馆吗？

霍克尼：是的。在纽约的话我会去大都会博物馆，那里也有其他很多博物馆，我常去。我喜欢看各种图画。待在洛杉矶的时候，我除了看展览就不怎么出门了。

曾：这次来北京，你跟中国国家博物馆的人说，三十年前在纽约大都会博物馆看到《乾隆南巡图》是你"一生中最兴奋的一天"。这话听起来有点戏剧性。这幅画作对你真的这么重要吗？

霍克尼：它是一种完全不同的观看方式、不同的绘画方式。第一次看到它的时候我非常震惊，整个卷轴展开有72英寸，我用了三个多小时观画。里面所有人物都是非常微小的个体，居然其中还有肖像，对我来说真是极精彩的体验。

1953年伊丽莎白女王的加冕礼曾在电视上全天播放，但它并没有带你走进小街小巷，而从这个卷轴上你可以看到街道两旁的小店铺，卖帽子的、卖饺子的……我在想，有什么作品可以和它相提并论呢？我没找到。至少有3000个人物在里面，当然我没有一个个去数，但它无疑是巨作。

曾：在昨天的讲座中，你还谈到中国绘画没有阴影，原因是中国有瓷器但没有玻璃，所以没有"光学器材"。

霍克尼：许多人不知道这个，包括大英博物馆馆长尼尔·麦克格雷戈（Neil MacGregor）。我告诉他的时候，他说："天啊，是真的！"中国、日本、印度的绘画里都没有阴影。为什么阴影只存在于欧洲绘画中？因为投射——通过光学器材你可以看到影子，也可以忽略它。

据说有个耶稣会士到中国给皇太后画像，太后看了之后说："我可以证明给你看，我左脸的颜色跟右脸是一样的。"太后不理解为什么她的脸被画得不一样，其实是阴影效果。在16—17世纪的欧洲绘画中阴影普遍存在，我现在知道了，那是来自光学投射。

曾：你和卢西安·弗洛伊德是老友，但打扮很不一样。他不太注意穿戴，而你总是穿得很得体。

霍克尼：高傲的弗洛伊德认为自己是"黑暗王子"（prince of darkness）。他给我画像的时候速度很慢，因为他喜欢边画边聊八卦——都是一些熟人的小八卦，很搞笑，我会不断被他逗乐。而我给人画像的时候从不说话，所以我为他坐了120个小时，他只需要为我坐3个小时。

曾：你也画过很多自画像，还会继续吗？在你看来，大画家为什么都爱给自己画像？

霍克尼：我会继续的。我常给自己画像，是因为每过一段时间，我就觉得要重新审视一下自己。人在端详自己的时候，通常是笑不出来的。当我盯着镜子里的那个人，我看见的和你们看见的不一样。

曾：到现在的年纪，你有什么特别遗憾的事情吗？

霍克尼：我没有孩子，这多少有一点遗憾。但我不怎么回看过去，我活在当下，所以也没什么太遗憾的事。我接纳自我，也创作了很多东西，并将留存于世。我算不上一个伟大的艺术家，没有达到毕加索的高度，但我一直在努力。

曾：你害怕过什么吗？

霍克尼：我觉得，人怕的就是缺失爱，对吧？我一直尽力在爱。我爱自己看到的这个世界，我活在一个还不错的年代。20世纪上半叶有过很多战争，我生在1937年，"二战"快要开始，但那时我还小。而我母亲经历了整个世纪，1900—1999年，她活了99岁。她的前半生很艰难，后半生要轻松一些。我后来离开了欧洲，远离战争，专心创作。

（采访时间：2015年4月）

林冠艺术基金会供图

比尔·维奥拉
Bill Viola

1951—

出生于美国纽约。当代影像艺术的先驱之一,以新媒体中的电子、声音和图像技术为媒介,探索作为自我认识途径的感觉现象,关注普遍的人类经历,比如出生、死亡和意识。自20世纪70年代初以来,其视频艺术作品已被展示和收藏于世界各地。纽约惠特尼美术馆1997年为他举办了大展"比尔·维奥拉:二十五年回顾",先后在美国及欧洲的六个博物馆展出,令他赢得了全世界的瞩目。

比尔·维奥拉：
平静的力量

从出道那天起，维奥拉就不停歇地用影像追问终极问题：生命和死亡，从哪里来到哪里去，我们到底身处何地。

"逆生"者

在围绕着比尔·维奥拉的各种评议里，英国人克里斯·唐森德（Chris Townsend）的一段叙述特别具有画面感。他说自己参观博物馆和美术馆时，一般很少看到有人在某件艺术作品前哭泣，但在他去过的比尔·维奥拉的展览中，几乎每次都能看到，"要么有人在默默流泪，要么有人过于激动以至于若不是受限于北欧公共场合不许放声大哭的规定，很可能会失声痛哭"。

这位著名评论家还提及伦敦一家老牌画廊的经历，证明比尔·维奥拉对于艺术界之外的公众也有巨大的吸引力。2001年，安东尼·多费（Anthony d'Offay）画廊为维奥拉举办了个展——"千禧五天使"。他们所在的牛津街本来就地处繁华购物区，那段时间更是因了维奥拉而人流不息。几个月时间，观众竟有4万多人次，这对定位高端的画廊来说简直是个疯狂的数字。老板安东尼不堪其扰，抱怨他的画廊本来只想要400名专业观众，却无奈充当了一回伦敦泰特现代美术馆的角色。

这些读起来都很像关于名人的逸闻趣事。不过，当我走进林冠艺术基金会的展览空间，在黑暗中挪步到5米高的大屏幕前，在静默中经历8分22秒的《逆生》之后，对唐森德那些看似夸张的文字有了真切的现实体验。

《逆生》1和《逆生》2（林冠艺术基金会供图）

全身沾满黑色污泥的男子浮现于屏幕，背景一片黑暗。在几秒令人屏息的静默之后，男子身上的污液开始缓慢升腾，速度越来越快，水流急遽飞向上空，由黑而红而白，直至成为清澈之水雾，消失于空气。

在轰鸣的水流声中，男人始终伫立原地，唯有裸露的上身形体和克制的手部动作在表演：初始他轻轻握拳，中间微微摊开双手，最终叠放在腹前，让人感受到他的痛苦、承受和解脱。按照艺术家的释义，影像中的五种物质——泥土、血液、牛奶、水和空气，演绎了人在经历巨大转折之后恢复觉醒的五个阶段。这具肉身从污浊到洁净的仪式，既如重生，也是从黑暗到光明的嬗变。

第二个封闭空间，展示的是维奥拉被伦敦圣保罗大教堂永久收藏的

比尔·维奥拉"嬗变"展览现场,雷坛坛摄(林冠艺术基金会供图)

2014年的作品《殉难者》。在教堂里被并排放置的四件大型独立影像,到这里转变为分别挂于空间四壁的小件视频,观看者站立在中间,被影像环绕。

殉难者的原文"Martyrs"也可译为殉道者,意指为了信仰而受难和牺牲的人。古希腊哲学家亚里士多德认为"土、空气、火、水"是组成世界的四种基本元素,维奥拉就在作品中让四位"殉难者"分别承受这四种基本元素带来的苦难,意指世间一切苦难。老者端坐在火焰中形如涅槃,年轻男子被倒悬于狂瀑水流中,中年男子任尘土倾覆,女人被缚在狂风中飘零……在每一种境遇中,殉难者的表情和身体都并无对抗,呈现出平静和内在的力量。

最后一个空间里只有一幅超大横屏,放映的是维奥拉的2004年的旧作

《救生筏》。这是艺术家为雅典奥运会创作的影像装置。十几个看起来社会身份和种族迥异的男女散漫地站在一起,像是在等待什么。有人露出不屑的表情。突然间两股大水从高压水枪喷射出来,从左右两个不同方向冲扫人群。为了不被巨大的水流击倒,散漫的人们开始相互聚拢、依偎,有人倒地了,有人用身体奋力抵挡水流并试图搀扶他人。

在水流形成的巨大水幕中,人的身体自然呈现出各种造型,犹如人体群雕,又如古典悲剧的舞台画面。观看者越来越强烈地感受到画面传递出来的不断绷紧的张力。突然,水流停止。惊魂甫定的人相互拥抱、安慰。两个女人抱在一起哭泣。维奥拉说,这件作品表达了他最重要的社会观:接纳和宽恕。

单纯以宗教情怀来描述这几件作品并不足够准确。维奥拉在探寻一个看

影像装置作品《嬗变》
(林冠艺术基金会供图)

影像装置作品《殉难者·火》
（林冠艺术基金会供图）

不见的精神世界，其中有潜意识，有记忆与联想，也直面生与死。有人说，维奥拉把空间作为一种叙述元素来模糊原本明晰的公共领域与私人领域、内在与外在。他在借由"看得见的存在展现看不见的奥秘"。

黑影像

从出道那天起，维奥拉就不停歇地用影像追问终极问题：生命和死亡，从哪里来到哪里去，我们到底身处何地。当艺术变得以庆祝无意义为时髦的时候，他固执地要求意义。他曾在《黑影像》(*Video Black*)一文中说，他有"一架在过去二十年一直开着的录像机"。

维奥拉1951年生于纽约。1973年，当他从雪城大学（Syracuse University）的实验影像工作室毕业时，影像艺术刚刚进入到当代艺术庞大的媒介体系中，并且它有相当长的时间都被人认为无法准确表达观念和传递思想。

作为先驱者，比尔·维奥拉在四十年的艺术生涯中重新定义了影像装置。他审慎地对待技术，他的作品始终选用表演者来完成而非借助动画，通常是在表演者简单的起降、运动和静止的过程中，表现出人身体的极限视感，虽然维奥拉本人认为所谓极限并不存在，"极限是由人的心来决定的"。在他的画面里，即便只有一个人也充满了类似古希腊戏剧的结构张力，譬如2007年的作品《无辜者》和《化身》。他疏离于这个世界的方法是使用最古老的身体媒介"来质疑线性时间"。

维奥拉的妻子吉拉·派罗芙（Kira Perov）是他四十年里最重要的合作者。他们相识于1977年，当时维奥拉受到还在澳大利亚拉托伯大学（La Trobe Univercity）担任文化艺术指导的吉拉的邀请前去澳大利亚展示他的录像作品。一年后，吉拉就移居纽约和维奥拉结婚了。

1980—1981年，在日美文化交流基金的赞助下，他们一起到日本生活了一年。维奥拉在那里问道禅宗大师达安慎二（Daien Tanaka），这为他之后作品中的东方生命意识铺垫了最早的基石。

维奥拉开始受到西方艺术界的极大推崇是在20世纪90年代，尤其是1995年前后。他在作品《问候》（*The Greeting*）中成熟地使用了"超慢镜头影像"，观看者从此获得了另一种途径，可以帮他们来重新打量一直生活其中的时空。那个时期，他也以*Pneuma*这样的作品建立了自己和古典精神以及神秘主义的盟约。"Pneuma"这个单词取自古希腊语，具有多种译意：空气、呼吸、生机、灵魂、创造力……维奥拉后来的创作其实非常单纯，大多坐标在这个框架之内，即以自然的简单物象来获得精神意象。

2000年以后，维奥拉十几件"情感系列"作品的灵感有时也来自中世纪的绘画。这和他1997—1998年在洛杉矶盖蒂艺术中心做访问学者的经历很有关系。那段时间，他被盖蒂博物馆里的中世纪和文艺复兴时期的收藏强烈吸引，对西方古典绘画有了更多思考，并试图用影像技术来达成新的表现方式。

2000年，伦敦国家画廊委托他创作的《惊讶五重奏》(The Quintet of the Astonished)就是他对馆藏中世纪绘画《嘲弄基督》(Christ Mocked)的致敬。这是尼德兰著名画家耶罗尼米斯·博斯（Hieronymus Bosch）的一幅名作，维奥拉邀请五个专业表演者夸张模仿了画面上的经典构图和色彩表现：表演者紧紧地靠在一起，各自演绎一种人类不同的情感：欢喜、悲伤、愤怒、恐惧、疑惑。

他的《圣母领报》(The Annunciation)同样取自1450—1455年尼德兰画家迪里克·鲍茨（Dieric Bouts）的同名原作。维奥拉安排两个演员在不同的时空表演，但又似乎处在同一个对话空间，经历着同一段情感发泄，发出撕心裂肺的吼叫。

在这一系列作品后，他获得了这样的评价：维奥拉是第一位在美学内容和情感效果上都获得与昔日大师们齐名这一殊荣的在世艺术家。

维奥拉的超越在于他通过新技术赋予作品的古典"精神性"，这属于艺术家的内在维度，难以模仿。维奥拉生活和创作的时代早已经走入后现代和解构主义，但他仍用每一件作品来探讨看似过时的人文主题：人类的处境。

在他的多数影像中，人总是独自存在的，几乎不和他者发生关系。但他的作品和观看者的关系却是紧密的。"身体交流"在维奥拉的作品中占据重要的位置，它发生在"被看的人"和"正在看的人"之间。而他令人着迷的交流方式则是通过看似疏离的表演将观看者从现实世界带出，再进入到他所制造的世界，就像著名评论家大卫·摩根所说，维奥拉"着迷于疏离的力量，以此来启迪世人"。

好的艺术作品不提供答案，而是提出问题

曾：你已经有四十年的艺术生涯，它是从视频影像开始的吗？还记得自己第一件作品得到的评价是什么吗？

维奥拉：1970年，我在大学二年级的时候开始了视频影像创作。念"大一"时我的专业是商业设计，但我并不喜欢而且成绩也不太理想。幸运的是，我遇到了一位激励我的老师，杰克·尼尔森（Jack Nelson）。他在学校的实验影像工作室工作，那里有供学生使用的可携式录像设备。

第一次有机会使用这些东西，我们的实验欲望被激发了出来。我觉得自己找到了真正感兴趣的事情。那个时候，我们还不大受到外界评论的影响，可以自由地探索这些新媒体的所有可能性。作为创作者，我们把这些可能性推到了极致。

曾：你一开始就找到自己的"语言形式"了吗？从什么时候开始使用现在几乎成为你个人标志的"超慢镜头影像"？

维奥拉：在我影像创作的早期，我已经开始实验"图像分解"这个概念，也就是说，在以某种方式编辑或录制作品时，我用身体表现一些动作，借此来质疑线性时间。
1973年，我创作了 Composition D：先录制我的一个动作，然后录制它的慢速回放，再慢速回放几次，直到影像几乎无法辨认。所以，我从最开始就在设法延展时间并以此来呈现全部细节，观察那些用正常方式看不到的物体、事件或者动作。

曾：哪个时间节点对你来说很重要？或者说，你这四十年的艺术生涯中最重要的时刻是什么？

维奥拉：这样的时刻很多。每一件新作品都和上一个不一样，它们受到我旅行和居住过的国家的影响（1974—1976年在法国，1980—1981年在日本），受到那些尚在世或已过世的朋友的影响，这样的时刻当然也包括我父母去世以及两个孩子的出生。我也常常被诗人的写作和精神导师的作品所吸引，它们作用于我的艺术。

曾：以你的理解，一件好的影像作品应该有

哪些要素？为什么？

维奥拉： 好的艺术作品不提供答案，而是提出问题，观看者以他们自己的个人体验来回应，这样便构成一件完整的作品：它可以是一种情绪、一种心态，或者是观看者自己的问题。

我在作品中基本不用语词，这样，不同文化背景的人都可以进入。

曾： 那么你个人偏爱哪位艺术家？

维奥拉： 我最喜欢的艺术家之一是俄罗斯电影人安德烈·塔可夫斯基（Andrei Tarkovsky），尤其爱他的《潜行者》和《安德烈·卢布廖夫》。他通过复杂且多层次的有力量的图像、非线性叙述以及对现场的持久观察来描述内在和外在情境，这使得他成为我们这个时代最伟大的艺术家之一。

当然，我也崇敬很多对我产生影响的欧洲艺术大师，比如：乔托（Giotto）、达·芬奇、马萨乔（Masaccio Masolino）、蓬托尔莫（Jacopo da Carucci Pontormo）、格列柯、戈雅（Goya）。还有其他一些东方的艺术家也是我所尊崇的。"百科全书"式的美术馆总是令我感受到巨大愉悦，在那里可以面对来自世界各个地方的杰作。

曾： 你的作品有不同的题目，比如《逆生》《殉难者》《救生筏》等，但感觉它们似乎都有一个共同的主题或者说生命形式：承受。

维奥拉： 你的意思是指"suffering"吗？我试着换个方式来说吧。这次我在林冠艺术基金会的展览主题是"嬗变"，我的每一件作品都在以不同的方式探索人性嬗变的一面。在《救生筏》中，在大水到来之前，聚集在一起的那些人就像彼此毫无联系的陌生人一样，有人甚至表现出了敌意。但当突如其来的水流使人处在危险之中时，这些人就变成了同盟者，帮助彼此逃生。

《逆生》描述了人在一系列的剧烈嬗变中的五个觉醒阶段，血液和"羊水"代表了一种精神之生。四幅《殉难者》作品中，土、气、火、水也代表了精神之生，只不过是通过个人的牺牲实现的。这些元素是自然界的巨大力量，象征着力量、决心和净化的"嬗变"。

曾：《逆生》完成于 2014 年。这样一件 8 分 22 秒的作品，你花了多长时间来创作？这个过程中最难的部分是什么？

维奥拉：对于这件作品的想法，2002 年就在我的笔记本上以不同的形式出现了。那时候我们就在工作室召集了大家，决定在结束《殉难者》这个作品后马上开始拍摄《逆生》。

最困难的事情是找到合适的表演者，吉拉当时已经选了诺曼·斯科特作为《殉难者·土》的表演者。事实上，他对于《逆生》也是最合适的人选。他能很好地控制自己的身体，这对掌握逆向运动来说是必不可少的。我们以这种方式拍摄，在最后剪辑时把整个表演录像倒放。而且在他的表演中，装置的存在感并不明显。

曾：在画廊提供的一张照片上，你脖颈和手上都戴了念珠，你是佛教徒吗？宗教对你的创作有怎样的影响？

维奥拉：我并不是一个身体力行的佛教徒，但住在日本的时候研习过禅宗。我和吉拉也曾去印度北部达兰萨拉旅行，在那里得到了念珠。我对很多文化中的神秘主义作品感兴趣，我也尝试每天冥想。

（采访时间：2015 年 1 月）

蔡小川摄

费尔南多·博特罗
Fernando Botero

1923—

出生于哥伦比亚，当今拉丁美洲最著名的在世艺术家，其具象绘画、素描和雕塑作品以标志性的肥胖的人和动物，扁平、明亮的色彩以及大胆夸张的比例传达了对主题的感受，充斥着讽刺性意味的社会和政治评论。作品被西班牙索菲亚王后国家艺术中心博物馆、纽约现代艺术博物馆、波哥大博特罗博物馆等大型机构收藏。

费尔南多·博特罗：
"哥伦比亚时间"

我的课题，是用我的艺术思想去改变现实，就是说，我画里所表现出来的形式，是我的思想，而不是视觉缺陷。

费尔南多·博特罗和我们每个人合影时，看起来都是很严肃的样子。但在采访过程中，老先生喜欢来一点小自嘲，流露出他自己所说的浓重的"拉美特性"。

这位哥伦比亚"最伟大的画家"，也是不多的几位目前还在世的世界级绘画大师之一。

这次到中国国家博物馆来举办个展"博特罗在中国"，艺术家带来了代表他一生艺术阶段的96件作品及六个系列：拉美生活、静物、斗牛、马戏团、经典再现和素描；也带来了一个现实中的大家族：夫人，两个儿子，几个孙辈。他的孙子菲利普（Felipe）说祖父这次是想以北京作为家族聚会的地点，所以把家庭成员从世界各地招呼过来。他们一家人也很久没有这样热闹地聚在一起了。

老先生打开房门，站在门口迎接我们。菲利普快步上前，恭敬而郑重地握住祖父的手问候早安，像是许久未见，其实前一天他刚陪伴祖父在北京那个大雪天里爬上了长城。老先生的笑容，既慈祥又威严，让人想起拉美小说里那些终生保持权威的一家之长：偏居小镇，预言一切，不动声色地掌控着全局。

博特罗确实出生在哥伦比亚麦德林城（Medelin）的这样一个小镇，但他的家和工作室安放在了欧美各地：纽约、巴黎、柏林……和老家。现在的大部分时间，他住在摩纳哥，靠近法国南部的有钱人的度假胜地。摩纳哥大公雷尼埃三世还在世的时候，在海边修建了一个工作室送给他，说："你就在这儿画画吧！"

然而他从来没有画过雷尼埃大公的领地和风景。画里仍然是他遥远的哥伦比亚，还有家乡记忆留给他的那些胖人儿，具有极高的辨识度。

"我在纽约待了十五年，但是我不会画美国的；我现在来中国，也不会画中国。我的绘画不会被所在的环境影响。只要带着头脑，在哪里旅行都一样。"博特罗说，生命中的前二十年对一个人的影响至关重要。所以不管住在哪儿，他永远是哥伦比亚人，麦德林人。他从来没有怀疑过这个问题。

麦德林是哥伦比亚第二大城市，但博特罗的家乡只是它旁边的一个很小的镇子，居民大约10万人，周围被安第斯群山环绕。即使是现在，从小镇开车到波哥大也要八个小时。对于一个幻想成为艺术家的孩子来说，在那样封闭的地方几乎无法接触到任何伟大的艺术作品。直到1948年，博特罗才在故乡知道了欧洲的现代绘画，第一次在一册几乎被禁的书里看到了毕加索的名字和作品。

博特罗没有接受过正规的学院教育。他父亲是一个推销员，在他的小镇还没有其他现代交通工具的年代，他常年骑着马到周边地方去售货。虽然博特罗从不承认自己的画中人物对应着任何现实中的人，但那幅《骑马男子》很难说没有他对父亲的记忆。靠着贷款，穷孩子博特罗从一个基督教小学读到教会中学，也上过一些美术课，之后就被热衷斗牛的伯父送进了一所斗牛士学校。在那里度过的两年，是他后来绘画著名的"斗牛"系列的人生底色。

16岁那年，还未完成中学学业的博特罗自己争取到了为麦德林一家大报副刊画插图的机会。但是直到前往欧洲学习之前，他的绘画99%是自学的。由他一个儿子讲述出来的故事非常动人：博特罗偶然读到一位法国艺术

《低音提琴手》，1999
（博特罗基金会供图）

家写给朋友的信，其中一封热烈谈论了西班牙大师委拉斯凯兹（Velazquez）的画作。写信者仔细描述了他所理解的委拉斯凯兹创作一幅画的步骤，博特罗就按照信里的那些见解，临摹出了一幅委拉斯凯兹的画。他成名后，有人出高价要买这件旧作，但是画家从不肯出售，甚至不愿意在上面签名。

博特罗这段青少年时光，正好是哥伦比亚历史上党派互相残杀的"暴力时期"，却也是群星灿烂的拉美现代主义启蒙阶段：在拉美的先锋派知识分子名单里，同时出现了诗人加西亚·洛尔卡、巴勃罗·聂鲁达和塞萨尔·巴列霍等一些注定传世的名字。30岁以后，博特罗从家乡搬到了首都波哥大，也成为先锋派知识分子聚会的"自动化"咖啡馆里的一个外围青年。在他只有 25 张作品的首次个人画展里，人们看到的是法国人高更以及早期毕加索的影响。

博特罗画画从不用模特。他解释说："虽然我画了很多人物肖像画，但我并不直接与模特接触。不然我会有束缚感，他们让我感到自己被限制住了。我更喜欢随着自己的想象力完全自由发挥。"他画总统，但不是为了画总统，而是再现拉美的权力结构。他常通过画作来调侃人们，但是被调侃和揶揄的对象不会生气，包括那些总统、主教、神父，因为画面里没有什么憎恨存在。

博特罗的作品主题从来都是关于拉丁美洲的。他认为，对哥伦比亚、秘鲁和墨西哥等风格艺术的浓厚兴趣，赋予了自己"不同于欧洲艺术家的灵魂"。

我请他描述一下，他自述中反复强调的"拉美特性"到底是什么？老先生在一番严肃的阐述后，又逗起乐来，举例说："在巴黎参加一个派对，你会特别无聊，因为里面的人太规矩了。在巴黎，说 7 点就是 7 点，在哥伦比亚，7 点的聚会 9 点来也没问题，这就是'哥伦比亚时间'。"

不过他认为自己的那些"胖族"，虽然出离现实，但与马尔克斯的魔幻现实主义还是大不一样。"他那个太魔幻了，人可以跟着蝴蝶飞。我的作品还是通过风格来塑造一种现实……在我的绘画里可以看到不寻常的事物，但不会是不可能的事物。"博特罗说。

很多人好奇他画作中的人物在家乡是否有原型，或者记忆里的，或者身边的。有个朋友很想让我问问他夫人的样子，因为他画里的女性都那般身形庞大。其实，陪伴他到北京的夫人索菲亚·瓦瑞身材很瘦削，是一位希腊裔艺术家，她是他的第三任妻子。

我们谈到他绘画中的"体积"（volume），这是他喜欢强调的一个博特罗式的绘画语法。他嘲笑 20 世纪上半叶的拉美艺术家人人都想去巴黎，但他

《野餐》，2010（博特罗基金会供图）

承认，自己青年时代也急切地去了巴黎，然后又去了佛罗伦萨，开始发展他所说的"体积"艺术。

"很快我有幸发现了自己的绘画风格。在1956或1957年，我创作了第一个博特罗风格的作品。"他指的是1956年那幅《静物与曼陀铃》。画家在其中首次发现了延展并夸大物体体积的可能性。当时他已经从欧洲返回波哥大，和第一任妻子新婚，在墨西哥以卖画为生。

他后来回忆，他是在游历佛罗伦萨期间"受到一位对体积感兴趣的画家的影响"。那时候他刚离开巴黎，对曾经充满诱惑的法国先锋艺术突然深感厌倦，并开始为文艺复兴时期的绘画而沉醉。"众所周知，佛罗伦萨的绘画作品都具有体积感，所以我渴望能找到个人的画法来表现体积。我找到了。"用他自己的话来说，那是全然博特罗的，既非模仿也非衍生的真正创造。

这种所谓的"体积"到底是什么？或许可以理解为一种极端绘画语言，艺术家利用极端的体积、强悍的色彩和完全自由的形体比例在平面上制造幻觉，空间因受到巨大体积的挤压而退缩，观看者的某一部分内心被唤醒。"我的课题，是用我的艺术思想去改变现实，就是说，我画里所表现出来的形式，是我的思想，而不是视觉缺陷。"

1957 年，博特罗 25 岁。此后，直到现在，他从未再去试图改变这种绘画风格。

博特罗承认，这是脱壳于 14 世纪欧洲绘画的一种方式。在他身后，也可以看到毕加索、安德烈亚·曼特尼亚（Andrea Mantegna）、保罗·乌切洛（Paolo Uccello）等人的影响。

"皮耶罗·德拉·弗朗切斯卡（Piero Della Francesca）是我最爱的艺术家。虽然表现现实，却又超越现实。"博特罗说。1998 年，在名画再现系列里，他以双联画的形式再创作了弗朗切斯卡的肖像画《费德里科·达蒙泰费尔特罗像》和《巴蒂斯塔·斯福尔扎像》。

弗朗切斯卡是 15 世纪意大利绘画巨匠之一，生卒年月不详，据说他活了 80 多岁。他在几个世纪中一度被人遗忘，但现在，他的肖像画作《乌尔比诺公爵夫妇》以及宗教画系列《圣十字架的传奇》都是绘画史上的伟大作品。此人一生大部分时间都在故乡圣塞波可度过，一个距离佛罗伦萨 80 多公里的小镇，即便之后他前往佛罗伦萨等世界艺术中心谋得画职，也从未割断过和家乡小镇的连接，画里会常出现圣塞波可的景物。

对弗朗切斯卡的这些描述读来如此熟悉，因为我们可以看到，以他为偶像的博特罗几乎就是在终生仿效这位巨匠的艺术和人生。不管是去波哥大、纽约还是巴黎，他的绘画其实都停留在麦德林那个小镇里。当他重画委拉斯凯兹的《宫娥》和《玛格丽特公主像》、安格尔的《里维埃小姐像》、维杰·勒布伦的《玛丽·安托瓦内特皇后像》时，我们看到的其实是拉美人的灵魂。

甚至于他的《橙子》和《西瓜》，它们和《山间漫步》中撑着阳伞的牧师或者《修女》一样，仍是属于麦德林街道的。"我看见一扇门打开，母亲从里面走出来。"博特罗说。

1957年，在确认找到了"体积"画法之后，博特罗第一次前往美国，博特罗当时是为泛美联盟在华盛顿为他举办的个展而去的。他也几乎没有疑问地即将成为哥伦比亚最重要的年轻艺术家之一：就在这次个展的第二年，他为作家加西亚·马尔克斯的《礼拜二午睡》绘制了插图，刊登在哥伦比亚最知名的日报《时代报》上。1958年，他的《婚礼堂和沉睡的主教》在华盛顿的格里斯画廊展出时"获得了巨大成功"。

十五年后，已经成为世界级画家的博特罗为马尔克斯发表在第一期《名利场》上的作品《预知死亡记事》再次绘画了插图。

1960年，博特罗决心从波哥大搬到纽约，而不再是偶尔造访。他在格林威治村租了一个阁楼，身上只有200美元，难以用英语和人交流。"我就像一个得了麻风病的人一样，没人敢碰我。"

在抽象表现主义、激浪派和波普主义的潮流之下，所有人都朝向未来和先锋，没有人愿意关注这样一个来自拉美小城又执拗地坚持绘画具象并声称自己在连接文艺复兴传统的年轻人。

直到1969年，博特罗终于以《12岁的蒙娜丽莎》(*Mona Lisa Age 12*)引起了MoMA馆长多萝西·C.米勒的兴趣。这幅作品被收藏并展出。他向我描述说自己艰难的纽约早期岁月有九年之久。但他的生平资料显示，事实上，这个收藏故事发生在他到达纽约的第二年，即1961年。虽然之后还略有波折，但他在1964年已经有能力凭借卖画的收入在长岛造起一栋别墅，并将新的工作室租在了上东区第14街。到了1971年，他已经在巴黎西岱岛上租下公寓，在纽约最昂贵的第五大道上有了属于他自己的工作室。

在博特罗的回忆里，他被纽约艺术界冷落的时间延长了五年。这大概是因为困苦中的时光通常是漫长而难熬的。不过有一点肯定没有错：命运改变只在一瞬。

"有一天，有个朋友在街上拦住我，要用一辆汽车换我父亲一幅画。那个时候我就感觉到，我父亲真的是很成功的大画家了。"博特罗的小儿子胡安·卡洛斯跟我说。他现在是记者和作家，为父亲撰写了传记。卡洛斯出生在他父亲搬到纽约那年，之后父母即离了婚。很小的时候他每周可以见到父亲一次，而他记得父亲那时很穷，只能带他去免费的公园或公墓里玩，那种感觉既奇怪又奇妙。

卡洛斯曾被告知，他父亲在格林威治村的小阁楼里只有一样家具，就是一把画画时坐的椅子。很多年以后，一位保存了那把椅子的老朋友把它送回给了博特罗。"已经很老旧，上面全是油漆，但现在我父亲人在纽约的话，还习惯坐在它上面，看看自己刚完成的画。我一直认为这是我父亲纪念那段艰难的旧时光的一种方式。"卡洛斯说。

这是所有成功后的大师都应该有的一种听来美妙的小故事。

只要带着头脑，在哪里都一样

曾：你现在主要在哪里居住和创作？

博特罗：我大部分时间住在摩纳哥。年迈的时候能住在法国南部是很多法国人的梦想，我虽然是哥伦比亚人，也喜欢那里。摩纳哥非常小，但井井有条，安全，气候宜人，适合常年居住。摩纳哥大公雷尼埃三世还在世的时候，在海边建了一个工作室送给我。

曾：但你画的仍旧还是家乡哥伦比亚的东西，和摩纳哥没什么关系。

博特罗：对。我的绘画思想空间，我所有的想象，其源泉仍然在我的家乡。我的绘画不被所在之地影响。只要带着头脑，在哪里旅行都一样。艺术是一种信念，艺术家通过艺术把信念提升为作品。

曾：你在自述中反复说到自己的"拉美特性"。你能具体描述一下，到底什么是"拉美特性"？

博特罗：生命中的前二十年对一个人的影响至关重要。不管我住在哪里，我永远是哥伦比亚人。我从来没有怀疑过这个问题。从某种意义上来说，拉美特性是"反文明"的。在欧洲什么都是井井有条的，人与人之间有距离感，感觉是端着的。拉美人没有那么多规矩，所有人都自由奔放，充满想象力，活得有趣，给人以亲近感。人们喜欢通过音乐和派对进行交流。当然，对一个国家而言，没有规矩不成方圆，缺乏约束会使国家丧失管理能力。拉美有一个根本性问题是教育的缺失。有教育，才有规矩。

曾：之前人们对拉美的印象大多源自马尔克斯的小说。你怎么看他的"魔幻现实主义"？在你的作品中有吗？

博特罗：他那个太魔幻了，例如人可以跟着蝴蝶飞之类的。我的作品是通过风格来塑造的一种现实。我画苹果，会和你们所见的苹果不太一样，但它还是苹果。在我的画里可以看到不寻常的事物，但不会是不可能的事物。比如在我那幅《梵蒂冈浴室》中，红衣主教穿戴整齐地躺在浴缸里，平时不会见到这种情景，但也不是完全不可能。

曾：你画过很多和宗教题材有关的作品，像《主教》《修女》《神学院》等，这给你带来过麻烦吗？

博特罗：没有。宗教和教会并不等同。我是天主教徒，但我不会常去教会做礼拜。在过去的几个世纪里，教会做了很多傻事，所以我对教会没有太多敬意。我画他们，是因为只有教会的人和斗牛士以穿大红衣服为特征，而我的绘画中需要这种素材来展现特定主题。我也画了很多耶稣被钉上十字架的画，有六七十幅，主要是表现耶稣受难的形象，里面没有任何讽刺意味，因为我对主尊爱。但我不是一个天天祈祷的人，只有世界末日快到了，要开战了，我才会去祈祷。

曾：画作中的那些景物和胖人，在你家乡或周围生活中有原型吗？

博特罗：没有。它们是我儿时那个小镇的样子，现在哥伦比亚有些小镇边地也还是这个样子。但画作里的人物主要是出于色彩组合的考量，并不指向什么。在韩国展出时，有人写信问我：为什么《街》里这个妇女是白色皮肤，她手里牵的孩子却是咖啡肤色呢？

她的脸为什么要扭向另一边呢？他们想了很多背景故事，比如这个孩子是未被认可的。其实我没有这个意思，只是出于色彩平衡的考虑，是为了呼应画面上方另一张咖啡肤色的脸，但两者又不能形成争夺，所以画了一个大人一个小孩，都是咖啡肤色。在《女裁缝》里也是，如果把背对着大家的这位妇女画成白色皮肤，就和她旁边的人物重合成一体了。

曾：除了人物的庞大体积，你画中强烈的色彩也极其特别。你受过20世纪早期的墨西哥壁画运动的影响吗，比如迭戈·里维拉？

博特罗：我年轻时去意大利学习了两年。就像写作有语法一样，绘画也是讲语法的。墨西哥有很多壁画运动，迭戈·里维拉只是领导者之一。其实他也借鉴了意大利的绘画风格。另外，那个时期有很多人对巴黎很痴迷，尽管他们根本没去过巴黎。我也不知道为什么他们如此痴迷。他们会先画巴黎题材，再逐渐转向画拉美本土题材。但是我年轻时从哥伦比亚直接去了意大利学画，我看过那些壁画原作，所以再去墨西哥的时候，他们那些东西就不会很吸引我了。更打动我的其实是哥伦比亚原住民的土风画。那些画是用作谢恩奉献物的，比如有人大病一场又奇迹般的好了，就会请人画这么一幅小画放在教堂里，纪念这个奇迹。那些画色彩都很有戏剧性，夸张，有极好的想象力，非常漂亮。他们会找专门的画师来画，通常是要描绘一个具体的情景，比如妈妈正从楼梯上走下来，或者孩子怎么起死回生。那些画对我的启发更大，是一种原始的、原创的作品而非模仿品。

曾：你曾说年轻时到了巴黎，看过很多现代主义原作之后，对早先非常迷恋的毕加索和印象派却失去了兴趣，反而回到对14、15世纪文艺复兴绘画的追摹。为什么会有这种转变？

博特罗：十几岁的时候，当你听到关于毕加索的那些花边新闻，说他和多少女人上过床，你就想，我也要和毕加索一样（大笑）。这是一种年少的崇拜。我最早去欧洲是到西班牙，在旅途中偶然看到了几本关于15世纪意大利文学与艺术的书。我发现那里面的作品都有一种可触的质感，或给人以可触的错觉。之后我去了巴黎，又去了佛罗伦萨，开始发展我的"体积"艺术。当你看到一件作品，你会首先看出来这是博特罗的，但在博特罗背后，你还会看到他受了哪些影响，比如有毕加索、安德烈亚·曼特尼亚、保罗·乌切洛等。皮耶罗·德拉·弗朗切斯卡是我最爱的艺术家，他虽然在表现现实，又超越了现实。

曾：1960年，你去了纽约。当时纽约的艺术界，甚至整个西方的潮流都是抽象表现主义、激浪派、波普等先锋艺术。你怎么让自己的绘画得到接纳？

博特罗：是的，我觉得很孤独，也很艰难。最初在纽约，我就像得了麻风病一样，没人敢碰我。我到纽约的头九年里，都没有画廊愿意代理我的作品，我只能自己在那里卖画。1969年，我终于有一幅作品——《12岁的蒙娜丽莎》得到MoMA馆长的认可，现在这幅画仍在MoMA收藏，和《总统家庭》一起。到20世纪70年代，德国有五个博物馆请我去做展览，之后我就开始和很多大博物馆以及画廊合作了。对我来说，去德国之前和去德国之后，是两个完全不同的时代。

曾：人们总说，博特罗是那个画胖子的大画家。你介意这个标签吗？

博特罗：现在不介意了。其实最初我是不太喜欢被这样叫的。我画一个苹果、一棵树，和胖没有任何关系。我只是在展现一种让人想要触摸的体积感。

曾：你如何看待在你之后获得国际认可的哥伦比亚艺术家，比如在伦敦泰特现代美术馆举办个展的女艺术家多瑞斯·萨尔塞多（Doris Salcedo）？他们的作品好像比你更关注拉美现实和政治。

博特罗：不能这么说。我当年也画了100多幅有关哥伦比亚政治的作品，不过它们都被收藏在哥伦比亚的博物馆，所以可能很多人都没有见过。2003年，我也画过关于美军在伊拉克巴格达阿布格莱布小镇搞出虐囚事件的油画和素描，这些作品2004年在罗马的帕拉左·韦尼兹亚博物馆展出过。我一生都关注政治，尤其是20世纪50年代，我画过很多拉美独裁者的形象，总统、国王、土地主。说到年青一代艺术家，我个人很喜欢奥斯卡·穆里略（Oscar Murillo），我看过他的一些作品，很不错。

（采访时间：2015年11月）

肖恩·斯库利
工作室供图

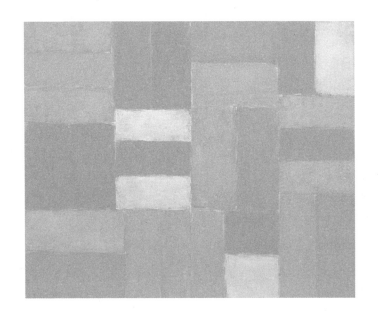

肖恩·斯库利
Sean Scully

1945—

目前在世的最重要的抽象艺术大师之一。1945年出生于爱尔兰都柏林,1975年移民美国,现在创作和生活于纽约、巴塞罗那和慕尼黑。曾于1989年和1993年两次获得英国"特纳奖"提名;超过150家世界顶级博物馆和艺术机构展览并永久收藏他的作品,包括伦敦泰特现代美术馆、巴黎蓬皮杜文化艺术中心、纽约现代艺术博物馆、纽约古根汉姆博物馆、马德里索菲亚博物馆等。美国费城美术馆设有永久的肖恩·斯库利馆。

肖恩·斯库利：
一个抽象主义者的无序和有序

在肖恩的作品中，记忆随处都在，它们被包藏在那些既鲜艳又暗沉的色彩之下，矩形或条纹之下。"他的画面会爆炸"，有人这样形容过。这种平静之下隐藏暴烈的绘画气质大概就是他继承罗斯科又区别于罗斯科的地方。

每天早上，不论在哪里，肖恩·斯库利都是从一杯中国白茶开始他的一天。我们的交谈也就从早餐时间开始。水果、麦片，老先生说他从不改变这个食物序列。"他们总是先上麦片，再上水果，我每次都得自己把它们的位置调换过来。"就像他的绘画一样，肖恩说话的节奏、生活习惯都保持着一种序列感，缓慢、简单、平和，但有力量，显得不容置疑。

肖恩曾在 1989 和 1993 年两次获得英国"特纳奖"提名，被认为是在世的最重要的抽象绘画大师。他不介意人家说抽象绘画是过时的，或者他是过时的，因为他感兴趣的不是当下别人在做什么和说什么。肖恩对 20 世纪早期两次世界大战之间的艺术不断回溯，他认为那一时期的艺术内在具有某种"令人躁动"的东西，那是他想要的。

这种表面的秩序感和内在的躁动不安的交错，是爱尔兰人的血液赋予他的。肖恩给我看手机里的一张照片，是他站在一栋低矮的平房前面，他说，那是他出生的家，位于爱尔兰都柏林城里最贫穷的居民区。一些报道提到过，肖恩一向认为最动人的建筑是那些特别简单的小平房，"它们可能是贫穷的表现，但同时也是崇高的东西"。

记录这些话的人没有搞清楚，艺术家是将个人最深层的情感维系在这样的图像里，因为他儿时就生活在这样的地方。肖恩 1945 年出生在爱尔兰，四岁那年全家移居到伦敦，但他终生都以爱尔兰为家乡。2006 年，他的绘画中一度出现大量棋盘式的方格交叉图案，他说，是小时候爱尔兰的记忆回来了，在爱尔兰，所有事物——包括田野和人民——都是迷宫一般交错的棋盘。

在肖恩的作品中，记忆随处都在，它们被包藏在那些既鲜艳又暗沉的色彩之下，矩形或条纹之下。"他的画面会爆炸"，有人这样形容过。这种平静之下隐藏暴烈的绘画气质大概就是他继承罗斯科又区别于罗斯科的地方。

肖恩对贫穷的记忆深刻入骨。他说，他的家庭在英国连工人阶级也算不上。15 岁的时候，他就进到一家伦敦油漆店当学徒，绘画爱好只能在夜校里得到满足。直到 20 岁他才有机会考入伦敦克罗伊登艺术学院（Croyden）和纽卡斯尔大学（Newkasr），正式开始艺术生涯，不过此时他学习的仍是传统的具象绘画。1969 年，肖恩到摩洛哥旅行，当地织物的条纹图案和色彩给他留下了极其难忘的视觉冲击，这是他从具象转向抽象的一个节点。1973 年他在伦敦 Rowan 画廊举办个展，独创"超网格"图像并开始被英国艺术界关注。1975 年，他的知名度让他在伦敦著名的金匠艺术设计学院和切尔西艺术设计学院相继获得了教职。

但这个时期，肖恩已经被远在纽约发生的极简主义运动吸引。"二战"期间，前往美国避难的蒙德里安、达利、杜尚、恩斯特等欧洲艺术家将现代主义带到了纽约，美国艺术从立体主义、超现实主义等观念中获得了前所未有的活力。战后，20 世纪 50 年代初，在美国就迅速出现了以纽约为中心的一场艺术运动——抽象表现主义，并很快在公共博物馆和艺术评论界的推动下，跟随美国政治和经济地位的扩展而获得世界性的影响。这也是让纽约替代巴黎成为全球艺术中心的一场艺术运动。

《热火》(肖恩·斯库利工作室供图)

在西方艺术史上，一般来说，抽象画派被分为两类，一类是以德库宁、波洛克等为代表的行动画家，另一类就是以马克·罗斯科为代表的色域画家。20 世纪 30 年代移民到美国的德国抽象艺术家汉斯·霍夫曼（Hans Hofmann）被认为是"色域绘画"的先锋，他追求将色彩与形式的要素统一起来，以垂直或平行的线条色面表达内在情感。通常都认为，美国极简主义的弗兰克·斯特拉（Frank Stella）和罗伯特·莱曼（Robert Ryman）都深受汉斯影响，他的承继者里同样也包括了纽约抽象艺术家小组成员。在霍夫曼之后，罗伯特·马瑟维尔（Robert Matherwell）、马克·罗斯科（Mark Rothko）、阿德·莱因哈特（Ad Reinhardt）等人成为这一类抽象绘画的代表人物。马瑟维尔是有"后现代艺术之父"之称的杜尚的好友和追随者。罗斯科对色彩与形式的关系以及其他的关系并没有兴趣，他唯一感兴趣的是表达人的基本情绪，"悲剧的、狂喜的、毁灭的，等等"。莱因哈特自 20 世纪 30 年代就开始了他对几何形和矩形的构图试验，风格冷淡平静——尽管肖恩·斯库利一再强调他的绘画的反对确定性，但战后这代抽象主义绘画大师对他赋予的影响是难以勾销的。

在肖恩开始绘画的 60 年代，抽象艺术运动已经下落，而在纽约兴起的是极简主义（Minimal Art）。极简主义艺术家的理念是降低艺术家自身的情感表现，朝向单纯和逻辑，组成艺术品的原则，包括正确的角度、形状、比例和尺度等，尽量去除艺术家的个性因素。但肖恩认为这是一种"重复的、几何式的法西斯主义"。1980 年前后，他开始脱离"后极简"而探索自己的抽象语言，不断为作品增加个人元素。

从那个时期开始，肖恩的作品大都是以排列组合的方式重复出现的方形和矩形图案，以及后期那些棋盘形的图案。"为几何线条的构成主义作品带来绘画笔触的感性艺术气息。"肖恩的摄影作品，如 1990 年《苏格兰 II 红窗》及 2005 年的 *Aran*，和绘画、雕塑也都是同一体系构成：不同矩形在画面间呼和与层叠、禁锢或释放。

还有条纹。在20世纪早期，条纹就开始成为现代艺术家尤其是抽象主义画家偏爱的理性的形式语言，从欧洲抽象先驱蒙德里安到美国的马克·罗斯科，都是如此。肖恩的成功是从这些传统中创造了自己的条纹语言，就像美国哲学家、艺术评论家阿瑟·丹托（Arthur C. Danto）所说："他的边线有一种可触之美。这些条纹拥有生动的质感。"

从20世纪80年代起，肖恩的作品就被包括纽约大都会博物馆、MoMA、伦敦泰特现代美术馆、华盛顿国家美术馆、巴黎蓬皮杜艺术中心在内的全球150多家重要公共博物馆永久收藏。在1998年宣告过《艺术的终结》的阿瑟·丹托，为他写了《肖恩·斯库利艺术中的建筑原理》《肖恩·斯库利和绘画艺术》等多篇评论。在杜尚和安迪·沃霍尔之后，肖恩是丹托谈论最多的艺术家之一。

而对于精神秩序，肖恩试着回溯得更远。2012年，他在雅典Benaki博物馆做了一个展览——"多立克"（Doric），主题来自古希腊的爱神故事。展览包括六幅作品，展示空间仿照雅典神庙设计，他希望通过这样的探索，"在抽象绘画中寻求希腊的人文主义古典秩序"。肖恩说过，他总想像马蒂斯一样，为近乎宗教式的原因创作艺术。"马蒂斯曾说'我对生活有种宗教式的感情'，这并不是说他信教。我有相同的感觉。我希望用精神信仰来引导精神性的艺术创作，我想做出真正打动人心的作品。"

2007年后，肖恩多数时间和妻子利利亚娜生活、工作在德国慕尼黑。他在65岁那年做了父亲，有了儿子奥森。肖恩说，他现在大部分时间都用来照顾儿子，因为这是一去不复返的时光。"5岁过去，他就再也不是5岁了，我不能错过。"每天等儿子放学的时间，他都在画"老狼杰克"的故事，那是他自己为儿子编写的一套童话。

生活和情感的变化自然也渗透在肖恩的绘画里。德国南部乡村的家园气息逐渐替代了他绘画中的城市序列感，近作虽然仍以条纹为主导，它们却明显地被"刷"得更加自由，在色块边缘处，理性和秩序退让给直觉及诗意。

坚持在不回到具象的前提下寻求表现

1. 不追赶潮流反而能让我在潮流之中

曾：你在20世纪80年代早期画出了代表作《黑暗之心》(Heart of Darkness)、《后面和前面》(Back and Front)。你曾说，当初吸引你从伦敦移居到纽约的极简主义在80年代失去了人文关怀，所以你要向极简主义挑战。这两幅作品算是你的宣言吗？

斯库利：并不完全是。我当时认为极简主义最大的问题是，它归根结底都在表达一种确定性，而在我看来，这种不容改变的单一确定性其实非常接近规则式的、重复的、几何的法西斯主义。我的观点让很多人不高兴。

《后面和前面》是1980年的作品，我画的其实是一个人体的前面和后面，画面可以说是一种无序，也可以说是关于无序的有序，它打破了极简主义的规则，因为我在里面刻意增加了很多"人"的因素，比如主观的色彩、非常规的比例及直觉的组合，这幅画应该说影响了80年代的抽象主义，或者说是这一时期抽象主义的开始，让人们看到一种不同于过去的叠加和交叉。1982年的《黑暗之心》里有非洲的东西，是非常原始感的表达。如果你仔细看这几幅作品，会发现它们都试图在表达事物之间的一种关系。

曾：刚到纽约那几年，你参加什么小团体了吗，类似抽象主义小组那种？

斯库利：我在伦敦的时候已经因为"超网格"绘画在学院里出名了——我将网格疯狂叠加，看上去是整座城市扑面而来的感觉。1975年我决定到纽约去学习极简主义，到了那儿却发现这是一个错误，因为我根本不需要用五年时间去认识一种已经没有出路的绘画。

刚到纽约时，我一直在画自己的黑色系列，那时我们有一个"后极简主义"的小团体，经常在一起讨论和做展览，罗伯特·莱曼（Robert Ryman）、罗伯特·曼古德（Robert Mangold）、多拉塞·洛克伯恩（Dorathea Rockburne）、沙龙·古德（Sharon Gold）都在其中。还有一位很重要的成员是当时《艺术论坛》（Artforum）的编辑乔伊·马谢克夫（Joe Masheckv），他是我们这个圈子的核心。但到80年代后，我和他们的创作有了距离，当时纽约艺术圈的潮流是重归具象的新表现主义，我却以抽象主义被他们认识了。我发现在我的艺术生涯中一直有这样比较奇怪的现象：我的作品总是不在时髦艺术的行列中，但也从不会成为过时的、落伍的，也许是不追赶潮流反而能让我始终在潮流之中。现在也是如此，抽象主义早已经不是主流的艺术流派了，但我仍然不断地被各种博物馆邀请做展览，我的绘画没有过时。

曾：你那时对纽约的艺术圈有什么观感？

斯库利：我住在切尔西区十八大街，那是纽约非常混乱的一个街区，暴力事件很多，所以我总是处在一个绷紧的状态。事实上，我觉得当时纽约的艺术圈也让人神经紧绷。20世纪七八十年代，他们有一个很抱团、很封闭的圈子，非常傲慢，以他们特有的所谓纽约的艺术语言进行交往，对欧洲艺术家持有很深的偏见。我经常把这个圈子比作过去的罗马帝国时代，以为自己是宇宙中心，永不陷落。在那个时期，我大概是为数不多的找到了立足之地的欧洲艺术家，或许也是唯一的成功者，因为我从不放弃。

曾：什么让你感觉到自己是成功者？标志性的展览？

斯库利：不管是我在创作《黑暗之心》《虎》还是《浴者》的时候，美国各大博物馆都有人来表示要收藏。1983年MoMA做过一个重要展览，主题是呈现那几年绘画和雕塑的代表性创作，我的《虎》被选进去了。当时展厅里满场都是新表现主义，各种大头啊、飞着的小车啊，100多件作品里只有两三幅抽象绘画，其中就有我这一幅，而且后来这幅作品被大量复制、刊印。这样一来，我当然清楚地知道自己成功了。

曾：70年代末和80年代早期，也正好是巴斯奎特（Jean-Michel Basquiat）等新表现主义艺术家大红大紫的几年。你当时怎么看待他们的成功？对你的绘画方向有什么影响？

斯库利：我对巴斯奎特、菲利普·古斯顿（Philip Guston）也都很感兴趣，但并没有受到什么影响。我坚持做我的抽象艺术，坚持在不回到具象的前提下寻求表现。我们几个其实有很多交集，比如会在同一个画廊展出作品。菲利普·古斯顿是个非常有吸引力的艺术家，我收藏有他一幅画作——《黑暗日》（Dark Day），属于他从抽象转入新表现的过渡时期，是我非常喜欢的作品，和我现在的风格也有一点相似：有具象的特征，但它是抽象的；很抽象，但让人联想到具象。

曾：在安迪·沃霍尔、巴斯奎特等艺术家的传记里可以看到，聚会、乐队、毒品是那个时期纽约年轻艺术家的主要社交活动。你过着什么样的生活？

斯库利：我从来没有沉溺于聚会和毒品。我并不排斥，但自己从不花钱去买，因为实在是太贵了，我这人比较节省。你知道我来自一个爱尔兰的贫困家庭，我们家大概连工人阶级都算不上，真的是处在社会最底层，所以我从来没有大手大脚过，这些习惯伴随一生。也因为如此，我才能今天还和你坐在一起聊天。

2．我的绘画像是不同声音的组合

曾：著名的 U2 主唱博诺（Bono Vox）是你的好朋友，人们很喜欢谈论你们的关系以及你们作品的关系。

斯库利：我和博诺是在都柏林认识的。我画画的时候会放他的音乐，他写歌的时候也会把我的画作放在他身边。这是一种相当美妙的关系，在创作的时候彼此陪伴对方。生活中我们两人其实见面的机会不多，我们总在地球的两端：他在都柏林的时候我在纽约，我到都柏林他又去了圣保罗。总是这样，大概一年能见上一次。

博诺是个非常美好的人，在一篇小文章中，他称我为"心灵的瓦工"，这也是我很喜欢的一个评价。他爱我的儿子，我手机里就有他抱着我儿子弹钢琴的照片，非常甜蜜。我觉得博诺和我有相似的世界观和信仰，这些将我们联系在一起。爱尔兰男人一旦成为朋友就会温柔相待，万事都为对方着想。

曾：你好像也玩过音乐，做过乐队主唱，这些对你的绘画有什么影响？

斯库利：你知道我们爱尔兰人都热爱音乐。我祖母就在小酒吧里演唱，然后要别人买酒给她，经常喝得酩酊大醉。我妈妈也做过歌手，她最爱唱那首 Unchained Melody，后来我发现博诺也喜欢唱这首。我自己狂热地听过约翰·李·胡克、马迪·沃斯特和威廉姆斯的所有音乐，加入过乐队，我唱布鲁斯，我喜欢它简单的节奏感，砰、砰、砰，没有歌词但充满意义。我这辈子确实和音乐有强大的联系，我的绘画就像摇滚绘画，追求力量。我有幅作品叫 Hammered，就是锤击声，因为爱尔兰民族是非常有节奏感的民族，你会发现我的画具有音乐性，像是不同声音的组合。

曾：你在美国也有一个和博诺一样大名鼎鼎的朋友——艺术评论家阿瑟·丹托，他总是说你的好话。

斯库利：他是我的保护人。这么多年来，是他使我可以避开那些民族主义、保护主义的攻击。我来自都柏林贫民窟，然后成了纽约艺术圈最重要的抽象艺术家——当时有人认为最好的是我，也有人认为是里希特。但我这个人从不按照他们给爱尔兰移民规定的"剧本"来行事，所以总有一些中心圈子里的人排斥我。我在纽约有两位华裔女性支持者，不过她们是圈外人，我在纽约大都会博物馆办过两次展览，为我操持的是一位黑人女性，也是圈外人。唯一不变的圈内支持者就是丹托了，他很睿智也非常强大，别人要把他击倒是不容易的事情，而他总在维护我。如果有人攻击我的艺术，丹托就会站出来写篇文章，所以我要说，感谢上帝还有丹托。

曾：你近年常住慕尼黑，有时也在巴塞罗那，在创作上因此有什么变化吗？

斯库利：2013年的《快乐的日子》(Happy Days) 是我在慕尼黑做的最后一件作品，德国南部乡村的感觉替代了城市。"地平线"系列开始于今年，你们将发现我的画面里没有了任何垂直线条。雕塑作品《中国堆砌》刚刚在中国完成，它是为11月底在上海举办的这个展览创作的。

（采访时间：2014年11月）

中央美术学院美术馆供图

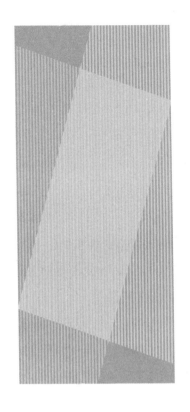

卡洛斯·克鲁兹-迭斯
Carlos Cruz-Diez
1923—

出生于委内瑞拉。作品以光线和运动的实验而闻名,通过在稳定及不稳定的色彩运用之间激发对话,被誉为"色彩运动艺术之父",也是20世纪动态艺术和欧普艺术最具影响力的代表艺术家之一。他的作品引发了人们关于本体论和知觉的哲学讨论。同时他的研究为理解艺术中的色彩现象提供了一种新的方法,极大地拓展了艺术的感知世界。

卡洛斯·克鲁兹-迭斯：
在色彩的真实中漂浮

艺术品不只是挂在美术馆或画廊墙上的东西，我希望它们具有社会性，和公众随时发生交流和沟通，处在更多人能看到的地方。像这种大型水电站，有很多工人、工程师在那里工作，他们的环境非常枯燥，我希望用自己的色彩作品为他们增加一点乐趣。

17岁走进加拉加斯美术学院时，卡洛斯·克鲁兹—迭斯的想法并未和他所处的时代有什么出入：他想用画笔来描述身边这个日常世界，在画布上实现自我表达。

那是1940年，在拉丁美洲大陆，探索本土文化、表达政治观念的墨西哥壁画运动正在席卷整个艺术圈。与此同时，以超现实主义和构成主义为代表的欧洲现代主义也开始对少数激进者发生着影响。卡洛斯回忆说，在美术学院的那段时间，他曾用尽了自己所掌握的全部绘画技巧去记录加拉加斯贫民窟的悲惨景象，以此为责任，并希望能改变现实。他的早期画作《绿鹦鹉》和《背水女》几乎就是彼时拉美绘画观念的典型映射。来自欧洲的超现实主义和壁画运动所倡导的土著主义，这两种元素看似在他的作品中共存。

几年后，卡洛斯感到了失望，他发现自己的作品在变幻无常的政治和永恒的艺术之间陷入了误区，于是信笔激情作画的愉悦消失殆尽。"我不想成为一个绘画工匠，因为我发现，如果没有一种观念或者缺乏需要表达的思想，画家就会躲进我们业内称之为'厨房'的境地，其所作所为也就仅仅是掩盖其内心空虚的雕虫小技而已。一个艺术家的承诺应不限于此，远远不止于此。"他开始暗自期许，能用一种不朽的语言定义自己所生活的时代，告知世人一种新的艺术观。

卡洛斯的色彩环境布置作品，他将"物理色彩"概念用在了巴黎伊夫林的圣－昆汀地铁站和瑞士联合银行（中央美术学院美术馆供图）

他这种急切想要叛离传统的愿望大约发生于 20 世纪 50 年代初。如卡洛斯所说，这也是在 20 世纪 50 年代和 70 年代之间的整个一代人几乎都面临的问题：需要寻找一种不同以往的艺术架构。

1955—1975 年，巴黎兴起了最新的先锋派"动态艺术"（Kinetic Art），参与其中的艺术家大多来自法国、德国、匈牙利、意大利等欧洲国家以及拉丁语系的阿根廷、巴西和委内瑞拉等南美国家，巴黎的丹尼斯·雷纳画廊成为这一艺术运动的重要据点。在美国，1965 年 MoMA 举办的一个展览宣告了"欧普艺术"（OP Art，光效应绘画）正式诞生，之后它和抽象表现主义、波普等艺术运动一起，推动纽约在 20 世纪下半叶取代巴黎成为全球的现代艺术中心。

而卡洛斯，他最终找到的反叛语言是色彩。他对色彩的固定概念——色彩是填充图形的物料——提出了质疑，不断实验把色彩作为一个刺激感知"现实"的手段而搭建起一个概念平台，即色彩可以不凭借任何依托而独立存在于时间和空间中。

"艺术家不应该依据'美学'来创作，因为今日的'美学观点'是昨天创造出来的。"在卡洛斯看来，法国化学家米歇尔-欧仁·谢弗勒尔发表于 1839 年的一篇文章——《色彩的并存对比法则》启发了现代绘画法则的改变，促使后来被人们称为"印象派"的一代画家开始去寻找光线的"本来面目"和色彩的"相对性"：他们反对学院派确立的"画室光线"一成不变的公式，在露天记录变幻的光线和色彩的"现实"。

但卡洛斯也发现，印象派画家把转瞬即逝的细微变化描绘在静止不变的画布上，结果与学院派画师一样，仍然是对观测结果的记忆，因为就在他们在画板上调色再描绘到画布上的瞬间，这些细微处已经消失殆尽。所以，卡洛斯试图把色彩与图形分开。他的艺术创作所追寻的目的之一就是拓展人的体验，使其更加微妙和复杂。他说："大部分动态艺术家都在'正常的视觉效应'极限，或者说是在传统所接受的'视觉'极限内进行创作，但我们的

卡洛斯·克鲁兹-迭斯：在色彩的真实中漂浮

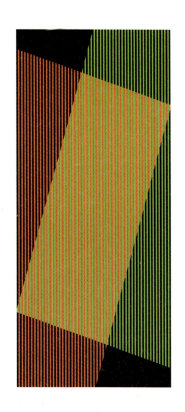

卡洛斯作品之《附加色彩》。他把色彩演绎组件累积起来，就生成了多种多样的"色彩气候"：附加色彩、反映色彩、弱化色彩（中央美术学院美术馆供图）

目的不是造成'一种效应'，而是力图揭示视野中尚未被人们认识到但又确实存在的一些方面。当把两个或者更多的色彩组件平行排开或者相互叠加，我就造成了视野临界角度。我之所以这样做是因为这样可以造成在'正常'条件下难以觉察到的色彩表现。"

街头于是成为卡洛斯的"画布"。1954年，当他开始探索自己的色彩语言时，第一批作品就是在加拉加斯的街头完成的。他把几个十分简单的作品排放在大街上，如《可操控旋转柱体墙面》《第一个外墙面作品》，都是一些可以旋转、挪动的几何或线条图形，邀约观众自己动手操作而使之发生色彩变化，从而使观众摆脱传统的顺从和被动的旁观者角色。

这实际上正是远在巴黎酝酿的"动能艺术"运动的主张，即通过动态的作品，重新建立观众与作品之间的沟通机制。不过当时身在加拉加斯街头的卡洛斯对此运动还一无所知，他只是本能地觉得，加拉加斯并非自己开始艺术冒险的理想地点——巴黎的最新艺术动向有时候需要三四年才会传到委内瑞拉，何况在孜孜求变的卡洛斯看来，委内瑞拉新闻媒体上报道的博物馆的展览并不代表最新动向，也不代表那些最年轻大胆的艺术家在工作室里的所思和所为。"他们的作品之所以能够在媒体上发表或被某个博物馆拿来展览，是因为推动这些事物的人已经确认他们这样做不会有任何失误和风险。"

1955年，卡洛斯决定到巴黎去寻找他在美术学院时期的同学赫定斯·索托（J.R.Soto）。卡洛斯回忆，到巴黎见到索托后，索托请他去丹尼斯·雷纳画廊参观了一个"动能艺术"展览，参展的有波尔·伯里、赫定斯·索托、维克多·瓦萨雷利（Victor Vasarely）等艺术家。这些名字后来都作为"动态艺术"的代表人物而进入了西方现代艺术史。"他们所有人都融合了时间和真实空间的观念，并把动手操控作为参与的原则。"在巴黎所见的一切，让卡洛斯觉得非同小可，"心衰力竭"，但同时他也受到一种鼓舞，感到一种自信，因为即便这个展览如此大胆前卫，也还没有人像他那样对待和研究色彩，把色彩看作一种在时间和空间中的瞬间演绎。

卡洛斯在巴黎和西班牙进行了为期两年的短暂游历和创作，1957年他回到加拉加斯后创立了自己的"视觉艺术研究"公司。为谋生他要接些平面设计的活儿，诸如为抵达加拉加斯演出的纽约交响乐团设计目录之类，但他也继续埋头于对色彩的研究和实验。他期望能比马列维奇、蒙德里安、保罗·克利等探索色彩的前辈大师走得更远，找到一种新的"支撑材料"，用以揭示色彩的本来面目，"即一种不断变化、缺乏稳定性、模糊不清和取决于偶然的光线环境的事实"。

到1959年，卡洛斯完成了第一批研究"平面的不稳定和模糊性"的作品。作品都有十分古怪的名字，看起来更像是物理学论文，比如《平面的光学调制》《连锁建构》《视觉结构》《结构和空间震颤和失望膜延时现象》《平面双重动画》等。这些作品也是对他艺术观点的一种事实陈述："制作艺术品和创造艺术是深思熟虑、复杂的决策及分析过程的结果，绝非仅靠意愿、直觉或随心所欲就可以实现的。"

关于"色彩辐射"和"色彩附加"的概念，就在对这20多件作品的反复分析中完成了，如同实验室里产出的严谨数据。《平面双重动画之色彩辐射》是其中非常重要的一件作品，卡洛斯画了一系列的平行色条，将其以适宜的间距排列，让它们的色彩影响其周边区域，这办法使得其临近的区域形成一种虚拟的色彩。卡洛斯说，这是他对平面的不稳定性和模糊性所做的研究的收山之作，也是此后研究"物理色彩"的开始。

1960年，由于对新作品在加拉加斯受到的冷遇深感失望，卡洛斯用二十七天时间变卖处理了家产，携全家人搬到巴黎。他如愿以偿地体验到各种被包围在层出不穷的艺术团体和观念之中的前卫景象，不过他仍然保持着单干的状态，拒绝加入任何组织。因为他深信，"艺术是一种个人冒险，就像以前我在加拉加斯开始从事的事业那样。艺术家应该承担其所带来的全部风险，无论是得到社会对其主张的认可，还是遭遇失败或者作品随着时间销声匿迹"。

很幸运，他没有销声匿迹而是得到了认可。1965—1968年，他在位于巴黎女士街的工作室里实验并命名了"物理色彩"：这是一种组图结构，艺术家使用红、蓝、绿等几种基本物理色彩，通过大规模的复制来表现出"空间中的色彩"，使其成为一种不依靠任何依托的漂浮物质，从而把观众包围在彩色的空气环境中。

各种展览和奖项随之而来，他的名字开始被人排列在马列维奇、保罗·克利、约瑟夫·阿尔伯斯等人之后。作为"动态艺术"的根据地，1969年，巴黎丹尼斯·雷纳画廊为他举办了个展"克鲁兹-达斯：五项色彩建

卡洛斯的色彩环境布置作品，他在委内瑞拉完成的辐射状色彩结构环
境布置：《向太阳致敬》（中央美术学院美术馆供图）

议"；在同一年，法国国家当代艺术中心举办"街头艺术展"，他的作品《色彩饱和的迷宫》被陈列在巴黎左岸、圣日耳曼大道的 Odeon 地铁站出口，那里是时尚和艺术人士必经的熙攘之地。在1970年第35届威尼斯双年展上，委内瑞拉选择用他的个展来代表国家馆。从那以后，他的作品陆续被一些国家级博物馆列为永久馆藏。

在成名之后，卡洛斯还是像从前一样钟爱在街头和公共空间实现作品。在20世纪70—80年代，他在出生地委内瑞拉完成了多个公众场地的色彩环境布置。1975年，运用自己的"附加色彩""色彩感应"概念，他为加拉加斯做了一个"行人步道"和"公共汽车"的临时涂装项目。1977—1986年，他用将近十年的时间在赫尔曼州的劳尔·莱奥尼水电站1号发电机房做了一组"附加色彩和色彩结构墙面"的色彩环境布置。同时期，他用"附加色彩"概念为西蒙·玻利瓦尔国际机场的主楼大厅涂装了墙面和厅室，用"物理色彩"为巴黎伊夫林的圣—昆汀地铁站装饰了走廊的天花板。

或许在某种意义上，在加拉加斯这座城市的某些角落，卡洛斯终归还是实现了他初入美术学院学习绘画时的愿望：艺术改变现实。

我很幸运，有一个诗人父亲

曾：你出生在委内瑞拉并度过了整个青年时代。能说说你的家庭以及成长的时代背景吗？那段生活对后来的艺术创作发生过什么影响？

卡洛斯：我的色彩艺术和过去在委内瑞拉的生活现实没有太多联系，不过也并非完全没有。当我提出想要从事艺术的时候，父母很高兴地支持了我。要知道在我生活的那个时代，在委内瑞拉，做艺术家被认为是一个非常疯狂的想法，但我很幸运，我有一位诗人父亲。记得小时候父亲经营一家工厂，我常去那里玩，窗前有一排彩色玻璃瓶，我把手举起来，阳光就透过瓶身落在手上，投下彩色的斑点，我一直记得这个场景。也许因为有这种童年记忆，进入美术学院后，我对色彩情有独钟。几年下来，我开始了长时间的思考：大家都在做同样的事情，用画笔把色彩涂抹在图形里，难道就没有另一种方式来表现色彩吗？为了理清这些想法，我开始大量阅读，对物理、化学、彩色摄影和工业技术都饶有兴趣地去了解，这对我后来探索色彩很有帮助。

印象派画家曾追求在静态的画布上再现转瞬即逝的光线，但他们仍旧无法在固化的时间点把动态的色彩留住，当他们画下一朵玫瑰，玫瑰的颜色已经发生了变化。我于是思考如何在不断变化的环境中，寻求一种介质把色彩的真实状态表现出来，这就要回到我童年的那个场景：把手举起来，玻璃瓶子的各种色彩停留在我的手上，那一刻它不会变色也不会消失，所以我后来觉得色彩可以不通过画笔而呈现在空间里。一千年前的红色和此时此刻的红色，它们是同一种红色——在现实中，色彩是正在进行时而非过去完成时。我的色彩是在空间中独立存在的色彩，而不是通过画笔和画布来表现的。我画最后一幅画是在1955年，此后再未拿起画笔。

曾：20世纪50年代后期，你有几年在委内瑞拉生活和创作，当时正是拉美文学的魔幻现实主义开始盛行并风靡世界，在这方面，拉美的现代艺术领域受到了什么影响吗？你自己的创作呢？

卡洛斯：我个人没有受到什么影响。由于我父亲的原因，我接触了很多诗人，诗歌对我的影响要大得多。不过在最初还画画的时候，魔幻现实主义多少影响过我一点。我曾画过连环画来谋生，我以为通过自己的画作可以改变穷人的生活，但我失败了。

曾：1960年，你因为对加拉加斯的保守艺术氛围感到失望而迁居巴黎。为什么选择巴黎，而不是当时即将成为现代艺术中心的纽约？

卡洛斯：不，在1965年以前，纽约还什么都不是，巴黎才是中心。那时"动能艺术"运动的中心也在巴黎，来自英国、德国、意大利、日本以及美洲的艺术家都聚集在那里创作，交流各种想法，比如关于绘画的即将消亡。

曾："动能艺术"大师维克多·瓦萨雷利一直住在巴黎，直到1997年去世。你和他有交往吗？你们在创作观念上有明显的分界吗？

卡洛斯：对，我们是朋友。就像刚才所说的，那些年我们都觉得绘画快要终结了，都在寻找一种动态的艺术，能让时间和空间流动起来。不同的是，瓦萨雷利仍是最后的画家，他一直在平面上为色彩寻找各种新的可能性，而我就完全放弃了平面而转向空间。另外，瓦萨雷利仍然赋予色彩以形态，但我寻求彻底舍弃形态而让色彩独立存在。

曾：在你著名的色彩环境布置作品中，有几件都是做在大型水电站的机房里。为什么会选择水电站来做作品？那里不像机场、地铁等公共场所，应该是比较缺少传播性的地方。

卡洛斯：对于我来说，艺术品不只是挂在美术馆或画廊墙上的东西，我希望它们具有社会性，和公众随时发生交流和沟通，处在更多人能看到的地方。像这种大型水电站，有很多工人、工程师在那里工作，他们的环境非常枯燥，我希望用自己的色彩作品为他们增加一点乐趣。那些做在加拉加斯行人步道和公交车上的作品也是出于相同的出发点，给每天匆忙行走的人带来少许改变，使得路面不只是拥挤和充满噪声。当然，我的作品并非在加拉加斯随处可见，人们只有到某个

334

特定的地点才能看到。

曾：从20世纪50年代至今，你已经历了艺术史所划分的"现代艺术、后现代艺术、当代艺术"三个时期。在个人的创作中，这种艺术潮流的变化对你有什么影响？

卡洛斯：我是一个研究者，描述色彩的"诗人"。身边发生的后现代也好，当代也好，各种艺术阶段的潮流对我都没有太多影响。我朝着自己选择的方向往前走。

曾：你现在还每天工作吗？我很好奇你做出那么多魔幻色彩的地方是什么样子，比如它是否像现在很多中国艺术家的工作室一样，有庞大的空间？

卡洛斯：我每天都会去工作室，随时都在创作。巴黎很小，我的工作室也很小，就在我的住处。不过我现在也还保留着我到巴黎后的第一个工作室，那儿很有意思，之前曾是个肉店。有机会的话，欢迎你来巴黎参观它。

（采访时间：2013年3月）

上海乔空间供图

马丁·克里德
Martin Creed
1968—

英国艺术家。2001年获得特纳奖,从此声名鹊起。他的所有作品都具有相同的内在特质:取材于司空见惯的物品,激发人们对艺术进行重新思考。他的音乐家及作曲家的身份也与视觉艺术家的身份密不可分,往往利用从音乐中汲取的自由,来表达在装置和绘画创作中产生及延伸想法的过程。作品被纽约现代艺术博物馆、爱丁堡苏格兰国家美术馆和伦敦泰特现代美术馆等机构收藏。

马丁·克里德:
只有在艺术这个领域,
你可以发发神经

艺术,可以被理解为一种领域,只有在这里,人可以不循常理,做些愚蠢又疯狂的事情。生活中有太多地方要讲道理,但在艺术这个领域,你可以发发神经。我觉得这很重要,因为生活本身就很愚蠢,人又往往要在其中装智者、装精英,这种故作聪明违反了生活的本质。

坐在我对面的马丁·克里德,令人惊讶地,并没有顶一头他在个展海报照片上的炫酷"爆炸"头。灰白短发,穿件貌似不甚合身实则老派时髦的西装,笑容灿烂,看起来和国外报道中那个作品冷峭奇绝到令英国观众怒扔鸡蛋的前卫人设有点小错位。

"你的头发呢?"

"一个月前剪掉了,因为突然很讨厌长头发的自己。剪掉又后悔了,还是喜欢原来的样子。我留了很多年长发,这是我第一次剪短。这个改变的唯一好处是让我意识到自己多么热爱长发。"

在我掏出录音笔之前,马丁·克里德已经把他自己的小录音器放到桌上,等待采访开始。他向我介绍这是电影人常用的一种录音工具,长处是捕捉现场音,比普通录音笔的收音效果更好一些。日常所有的采访,和朋友的大多数聊天,他都习惯录下来。

"谈话也是一种作品。有时候灵感就是从谈话中涌现出来的,我得录下它们,否则就像绘画没有纸笔一样。我觉得词语是我创作中一个特别重要的主体,就像那些霓虹灯装置,实际上都是通过词语来进行沟通的载体。"马

马丁·克里德：只有在艺术这个领域，你可以发发神经

马丁·克里德上海个展现场（上海乔空间供图）

丁·克里德说。

展示在上海西岸乔空间门口的《编号2756：理解》，是据马丁·克里德的知名作品 *UNDERSTANDING* 制作的中文版本。这位英国明星艺术家的中国个展将持续到2017年2月。之前他的英文巨型霓虹装置《No·2630：UNDERSTANDING》是安放在纽约布鲁克林大桥公园的，而在空间和语言都转换完成后，"UNDERSTANDING"在中文里的多重释义也同时呈现了：理解、谅解、认识、默契。

对语词的这种敏感和迷恋，已经成为马丁·克里德的辨识度之一。他告诉我，在录音机外他还有两个为文字而备的秘密工具。这些年他习惯了随身携带小本子，即时记录自己看到的有趣词语或者好玩想法。他通常两周多就能写完一本，然后贴上日期标签保存起来，目前已经收了好几抽屉。另外就是手机："经常半夜醒来，脑子里会冒出一些词语片段。有时也不光只是词

马丁·克里德在上海个展的霓虹灯作品（上海乔空间供图）

语，还有节奏，那就随时用手机里的语音本（Voice Note）录下来。"

克里德的作品极简，但并不概念化，"简单而抒情"。他有几件著名的作品，听起来匪夷所思，放在日常环境里，却往往给人最直接的打动。

20世纪90年代，他还没有出名，因为缺钱，总是尽可能用最节省的材料在最小的空间里完成作品。有一天，他把一张A4纸攥成了一个纸团，作品名为《揉成球的一张A4纸》。

1999年，他和女友分手，沮丧中听了很多安慰的话，"一切都会好起来的"可能是其中人们重复最多的。于是他把这句话做成了霓虹灯装置：EVERY THING IS GOING TO BE ALL RIGHT，从1999年到现在，这句令人感到慰藉的空话已经闪烁在多座城市的标志性建筑之上，比如纽约时代广场、温哥华中国城、苏格兰国家现代艺术美术馆，成为永久装置。

2000年，在一个空房间里，克里德让里面一盏灯每隔5秒一开一关，如此不断自动循环直至展览结束。他回忆说，当时实在是因为没有足够自信可以找到一件作品放进这个房间，正好房间里有盏灯，他想，那我就让它一开一关吧，"会有某些东西发生的"。2001年，他因为这件《227号作品：这些灯会忽明忽灭》获得了英国当代视觉艺术大奖——"特纳奖"，也成了这个最具争议的奖项历史上最具争议的获奖者。

一位名叫雅克利纳·克罗夫顿（Jacqueline Crofton）的艺术家，甚至生气地向忽明忽灭的房间的墙上扔了一个鸡蛋以示抗议。英国一篇报道说，克里德因为这件事也很受伤。"我不停地在两个极端中间徘徊：我的作品是团屎，我的作品非常伟大。"

成名后，2008年他获邀进入当代艺术家几乎人人向往的伦敦泰特现代美术馆涡轮大厅做展。和之前那些名人都带去巨型装置不同，他差不多是空手而去，所做的只是每隔30秒就安排一位运动员猛跑过大厅，把习惯静默的美术馆"改装"成了大变活人的背景板。这就是他的《850号作品：奔跑者》。

克里德每一件作品几乎都遭到质疑：如此简单直白，到底算不算艺术？获特纳奖时，他33岁。他说，当时第一个感觉就是自由了，可以做自己想做的作品而不再逢迎他人。他获奖后完成的头两件作品都是霓虹灯装置：*Babies* 和 *Shit*。望文生义，既有《宝贝》一样的甜蜜，又想对着一团《屎》大喊"去他的"……可以看出他当时直观又复杂的心理。

克里德1968年生于英国维克菲尔德（*Wakefield*），家庭也没有什么特别之处。他的父亲是个银匠，在他3岁时，全家因为父亲的工作变动而移居到苏格兰的格拉斯哥（Glasgow）。他在那里长大，有人认为后来在他作品中表现出来的冷俏的幽默以及不动声色的温情都有苏格兰人性格底色。

1986年他考入伦敦大学的斯莱德艺术学院（Slade School），那是英国最好的艺术院校之一。进校第二年，他已经显得和别人不太一样，他决定要将自己的全部作品用数字编号来命名，这个数字"工程"直到今天仍在不断累加。

当克里德开始后来知名的霓虹灯创作时，他清楚自己并非独一无二。美国艺术家布鲁斯·瑙曼（Bruce Nanman）早在20世纪六七十年代就开始用霓虹灯符号进行观念创作了。但瑙曼比较偏爱文字游戏实验。比如将 None Sing（无人唱歌）的字母改换一下顺序，变成 Neon Sign（霓虹灯标记），再用霓虹灯的形式呈现出来。这种文字游戏探索的更多是艺术形式和符号意义的关系，相比之下，克里德的作品简单而直接，词语就是词语本身，意义有时通过文字和环境的互文来显现，或者干脆剥除意义。"我的出发点是情绪。"克里德这样说。他也宣称过，自己创造作品并不是对概念艺术的学术探究，而是"想要去交流并说'你好'"。

他后期的墙画作品，简单而有秩序地重复不同颜色和不同形态的事物，比如直线、半圆、菱形，让人感受到艺术家在幽默之下隐藏的焦虑感。在采访中，他不断从西装口袋里掏出湿纸巾来擦拭双手，显然，那并非出于清洁的需要。他有一件在某著名画廊展示的作品，就是以自己日常用过的无数纸巾堆成。

在乔空间的"马丁·克里德"现场，除了油画、霓虹灯、装置、墙面绘画、雕塑等作品形式，还有两件新作是 2015 年后的视听录像装置，《让他们进来》(*Let Them In*) 和《边界控制》(*Border Control*)，题材都和欧洲难民危机有关，用手机的录音机录制了他创作的单曲，配上他拍摄的视频。

一个只想跟人说"你好"的艺术家，如何看待艺术和社会政治的关系？克里德说，和自己的其他作品一样，这两件录像装置其实并没有特别的政治含义。他声称向来讨厌"边界"这种东西，不喜欢被限定，所以欧洲难民危机之后，他经常想到关于国家边界的问题。"为什么要有那样一条线？"他认为国界的存在非常可笑，把这种看起来理性思考不多的情绪变成了上述作品。

多数艺术家都追求智识和思想者的身份，尤其是已经成名的人。但马丁·克里德反其道而行之。他说，只有艺术这个领域可以让人做愚蠢又疯狂的事情，而这正是艺术有意思的地方。

创作是在帮着把压力释放

曾：你以霓虹灯装置成名。当初为什么选了这种方式？

克里德：一开始用霓虹灯是因为它实用。最早我那些作品都是放置在户外的，黑夜里如果想让人看清楚，就得明亮。等我越来越多地使用霓虹灯以后，就和我以唱歌的方式使用文字是同样的道理了：可以通过控制霓虹灯的开关来产生某种节奏，就好像说话时，说和不说之间的停顿。

曾：你曾多年不画画，你当时跟媒体说是因为没有想清楚绘画的意义。但这次你在上海乔空间的个展有不少画作。什么时候又开始画了？想清楚绘画的意义了吗？

克里德：我确实曾经停止画画，因为我想搞清楚自己为什么要画画。上学时候我学的是油画，那时觉得自己之所以画，是因为我学的就是这个，所以画画变成了一种预设。而我并不喜欢这种预设的过程，我不希望受到任何限定，不想为了实现什么结果而创作。所以我就停下来，尝试去做一些不需要预设的东西。当你看一幅画的时候，无论如何都逃不开后面那堵挂画的墙，我觉得这非常干扰作品的纯粹性。所以我后来开始用整个空间来做一件装置，这样的话，作品就成为一个很纯粹的整体而不用再和其他事物分离。

曾：那么，你现在想清楚绘画对你的意义是什么了吗？

克里德：我很讨厌边界，而画都是有边界的。当我以整个房间、整栋建筑物来做绘画或装置的时候，我其实不知道该在哪里停下来。当作品占据了整个房间，我会想，为什么不向门外延伸呢？这就像是另一个"画框"。在做这些作品时，我有时会产生一种自己在掌控整个世界的错觉。现实生活中我当然不可能掌控什么世界，我需要认清自己是浩瀚世界中的微茫个体。那我就想，为什么不在画纸上试试？

曾：几年前我在西班牙马德里看过你的回顾个展，其中有一件是你将一排钉子钉在墙上，它们和灯光下投射的自己的影子构成了作品。简单到无法忘记。我很想知道那个阶段的你对艺术形态有什么思考？

克里德： 对，应该是很多大小不一的钉子。我所感知的世界是混沌的，目之所及，心之所想，真实与非真实交集在一起。如果你让我做一件非常清晰明确的事情，比如选一个单词或者画一根直线，对我来说都是"残酷"的也是违反本性的——在一个如此复杂多变的世界里，这些事物都太过确定了。

我有时候把一件作品当作是整个世界的缩小版，即"微缩宇宙"（microcosmo），比如现在展厅里那幅大画，在一幅画中用了各种各样的色彩，色彩之间也并非泾渭分明而是相互混杂。你所说的那件钉子的作品，创作时间在这幅画之前，同样隐含了"微缩宇宙"，所以我使用了从大到小各种规格的钉子，是一个"大人"和"小人"的家族。你看到的叠落在一起的椅子也是一样。

我不喜欢把什么东西藏在作品里面，我想让它们一览无余，看得清清楚楚。这种"一览无余"包括让人看到一幅画是怎样画出来的，因为对我来说，"绘画是对已发生事实的记录"。

曾： 你20多岁毕业后开始做职业艺术家。那个时期你周围的人都在做什么样的艺术？你如何确认了自己想做什么？

克里德： 我还在艺术学院时，以达明安·赫斯特（Damien Hirst）为代表的"英国青年艺术家"群体（Young British Artists，简称YBA）已经流行起来了，比我出道早四年。这样的趋势帮助了我，因为当时全球有很多关于"YBA"的展览，我的作品也逐渐有机会出现在这些展览当中。但我觉得自己并不属于"YBA"一代。"YBA"是当时的时髦潮流，我这么说并不是贬低他们，他们实在是太流行了，而我和他们的风格不是很一样。

曾： 当时苦恼自己如何超越、如何出头吗？

克里德： 可能稍微有一点。我私下里也认识一些"YBA"，有的是在聚会上认识的。当你真正见到这些艺术家本人之后，可能会带走一些你未见其人时的神秘感，会让你感觉"既然你能做，我也能做"。但是刚从学校毕业的时候，我确实非常压抑，身无分文，只有一点点失业补助，而我那么想做自己的创作，不想去找工作。

当时我也不知道自己以后能不能赚到钱，我

只能做一些很小的、不花钱的作品，比如把一张A4纸揉成一个球……那种压抑，现在回想起来更加悲伤，因为我觉得现在的心境和过去并无不同。那时我感觉生活艰难，但还抱着以后会慢慢变好的希望；现在我依然感觉生活艰难，区别只不过是我接受了生活本就艰难的事实。而且，我也接受了生活不会再变好的事实。所以我依然是悲伤的。

曾：33岁拿下最著名的艺术大奖"特纳奖"，也没有改变你的生活观感吗？

克里德：这个奖确实改变了我的一些想法。我很开心能得到这个奖，就像以前在学校里得奖一样，得奖之后我就觉得自己可以从学校毕业了。拿了"特纳奖"以后，我的感觉是自己再也不需要讨好和取悦我的"父母"了。这里的"父母"并非是我现实生活中的父母，而是说那些高大上的、像伦敦泰特现代美术馆那样的权威。

我之前做作品都很想让他们喜欢，得到他们的认可，但始终没有得到。获奖以后我自由了。"特纳奖"让我可以去做自己想做的东西，而不再是为了逢迎他人。对我来说这就是一种自由。

很多事情都无非如此。比如获奖或是得到一栋房子，你会发现这并不能解决你所有的问题。"特纳奖"也让我明白，奖项同样不能解决一切。

曾：你的作品被人评价为简直极简到"一丝不挂"，但作品标题又特别冗长。你对语词的这种迷恋是希望阐释作品，还是为了好玩或其他？

克里德：我其实不想那么复杂。有的作品确实有很长的标题，但也有很多作品干脆没有名字，只有数字编号。对于我来说，长标题不是为了显得意义复杂，相反，是要简单、易懂、直白。比如我的作品编号158就有一个长名字：*Something on the left just as you come in not too high or low*，作品大概就是一张纸放在一个白色画框里，挂墙上，写上字，那行字的内容和标题一样，画框也确实在房间左边，"不高又不低"。

曾：如果你出去看展览，什么样的作品会让你觉得有意思？

克里德：我觉得并没有一个固定的标准。但

我肯定不喜欢那些看起来自以为是、通晓万物的艺术家创作出来的东西。我当然并不确定通过看作品就能知道一个人是否自以为是，但有时听艺术家一开口就能明白，这个人是不是很自大。我喜欢那种看上去傻傻的、笨笨的，但能让我一笑的作品，而不是看起来故弄玄虚的东西。

曾：你一直做音乐、玩乐队。如果用音乐视角来描述你的绘画或装置，你觉得大约是什么风格？朋克？

克里德：我并不太想把自己的作品限定在某一种既有的风格之内。我现在的作品更接近于那种很快速、直接的创作，如果用音乐的视角来定义，应该算是即兴吧，等于在演出现场即时即刻迸发出来的那种。

我总觉得人就像个高压锅，有很多压力，控制不好很容易陷入危险境地，而创作就是在帮着把压力释放。有的艺术家会把压力先释放到工作室，再从工作室转移给外部，工作室于是成为他们与这个世界的中转站。但我不想要什么工作室，我想直接向世界表达。这也是即兴创作的意义所在，不需要彩排，不需要写在纸上记录下来。

曾：你难道至今都没有自己的工作室吗？

克里德：没有，我就在家工作。不过我也会有其他场所帮我完成作品的最后制作。

曾：前段时间艺术圈有一个很著名的采访，很多知名艺术家被要求回答同一个问题：What is art for（艺术何为）？我也想知道你的答案。

克里德：这是一个很难回答的问题，因为我还没搞清楚艺术是什么。但是我们所熟知的艺术，可以被理解为一种领域，只有在这里，人可以不循常理，做些愚蠢又疯狂的事情。生活中太多地方要讲道理，但在艺术这个领域，你可以发发神经。我觉得这很重要，因为生活本身就很愚蠢，人又往往要在其中装智者、装精英，这种故作聪明违反了生活的本质。

曾：最后一个问题：你觉得鲍勃·迪伦会去领他的诺贝尔奖吗？

克里德：……我觉得他会。

（采访时间：2016 年 11 月）

细江英公

1933—

日本摄影师和电影制作人。战后日本的第一代现代摄影大师，1963年以作家三岛由纪夫为模特拍摄的写真集《蔷薇刑》让他开始获得巨大的名声。作品以充满心理意识的形象而闻名，经常探索诸如死亡、迷恋和非理性等主题，如今被纽约现代艺术博物馆、阿姆斯特丹市立博物馆和英国维多利亚与阿尔伯特博物馆等机构收藏。2010年被授予"日本文化功芳者"称号。

细江英公：
我的剧场

拍摄的时候，我要把他带到我熟悉的环境里面，按照我的方式来拍，那就是我的"细江剧场"：在那里，我是制作人、导演、观众，也是评论家，被拍摄的人在为我做一场隆重的演出。

三岛由纪夫和《蔷薇刑》

在北京草场地摄影季的"写真绘卷"展上，细江英公将作品装裱成了日本传统画轴的格式，像是长轴的绘画，影像则是使用喷墨技术输出在日本纸上。长轴和纸本，这种形式使他本来就讲求内在戏剧张力的影像有了更浓烈的叙述性。细江英公说："我以为摄影与文字的关联是非常重要的。尽管两者之间是独立的，不是相互之间的描述，但是有时候在本质上的关联，强化了相互之间的表达质量。"

细江英公 1933 年出生在日本山行县，是一名佛教祭师的儿子，他自己后来也是佛教徒，所以人们总试图在他的影像中发现宗教的影响。他最有名的作品是以作家三岛由纪夫为主角拍摄的《蔷薇刑》。谈论细江英公，就不可能不提及它。这本充满生存与死亡气息的摄影集，给三岛由纪夫十年后剖腹自杀的一幕增加了预言性的神秘感。

细江英公告诉我，《蔷薇刑》这组照片的拍摄其实分为两个阶段。最初是日本出版商"讲谈社"指派给他的一项拍摄任务，时间在 1961 年 9 月。当时三岛由纪夫要出版他的一本随笔集，讲谈社请细江英公去拍一张用作封套和卷首插图的照片。细江英公说，当时他只是一个年轻摄影师，编辑川岛在电话中告知他是三岛由纪夫特别指定他来拍摄时，他有点吃惊。

"三岛由纪夫后来说，让我给他拍照，是因为看了我以土方巽为拍摄对象的《男人和女人》那组照片。"细江英公说在1959—1960年拍摄的《男人和女人》强调自我和内在表达，当时这种做派在以纪实为主流的日本摄影界显得十分叛逆。"当时的日本人特别是摄影家都说，这哪是照片啊，这是另一种东西。"27岁的细江英公和年长一些的摄影家进行了激烈的辩论，当时的主流是把黑白处理得单纯一些，那样才是好照片。"很多人认为这不是照片，但是我认为这是照片，而且坚持这个想法走过了六十年。"

多年后，他把自己的摄影观念总结为"球体写真二元论"："如果我们把客观和主观想象成一个像地球的球体，比如说客观在北极，主观在南极，如果从北极走到南极，可以有无数条路线相通，可以从东边走，也可以从西边走，也可以从某一个另外的角度去走。在这种无限的可能性中，我们要追求自己的摄影表现，要有这样的自由。"

一个星期后，细江把照片洗出来，由出版社转交给三岛由纪夫，这就是那张裸露上身、手执蔷薇花直视前方的著名头像，也是《蔷薇刑》系列里最早的一张作品。在这次拍摄过程中，细江说他发现三岛是一个相当特别的被摄体，比如可以持续5分钟瞪视镜头不眨眼。

三岛对他拍的这张奇怪的照片非常喜欢，所以他反过来对三岛也非常感兴趣。完成出版社的任务后，他提出想为三岛再拍摄一组照片，通过三岛的身体与肉欲去探讨一个生与死的主题。

细江把拍摄场景选在三岛由纪夫的家里，让他在熟悉但又是精心安排的布景中逐渐发挥。道具都是三岛自己喜欢的，比如他钟爱的洛可可风格的房间，从意大利带回来的座钟、绘画、家具。1951年底，在写完长篇小说《禁色》第一部后，三岛由纪夫曾以《朝日新闻》特别通讯员的身份环游世界半年。他在这次旅行中所获得的对于西方文明的美学经验，以及1957年旅居纽约一年的经历，对他的个人审美以及写作都影响至深。

Dear Mr. Jan von Adlmann:

Enclosed is a picture for your collection which was once printed on / a Japanese magazine.

I am very happy to hear your coming to Japan soon. I like to know your itinerary and hotel as soon as it will be fixed up, since my schedule will be not always free and in the case of your phone-call my servant does not speak English. I think it would be the best way to contact you that I'll call you on the phone to your hotel as soon as you'll arrive Japan.

Saint Sebastien is the very very peculiar theme in Japan, this non-catholic country. I am sure you could have very seldom oppotunity to talk about the theme in Japan.

as always
Yukio Mishima

20 March 1970

细江英公拍摄的三岛由纪夫写真，作家模仿了西方名画《塞巴斯蒂安的殉难》之场景（视觉中国供图）
左为作家当年的亲笔书信，2009 年在东京旧书市场被拍卖

"三岛由纪夫非常喜欢文艺复兴时期的画和画家，所以我从他借给我的意大利文艺复兴画册中选了《卧着的维纳斯》这幅画。我觉得这里面可能都有三岛的魂灵，因为三岛经常看它，他的肉体里已经融入了意大利文艺复兴的东西。我有了一个想法，把三岛和维纳斯拍在一起，做一个自然的融合。"在这幕场景里，还有两个配合三岛由纪夫的被摄体，一个是日本舞踏大师土方巽，另外还有一个女性身体，是当时土方巽的女友出演，后来她成了土方巽的妻子。

为三岛由纪夫拍摄的整个过程，从 1961 年秋持续到 1962 年春。"我试图通过拍摄三岛由纪夫的身体与肉欲去探讨一个生与死的主题，但这个想法并不是从一开始就那么具体。如同三岛由纪夫在他书中序文所写的那样，主题里最重要的元素是在最后几个章节中呈现出来的。事实上，在拍摄过程中我的想法开始一点一点地形成，在拍摄接近尾声的时候，我的概念已经清晰地建立起来。当一切变得具体而明确的时候，我知道这如同一个婴儿的诞生。"细江说，当时，他真的想把三岛由纪夫年幼的儿子也带到拍摄现场，但是知道不可能得到他的允许。不过，三岛由纪夫允许细江带了一个不知名的孩子到他家里，作为模特配合他。

只要进入拍摄，细江英公在现场就要有绝对的控制力，即使对方是三岛由纪夫。日本另一位摄影大师森山大道在接受媒体访问时曾谈到细江先生对他的影响："我在担任他的助理期间，学习到相当多的关于想法与实务操作上的课题，特别是通过实际放大细江先生的作品，磨炼暗房作业的技艺……其间，拍摄三岛由纪夫现场与出版《蔷薇刑》摄影集的原稿制作，我几乎是全程参与。而在多次拍摄三岛由纪夫的现场，我也亲眼看见细江先生掌握拍摄主导权的过程。"

当时细江英公来到三岛由纪夫家中，发现他正在进行日光浴。于是，细江将他放置于大理石的黄道十二宫场景，身上缠绕着花园的水管。细江说，帮他缠绕水管的正是当时任他助手的森山大道，"那时他还没有出名"。

拍摄那年，细江英公28岁，三岛由纪夫38岁。细江回忆，作为被摄体的三岛展示了华丽的、有力的身体。"这就是三岛由纪夫完美的身体，他从不承认肉体的衰退。"这些照片以"Killed by Roses"为名在1963年首次发表，但在当时并没有引起后来这么大的反响。

1970年10月，三岛由纪夫在美国纽约举办个人写真摄影展，展览标题定为"蔷薇刑"。在这之前的1970年夏末，三岛由纪夫曾与细江英公商谈再版1963年的影集。新的版本由三岛由纪夫亲自改编，分为五个章节：海洋和眼睛、眼睛和罪孽、罪孽和梦幻、梦幻和死亡、最后的死亡。但就在筹划出版的过程中，三岛由纪夫在 1970 年 11 月 25 日切腹自杀了，于是这本书也被很多人看成三岛由纪夫死亡事件的一个组成部分。细江英公推迟了影集的出版时间，直到 1971 年事件逐渐平息。经过重新整理的《蔷薇刑》，出版后引起轰动。

土方巽和《镰鼬》

森山大道曾说，虽然他全程参与了《蔷薇刑》的拍摄与摄影集制作，在细江先生的所有作品中，他仍然觉得《镰鼬》（*Kamaitachi*）最令他印象深刻。

细江英公的摄影风格，并非横空出世。他成名的 1955—1965 年，也是战后日本最重要的十年。经济高速发展的同时，影响日本至今的一批前卫文化人士都在其间出现，并确立了各自的影响力，如舞踏的两大宗师大野一雄和土方巽，前卫艺术家草间弥生，也包括摄影先锋人物细江英公。

1959 年 9 月，在东京的一个小剧场上演了根据三岛由纪夫小说改编的舞蹈《禁色》，主题和同性恋相关，表演者是土方巽等人。三岛由纪夫自己对这次演出非常满意。细江英公目睹了整个演出过程，他对表现身体的迷恋从此保持下来。这场演出也被视为日本"舞踏"的原点。

20 世纪 50 年代末期，大野一雄与土方巽相遇，激发了闻名世界的"暗黑舞踏"（Ankuku Butoh）：以小剧场为据点，慢慢找到一种通过将肢体扭曲、变形而达到原始自然的表演方式。舞者周身敷抹白粉，弓腰折身，缓慢蠕动或满地翻滚，这种肢体表现强烈的前卫舞蹈在日本文化领域引起轰动，被认为是对当时奉西方舞蹈为圭臬的日本舞蹈界的叛逆，也成为战后日本颇具挑战性的社会批判工具。

三岛由纪夫、细江英公等人都热爱舞踏，舞踏变成一种现代文化运动，是战后日本最重要的文化符号之一。"把内心深处的伤，结结实实地抵挡着、忍耐着，也因而在这体验中，不知不觉产生了悲欢，接着抵达了用话语也说不来、只能通过肉体表现的新纪元之境界。"大野一雄这样描述他交付自己全部身心于舞踏的感受。

大野一雄和土方巽在舞台上要表达的那种"日本的身体""生与死的气息"，也是细江英公在摄影作品里极力探求的，所以有了《男人和女人》《蔷薇刑》，然后是1969年的《镰鼬》。

在自传里，细江称，是因为儿时在田野里看到战后的鬼灵而受到了惊吓，为日后那种大难降至的神秘凄厉的风格打下了潜意识基础。而这种风格，在《镰鼬》里被表现到极致。

细江英公和土方巽将舞踏的舞台搬到了日本东北的秋田县，那里是土方巽的家乡，邻近的山形县则是细江的出生地。从个体意义上，他们合作完成了对原生记忆的复原和延伸。而对于摄影，这组人物系列被认为是舞蹈表演和摄影艺术的完美结合：在细江英公的镜头里，土方巽在偶遇的场景和当地的人们产生了偶然的自发关系，如魅影出没于现实世界，黑白两色中却自有一种惊心的绚丽。

"我对著名的画家马克·夏加尔非常崇敬，我的这部作品也是向他表示一种敬意。他的绘画就是描绘他自己生活的记忆，而我的《镰鼬》也是一种内心的纪实，或者说是一种主观的纪实，浸透着我的童年记忆，尤其是在印象深刻的'二战'时期。"细江英公说。

在日本，镰鼬是甲信越地方传说的一种妖怪，爪子像镰刀一样锐利，让人受伤却不觉得疼痛。"镰鼬总是悄悄地隐藏在田里的某个角落，然后以非常快的速度冲出来袭击。"2011年4月25日，细江英公在北京日本文化中心举办的讲座上,回忆起当年在秋田拍摄这本摄影集时发生的事:妈妈在田里,把孩子放在筐里,喂奶的时候回来,完了再去干活。他和土方巽发现那里有个小婴儿,就说借你们家孩子用用,然后抱起来往田里面冲,用了15秒拍。拍完后把孩子还给那家人,说"谢谢!再见"。他们晚上带上两瓶酒到那户人家去,为白天抢走孩子的事道歉和感谢。三十多年后,细江英公在东京涩谷美术馆举办了一个摄影展览,当年那个被抱走拍照的婴儿已经30多岁了,也来看展览了。"他的小时候,爸爸、妈妈就对他说:'哎呀,可了不得了,你被人家给抢走了,虽然马上把你给还回来了,但是也把我们吓坏了。'他是这么听着故事长大的。解说员后来告诉我说,当年的这个婴儿看到自己的照片非常感动。"细江英公说。

大野一雄103岁去世,一生有47位摄影家拍过他,细江英公的摄影气质和他最为声息相通,那是同在一种精神领域空间行进的实验性探索。细江英公在北京日本文化中心的讲座上播放了拍他的多张作品,最后一幅是濒临死亡的大野一雄——老人闭目卧榻,身上趴着大野家一个出生不久的婴儿。"大野先生103岁去世,他的一生真是辛苦了,我有这样的想法。"细江英公说。而他自己,现在78岁,希望活到2039年,因为想要看到摄影术诞生二百年。

我只拍自己感兴趣的人

曾:"蔷薇刑"这三个字的意象非常特别,这个名字是怎么来的?在日本文化中,"蔷薇"的意象里有没有什么隐喻?

细江英公:1962年1月,在东京的银座举行了一个年轻摄影家的群展,我有十件作品,为三岛拍摄的一部分照片也在里面。因为是首次公开展出,我请三岛为这些花了一年时间才完成的作品取个标题,他很高兴地答应了,说回去想想。第二天他就寄来信,写了几个供我挑选:"男人和蔷薇""噩梦遁走曲""受难变奏曲""死的饶舌"……最后是"蔷薇刑"。

我一眼看中了"蔷薇刑"这个名字。从形式和读音上看,每一个字的中文含义都非常漂亮,而且充分表达了内容。而三岛把"蔷薇"和"处罚"两个词放在一起,是一种很新鲜的意象,我看后非常感动,就选它作为摄影集的标题。

"蔷薇"在日本文化中并无特别的隐喻,但在西方,我印象中好像有种说法是"under the rose",有秘密谈话的意思。也许三岛由纪夫受到这样的启发。

曾:这组照片以生、死为主题,是你和三岛由纪夫一起讨论后决定的吗?十年后三岛自杀,你有没有觉得当初的拍摄有某种预言性?

细江英公:生和死是我这方面的想法,拍前并未和三岛谈论过这类话题。至于美,那是当然的事情,因为被拍摄的人是三岛由纪夫。他离世后,我也没有觉得十年前的拍摄中有过任何预知或暗示,那只是一次拍摄。如果认为有关系,也是观者的感受。

三岛去世那天,我正在香港。有人说,你的朋友三岛死了,你不知道吗?我赶紧跑到街上去买Evening Star,1970年11月25日那张。这家英文报纸当时在香港很有名,但奇怪的是,那个记者居然把"三岛由纪夫"的名字搞错了,写成了"三品行雄"。我看完报道,还不敢相信是真的,打电话到日本家里。我夫人证实了这个消息,告诉我已经有好多媒体打电话到家里来,提出要用《蔷薇刑》里的照片。我认为《蔷薇刑》是摄影艺术作品,不是肖像照,在当时那样的情境下发出来会伤害到三岛的名誉,就拒绝了所有的媒体。

曾:你最早的一本摄影集《男人和女人》以表现肉体为主题,但给人的感觉和西方人体摄影作品很不相同。

细江英公: 我的作品是完全个人化的,观者不需要放在东方或西方的语境下去评价,也没有好或者坏,就是喜欢和不喜欢。这组照片看上去似乎有点色情,但实际上不是这样的。它们和性有关,而性最深层的东西是关于生命的感觉,不可避免地与死神的观念关联起来,相比之下色情是多么表面的东西。看到我的作品,相信没有人会产生简单的性爱之类的想法。

曾:三岛由纪夫、土方巽、大野一雄……几十年来,你的拍摄对象好像只有几个人。

细江英公: 对。因为我只拍自己熟悉的、感兴趣的人。我没有办法做那种突发拍摄,也做不到为一个陌生人拍摄肖像。说到大野一雄,从1959—2010年我一直在拍他,因为我特别爱他的舞蹈——缓慢,安静,里面却有巨大的力量,总是把我惊到。每次看他演出,我都不会拍照,只想好好观看舞蹈,因为我要拍的不是现场的演出照片。拍摄的时候,我要把他带到我熟悉的环境里面,按照我的方式来拍,那就是我的"细江剧场":在那里,我是制作人、导演、观众,也是评论家,被拍摄的人在为我做一场隆重的演出。

(采访时间:2011年11月)

视觉中国供图

森山大道

1938—

日本街头摄影大师,以描绘战后日本传统价值观与现代社会对比的黑白照片著称,曾为日本传奇性先锋摄影团体"挑衅"的旗手人物。拒绝技术上的精确,喜欢用小巧的相机拍摄有颗粒状和高对比度的图像。作品被收藏在纽约现代艺术博物馆、巴黎蓬皮杜艺术中心和东京都写真美术馆等地。

森山大道：
人生就是不安和恍惚

森山这一生对摄影的"挑衅"持久、充满个性并且难以复制。就像他自己所说，问题、意义、意识，在他这里都是无所谓的。他只要用身体去拍摄，就足够了。

　　落座之前，森山大道先把衣兜里的东西都掏了出来，整齐地码在桌上：眼镜、烟、打火机、Nikon COOLPIX 相机。没有手机。相机靠近右手边，那是随时可以拿起的位置。传言说他平时就用普通卡片机拍照，摄影集里很多赫赫有名的作品都是"傻瓜"作品。如今得见，好像并非夸张。

　　不管使用什么，相机在手的这半个多世纪，"复写这个世界"可以说是森山大道的个人摄影铁律，相机对他来说不过是部复印机器。而且，他是要那种完全的、原初的复写，不加入什么思考和哲学观念——对这些东西，他用了一个形容词：多余。

　　他已经78岁，仍是全身黑衣，瘦腿裤，一点雅痞又略微一点哥特风。在很多场合和很多文章里，森山大道都说过，自己年轻的时候非常不喜欢上学，也讨厌老师，就喜欢成天在街上晃荡，尤其喜欢靠近家乡大阪的略带洋味的神户街巷。"从这一点来讲，和现在完全没有差别，只不过现在是带着相机在逛。"

　　他高中念到一半，就休了学，到一个小设计公司工作，等回过神来手上已经拿着相机了。父亲去世与失恋的痛苦交叠，唯有待在充满欢乐气氛的摄影棚里，他才能从残酷的现实中跳脱出来。22岁从大阪到东京，他立志要成为一个真正的摄影艺术家。他恳求当时颇受欢迎的摄影家细江英公收他为徒。细江问他："你能干什么？"他说："我什么都能干。"

这是森山大道喜欢重述的小细节。在细江事务所的那三年，他收获了作为摄影助理生涯中最珍贵的一段经历：全程参与拍摄制作了三岛由纪夫的写真集《蔷薇刑》。森山回忆说，他当时每个月能从细江那儿拿到 1.2 万日元的薪水，那也是他一生中唯一能够每个月正常拿到薪水的时期。

作为独立摄影师出道以后，有很长一段时间，森山大道都是靠着其他人的帮助才勉强生活下去，直到 20 世纪 80 年代，东京一些画廊可以购买摄影师作品，他也在奥地利举办了自己的第一个海外展览后情况才慢慢变好。

但从森山大道的作品里，看不到任何细江英公的风格痕迹。也许，正是因为太长时间浸泡在细江那种极致的华丽、精细和戏剧性的技法中，他在单飞创作之后，几乎立刻就将自己推到了另一个截然相反的向度：粗粒子、高反差、视野晃动、焦点模糊，这些成为森山日后的明显标记。他说，在细江英公的暗房待过三年的人，怎会做不出完美的照片呢？要印多好就能印多好，"我只是想要把现场的冲击力原封不动地带到暗房里，才形成了这种粗糙的基调"。

森山大道坦率承认，谈到观念上对他的深刻影响，朝夕相对的细江英公并不如同时代其他两位摄影师。一位是美国人威廉·克莱因（William Klein），森山被他摄影集《纽约》中的"除了暴力还是暴力的图像"震惊得难以名状；另一位是日本人东松照明，他的街头纪实摄影集《占领》和《家》，无意间也参与"制造"了未来的森山风格：拍摄"街道"成为他的天性。

20 世纪 60 年代末，在出版了第一本摄影集《日本剧场写真帖》后，"透过不确定的视线，反映世界的不确定"的森山风格开始受到瞩目。他对传统摄影美学提倡的均衡、和谐、清晰的反动，正好也契合了当时日本社会的激进和动荡。

整个 70 年代，森山风格都受到年青一代的追捧，模仿他的风气之盛，甚至被媒体冠以"狂潮"这种词。此时，他自己却突然对摄影麻木了，进

森山大道个展（视觉中国供图）

入人生的整理期，在低落中远游异国。80年代他令人意外地以《光与影》成功回归，90年代进入纽约大都会等博物馆巡展，对世界摄影开始产生影响力。

几十年来，人们几乎毫不厌倦地对待他看起来循环不止的"街头"。在街头，他遇到了也拍下了那只光影中回望之《犬》——迄今被人订购最多的一件作品。他也经常把自己比作野狗、野猫，晃在路上不停步。

如果读过森山大道的书，如《犬的记忆》《迈向另一个国度》，会发现他其实是个喜欢阅读的人，尤其偏好西方现代文学。先来列举一下他在书里提到或引用的作家：雷马克及其《西线无战事》、杰克·凯鲁亚克及其《在路上》、詹姆斯·鲍德温及其《另一个国家》、卡夫卡及其《城堡》、杜拉斯及其《广岛之恋》、萨特及其《恶心》等，还有日本俳句家与谢芜村和松尾芭蕉，作家井上靖及其《彻夜的旅客》等。这一书单的丰富程度令人惊异。放到20世纪六七十年代，他的青年时期，此书单也称得上时髦。

在我们谈话中间，森山提到了埃里克·霍弗（Eric Hoffer）和埃利亚斯·卡内蒂（Elias Canetti），都不是知名度很高的那种作家。而他偏爱的两部作品——《在码头的劳动和思考》（Working and Thinking on the Waterfront: a Journal）和《谛听马拉喀什》（The Voices of Marrakesh）更非畅销文学读物。

霍弗身世传奇，失明又复明，之后在码头做搬运工人，写书成名后仍未离开，因此被称为"码头工人哲学家"。他的其他作品不太为人所知，但《狂热分子》无疑是20世纪社会学的经典著作。卡内蒂是用德语写作的保加利亚裔英国作家，1981年曾获诺贝尔文学奖，但在此前，虽说1935年写的小说《迷惑》曾得托马斯·曼赏识，他却一直籍籍无名。森山大道表示反复读过的《谛听马拉喀什》，出版于1968年，是本讲述摩洛哥古城物事的旅行札记。

森山大道喜欢的这两位作家有个共同点：他们一生都在研究和反思人类的狂热行为。霍弗的《狂热分子》，灵感来自20世纪20年代民众焚烧维也纳正义宫时的疯狂行为；而卡内蒂，在《迷惑》之后，也在几十年内专注研究群众运动的起源、组成和典型反应，在1960年写成《群众与权力》。

森山大道大概是从他们的沉思中找到了自己内心深处的回应。他在自述中说过，在20世纪60年代，他一度是日本激进社会运动的参与者。但1968、1969年，在东京新宿先后经历了两个"国际反战日"的群众运动之夜后，"权力与反权力的激战"令他恐惧与绝望。"不夸张地说，这两夜目睹的景象使我自身意识从根本上发生了动摇，它们成为一个转折点。在那之后，我的思想和行动大为改变了。"

他从卡内蒂的文字里，体察到了那种如影相随的不安、焦虑和惊惧，而这些正是他自己多年难以彻底摆脱的。

人到暮年，森山说他还是改不了从小就在路上流连的坏习惯。"把相机塞进口袋，出门拍照去"是他从日常束缚中获得解脱的方法。对某一天的街拍行程，他做了这样一段记述：首先从池袋漫无目的地坐上公交车，尽量在未知的街角下车，在那一带随意散步，并即兴拍照。有时候回到目白通一带散步顺便喝咖啡，就那样从落合一路把足迹延伸到高田马场，继续边走边拍。"人类与街道都是强烈且可疑的存在。对于如此错综复杂的现象，身为摄影家，唯一的应对方式只有恣意拿起相机，一股脑儿地深入这名为街头的森林，此外别无他法。"

森山在68岁那年写下的语句仍旧锐利而准确。即便他一直坐在我对面谈论着"不安"的话题，感受到的仿佛却是"挑衅"，就像五十年前，他坐在朋友中平卓马面前，看见《挑衅》（*Provoke*）杂志封面上那一行宣言："所谓照片，是为挑衅思想而生的资料。"

我的关键词是"不安"和"焦躁"

曾：现在还每天出门拍照吗？

森山大道：因为有各种展览和工作，做不到每天都拍。不过，如果一天不摁快门的话，自己就觉得一整天都很不舒服，所以，即使很忙，也一定会拍些照片的。如果没有特别的工作，我每天至少有半天时间是在街头。

曾：你开始摄影生涯是20世纪50年代末。作为日本"战后一代"，你的创作受到西方文化多少影响？当时日本社会的整体氛围是什么样子的？

森山大道：准确来说，我是60年代初进入摄影界的。1945年日本战败的时候我刚进小学，之后十几年，从少年到青年的成长过程中，日本都处在一种很混沌、杂糅的状态中。可能农村不太一样，但城市很明显。那时日本大大小小的城市都有美军基地，美国文化渗透非常多。我觉得这种混沌的、文化交杂的状态很有意思。我少年时代有两个偶像，1945—1950年是麦克阿瑟将军，1950—1955年是玛丽莲·梦露。

曾：是性偶像吗？

森山大道：不是，只是当时很多人都在谈论的话题。

曾：在你开始做摄影师的时候，像草间弥生、小野洋子这种国际知名的日本先锋艺术家都曾从美国回到日本做过展览。这些人影响过你的观念吗？当时你怎么看先锋艺术？

森山大道：我本人对战后的日本先锋艺术不是特别感兴趣。我从事摄影的过程中受两个人的影响最大：一个是威廉·克莱因，当时我看到了他拍摄纽约的作品，非常震撼。他现在住在巴黎，也还在创作。另外一个就是安迪·沃霍尔，他开始波普艺术之前是做平面设计的。我最早也做过设计，所以很关注他，他是那个时代的世界级艺术家。

日本战后的先锋艺术家，我比较关注一点的是高村次郎，但总体来讲不是很有兴趣，反而是喜欢像插画一类的东西。有个插画家叫横尾忠则，当年就是他邀我一起去的纽约，然后我拍了"纽约，另一个国度"系列里的那些照片。

曾：当时你们有个小团体，被视为一个先锋摄影运动的发起者，做了本《挑衅》杂志。名字是谁起的？为什么叫这个？

森山大道：我是从《挑衅》杂志第二辑才加入进去的。创刊人是（前不久）刚刚过世的中平卓马和他另外一位朋友，他们既是评论家又是设计师，两个人就创了本刊物。名字也是他们起的，具体由来我说不清楚，但对当时的日本来讲，起这个名字就是所谓的挑衅了。20世纪60年代，日本社会有各种政治运动，尤其是青年学生，对政治的诉求特别高涨。这本杂志的定位非常符合当时的社会背景。

我们不能说是一个摄影团体，只能说，大家聚在一起做了一件事情。参加的成员不只有摄影师，还有评论家、设计师、诗人，大概就四五个人聚到一间办公室，讨论政治观点，编印杂志。

曾：里面有荒木经惟吗？

森山大道：他没有参加。他当时还在一个广告公司上班，跟社会活动无缘。但他曾说过自己看过这本杂志，当时也非常想参加，却没能加入，所以觉得特别遗憾。

曾：你和荒木是对世界摄影发生了影响的两位日本摄影师。你在文章里说自己和他是好朋友，你们的交集是从什么时候开始的？

森山大道：大概是60年代，有本杂志策划中平卓马、荒木经惟和我的三人对谈，之后就认识了。我们平时是朋友，但不是每天都要见面的那种朋友。今年会有出版社想把我和荒木这么多年对谈的内容收录出版，从过去一直到现在的，也包括今年我们将要去巴黎做的一次对谈。

曾：荒木的摄影哲学被认为是"生死"，而你的则是"不安"。能不能具体阐述一下这种"不安"是什么？

森山大道：把"不安"说得简单一点，人活着本来就是很不安的状态。如果谈作品，我会说，其实我的关键词有两个："不安"和"焦躁"。

曾：摄影能够帮你缓解内心的不安吗？还是令它更加强烈？

森山大道：通过摄影行为本身是不可能缓解不安的，人活着，总会有各种事情令你焦虑、生气、烦恼。但每次摁下快门的瞬间，我会有特别释放的感觉，但也仅仅只在那个瞬间。生存，每天过日子，其间产生的不安都在循环往复，像个无底洞一样没办法消除掉。

曾：所以你一直不停地拍摄？

森山大道：当然。其实不只我，活在世上的每个人都会遇到不安和焦躁，而且也是永远不可能消失的。但我这辈子，在不安和焦躁的过程中还有很多创造的时间，所有这些加在一起就是我摄影作品的构成。之所以摄影本身不能完全消解不安这种东西，那是因为，摄影毕竟还是通过相机来看世界，而并非用神的眼睛来看世界并化解世间的一切。不是这样的。

曾：你可以在某个人的作品中感受到和自己相通的这些东西吗？我不仅仅指摄影作品，也包括绘画、文学等。

森山大道：我很喜欢太宰治。太宰治说过一句话，"人生就是不安与恍惚"。对我来说，每次摁下快门的瞬间，都是太宰治描述的这句话。

曾：你的拍摄很多都在室外街拍，会有自己偏爱的"扫街"季节或一天中的某个时间段吗？

森山大道：我比较喜欢夏天。夏天虽说很热，热到可能脑子都不太清楚了，但是会出很多的汗，然后滴落到眼睛上，连看东西都模糊掉——在那种状态下拍照，我很喜欢。就我个人而言，街拍这种事情其实无所谓时间，任何时间都可以。不过摄影本身是一个光与影的世界，这样的话，我还是比较喜欢那些有阳光照到的时候。

曾：你的谈话集《昼之校 夜之校》，配图是你自己画的素描，人物大都没有脸。你拍照片也是，镜头很少对准人脸。你觉得面部表情对摄影作品很多余吗？

森山大道：我跟荒木先生一起去街拍时，他这个人特别"狡猾"，跟我说："我都已经在拍了，所以你不许拍女人的脸。"（笑）其实主要原因是，荒木拍的大多是固定模特，而我总在很隐秘的状况下偷偷摁快门，所以会有意不暴露镜头里人物的真实面貌。

曾：你对拍摄名人肖像有兴趣吗？法国的布列松也是街头大师，但他晚期拍了很多名人。

森山大道：我极少拍名人，除非真是朋友拜托或者拒绝不了的工作。前段时间拍过一个特别有名的日本偶像组合"岚"里面那个松本润。偶尔也拍女明星，但非常少。我对拍摄明星没有任何欲望。对固定模特或名人也没兴趣。走在东京的新宿街头，观察各种各样的女人并拍摄她们的瞬间，对我来说才是更感兴奋也更有意思的事情。

曾：是觉得那些名人在镜头前面不真实吗？

森山大道：太做作，装，摆样子，有一点点这个因素，但不是全部。有些摄影师，即使是街拍，也会先跟要拍摄的对象打声招呼，建立交流之后再开始。但这不是我的路子。我不想有这种交流，我就想待在旁边，偷偷地在某个瞬间拍一下，这个更适合我。

有一次，大约十几年前，我和荒木要在新宿做个双人展，于是两人决定一起上街头拍照。荒木在那儿一站，马上有女生叫起来："啊，这是荒木呀！"然后围上来，他就开始拍。他从来不用担心没有拍摄对象。我绝对做不了这样的拍摄。我不和任何人发生任何交集，就是偷偷地拍。所以，就算我们两个人感兴趣的目标一样，具体的方式还是不一样。

曾：没人认出森山先生你吗？

森山大道：我走在街上也会被认出来，但不像荒木那样是一堆女生围过来。我就是会碰到一些很邋遢的男人，上来跟我说"好崇拜"，然后握个手之类的。

曾：你拍过短暂居留的纽约、巴黎，也用两三天时间拍过香港、上海。与熟悉的日本城市相比，陌生之地给你什么感受？

森山大道：并不会因为某个地方陌生或熟悉，拍摄的欲望就有太大区别。像新宿那种地方我太熟悉了，所以太知道自己感兴趣的点在哪里。而到陌生城市，由于不了解，反而变得更敏感。两种状态对我拍摄欲望的刺激其实是一样的。在厦门也好，纽约也好，哪怕只有一天时间，我拍的照片也可以做出一本摄影集来。

我完全有这个自信。这和摄影的本质也有关系：只要拍下来就可以立刻成册，速度非常快。其实，所有凭手上功夫谋生的人——无论摄影或其他技艺——都自信十足，甚至都是些过于自信的人。

曾：你的照片大都是黑白，但 2012 年在香港拍了一组彩色的。这批街拍发布后在网上也引起一些争论。有人说，如果不写是谁拍的，会觉得有些是不合格的作品，但因为是森山大道拍的就变得不一般了。你怎么看这种评价？

森山大道：用彩色没有什么特别深层的原因，只是因为当时的心情吧。其实我现在也用数码相机，你们看到的彩色照片都来自数码，即使有些黑白片子，也是拍完后再做转换的。

拍一张作品，就到我摁下快门的瞬间为止，那是我所看到的，有我当时的心境，也是我惯常所理解的世界的一部分。等把照片交了出去，其他每个人看到的其实都是不一样的东西了。这很正常，我完全接受。

曾：什么样的照片在你看来是好作品？什么样的摄影师在你眼里是一个好摄影师？

森山大道：这很难用言语来表达。总体来讲，那个摄影师能够通过摄影这件事情非常直白地把他的欲望表达出来，我觉得就是一个好作品以及称职的摄影师。换一种方式说，摄影师在拍摄过程中是用他的身体来实现作品的呈现，这个过程本身就很有魅力。

曾：说到街头拍摄，一般会提布列松的那种"决定性瞬间"，但我注意到你从不提他。你经常说起法国另一位不那么为人所知的叫尤金（Eugène Atget）的摄影师，为什么？

森山大道：尤金拍照的时候没有其他多余的东西，比如"我拍摄这个瞬间是想了什么"，或者是要放入一点思想或所谓的哲学观点，他没有做这些刻意的事情，而是完好地把城市向他表达的东西复制下来。这是很棒的事情，而他可以做到。尤金也从来不说生活很艰辛、很悲哀这种话，非常洒脱的一个人。

曾：读你那本《犬的记忆》，对里面引用的一些俳句印象很深。但你的摄影充满不安、失衡和混乱，跟俳句静和美的意境很不同。你觉得自己的作品具有通常所说的"日本性"吗？受日本传统文化的影响吗？

森山大道：我不觉得《犬的记忆》用了很多俳句。我其实不太看俳句。我是一个实用主义者，只有眼下的东西令我感兴趣，对传统不太感冒。

文学方面，之前提到的太宰治我很喜欢，此外就是美国作家威廉·福克纳以及杰克·凯鲁亚克的《在路上》。有几本欧美作品，每过两三年我都会重读一遍，比如埃利亚斯·卡内蒂的《谛听马拉喀什》、埃里克·霍弗的《在码头的劳动和思考》。这些对我拍照都有过影响。

曾：传说你一直用傻瓜相机。摄影师对好器材大都拥有一种欲望，你就从没有过吗？

森山大道：我没太在意过。你看（拿起随身携带的 Nikon COOLPIX 相机给我翻看照片：晨光里的一张圆桌，中间放个米老鼠小玩偶），早上在宾馆房间拍的。这是我的吉祥物，很多年前别人送的。从 1971 年第一次去纽约开始，这么多年，只要出外旅行我都随身带着它。去年有次出门，我把它落在日本一个饭店里了，着急半天，好在后来又找到了。我喜欢的都是这种东西。

（采访时间：2016 年 1 月）

视觉中国供图

马丁·帕尔
Martin Parr
1952—

马格南图片社成员,英国新彩色纪实摄影团体的代表人物,以一种对现代生活充满细致、讽刺以及人类学视角的观察而闻名,对消费主义、全球化和社会分层等主题进行了编年史意义的探索。目前生活和工作在伦敦,作品被纽约现代艺术博物馆、伦敦维多利亚和阿尔伯特博物馆、爱尔兰现代艺术博物馆等机构收藏。

马丁·帕尔：
景观社会记录者

在以前，纪实摄影的主流定义是揭示真相，观看事物的内在。但是我想告诉人家的却是，所谓的"纪实"其实始终只是一种主观。我认为，真相如何与怎样来框取真相并不是同一件事。

马丁·帕尔总是不怕戳破真相，有时还很残忍。就像现在这样，他坐在我面前，脸上挂着老好人式的微笑，嘴里却说出讥诮一切的答案。

若以苏珊·桑塔格的观点——"摄影语言自成体系，更为重要的是，它是一种观察和伦理学"——来论，马丁·帕尔已经建构了他独一无二的语言体系。他的镜头如同"毒舌"，蔑视温情脉脉，将社会刮骨三分。

"奢侈"（*Luxury*）、"最后的度假胜地"（*The last resort*）、"小世界"（*Small world*）、"生活在沙滩"（*Life is the Beach*）都是他知名的拍摄系列，人们像观看肥皂剧一样，围观帕尔这次又在哪里拆装我们时代的景观社会。

何谓他的景观？帕尔的解释是，他喜欢在生活之上创造虚构，而他的工作方式就是去发现社会本身的各种偏见，让它们形成交集。他的作品往往色彩鲜艳，画面芜杂，初看之下夸张甚至荒诞不经，但最终有绵密的、不知来自哪个方向的冲击力，它们可能是巨大的欢乐，也可能是巨大的空虚，偶尔还有人世荒凉。

马丁·帕尔一直认为，印刷图像能对人们形成的视觉控制力主要来自"Propaganda"——宣传，而他个人对抗"宣传"的工作方式就是批判、诱惑和幽默感。帕尔让他的照片成为观照真实世界的途径：我们如何向他人展示自己，我们的存在又有何意义。平时司空见惯的场景和人物，被他框取之后，就有了完全不同的表现力。

"奢侈"系列他在世界各地断续拍摄了多年。在马格南网站上发布的这个系列的较近一张作品，摄于 2008 年的巴黎赛马场 Chantily。他的拍摄地，从伦敦、巴黎、莫斯科到亚洲的东京、迪拜、北京，选的都是一些充斥着物欲和诱惑的场合，比如车展、飞机博览会、艺术博览会、珠宝展、赛马会，出席者努力盛装，被香槟和鲜花陶醉，但到了帕尔的镜头里，这些盛装的人生之下却有太多破绽，有时它是贵妇帽檐上栖息的一只小苍蝇，有时是华美袍服上的小块污渍。

2008 年，他在北京拍摄了一组车展，其中有一张，漂亮车模站在亮闪闪的新车旁边，对观众绽露出职业微笑，旁边一位西装男子看起来正在偷瞄她的胸部，混杂于车展现场的各种人群和欲望在这一瞬间的画面里被表露无遗。

马丁·帕尔 1952 年出生在英格兰南部萨里郡的爱普森（Epsom）。他的祖父是个狂热的摄影爱好者，因而在童年他就深受影响。1970 年他考入曼彻斯特理工学院，学习了四年摄影。他的职业愿望是成为一名自由摄影师，但在毕业后的将近二十年里，他一直还需要做一份教师的工作来谋生。

他的成名作是一组名为"坏天气"的照片。20 世纪 80 年代早期他有段时间生活在小镇，受够了英国人谈论天气的荒谬的热忱。"坏天气"一开始就毫无偏差地确立了帕尔未来三十多年的观察体系：日常生活的荒谬和缺乏意义，意味着只能从某种幽默感中获得救赎。

娱乐、消费和传播，这三个现代社会的体征，成为帕尔的关注对象。"最后的度假胜地"系列使他变得极具争议，他从这一时期开始使用彩色胶卷，画面鲜艳，所有场景都取自利物浦附近的一个海滨度假地：新布莱顿。在他的画面里，垃圾遍地，破败单调，前去度假的人却都表现出十分享受的样子。

在"无聊的一对儿"里，帕尔记录了快餐店、咖啡馆里的沉闷情侣或夫妇，《常识》将镜头对准了千篇一律的三明治、薯条配炸鱼。生活好似被他

2009年9月12日,北京798"巴黎·北京摄影空间"之"马丁·帕尔在北京"个展呈现的部分作品,吕家佐摄(视觉中国供图)

剥掉了外面那层光鲜的衣服,露出各种难看的赘肉、疤痕。"超市"系列里是物质消费和物质欲望。

在他更著名的"小世界"里,90年代开始的全球旅游热和人造景观热得到了最可怜巴巴的展现。对那些在世界公园凯旋门前留影的游客,拥挤在日本室内人造海滩上"假装在海边"的家庭而言,幸福就像糖果一样,包裹在一层五光十色的塑料纸里。

帕尔镜头里对庸众的嘲讽毫不留情,这点曾让马格南(Magnum)图片社的创始人、伟大的布列松感到悲伤。1994年,围绕着帕尔能否获准加入马格南以及如何看待他极富挑衅性的摄影风格,马格南的成员之间展开了几场激烈的辩论。这些辩论,对20世纪的摄影观念产生了长久影响。

马格南内部有人写公开信列数反对吸纳他的理由。"我的作品与马格南仍在追求的'关心人类'的摄影完全不相符,事情就是这样简单。"帕尔说。

但最终投票结果是三分之一反对,三分之二赞同,他还是成了马格南图片社的正式成员,多元此后也慢慢成为马格南的新标准。"争论结束,我们继续向前。"对这一事件,帕尔跟我做了这样的总结陈词。

20世纪70年代、80年代、90年代,一直到进入21世纪,帕尔始终被认为是中产阶级和中产美学的嘲弄者。他拍摄英国人如同孪生儿一般的客厅和厨房装饰,以及那些无聊派对中无心暴露的尴尬阶级属性。曾有报道说,马丁·帕尔为了拍摄而搬到英国南部,那里可以说是英国中产生活的样板区。他每天出入晚宴、珠宝鉴赏会、赛马会、胎教班,或者只有男性的政治聚会,记录中产者郑重其事的生活细节。总之,"世界就像是为他预备好的一盘笑料"。

如果有人恰好在读那本堪称中产阶级教材的《格调》,再来看看帕尔的照片,会发现这个世界被同时打开了两扇不同的门。但是帕尔说,他并没有偏爱嘲讽中产阶级,"我其实是一直在拍那些'追求娱乐者'(Leisure Pursuits),闲暇时光中追逐快乐的人"。

我一直在拍摄那些"追求娱乐者"

曾：现在很多年轻人都喜欢自由职业，比如自由摄影师、自由艺术家。你怎么理解"自由摄影师"的身份？比如，"自由"究竟意味着什么？

帕尔：实际上我自己就是一位自由摄影师，只是我从来不会把这个词随便标注在身上，除非某些书面表达确有需要。我把自己当作一位摄影师来看待，就是这样。我觉得"自由"的含义并无其他，就是去做你想做的事情。我通常会同时做两种工作：一种是接受别人的委托，比如为杂志、博物馆、广告商或一些时尚项目拍摄；另一种是我为自己的兴趣去拍摄作品。二者并非势不两立，有时候虽然是在为别人工作，但只要不是拍广告或某些商业气息特别浓重的题材，你其实还是可以在这个过程中创作属于自己的作品。

曾：对于全世界的摄影师来说，马格南是一个宗教般的带着光环的团体。在没有加入前，你对它抱有什么观感？

帕尔：我加入之前已经认识一些马格南图片社的摄影师，后来我就决定提交一份申请。马格南每年会接受一些申请，然后由其他成员进行一轮投票，决定申请者是否可以成为图片社的见习生。说实话，当时围绕我能否加入产生了许多争议。

自从我这种人加入后，更多来自不同领域的摄影师也陆续被允许进来了，我觉得这是一件值得庆幸的事情——接纳这些人使马格南开始变得多元化。在马格南的内部其实一直存在着纪实摄影与艺术之间的观念冲突，这个问题时至今日仍然存在。

曾：加拿大的杰夫·沃尔（Jeff Wall）、德国的古尔斯基（Gursky），你们属于同时代人，也都对年轻摄影师产生了很大影响。你怎么看待你们作品的差异？

帕尔：我很喜欢他们两人的作品，表现方式和视角都个性十足。很明显，我的工作方式与他们有很大区别，但是，我们以摄影为媒介来与世界建立联系的立意却是相似的。

曾：面对现在年轻摄影师的作品，你会不会

像当年别人看待你那样，发觉有一些东西无论如何是难以接受的？

帕尔：当然会有这样的时候。我不知道你是否了解我也同时以编辑和策展人的身份在工作。这些工作的一部分，就是去发掘有才华的年轻人，将他们的作品放到我策划的展览中。我对发现来自世界各地的摄影中的新元素抱有兴趣，而且中国作为其中一个重要角色也为此做了很多。我手头正在编辑一本有关中国摄影史的图书，里面收入了上千张作品，其中大部分都来自当代摄影师。这本影集将在法国阿尔勒摄影节上展出，接着明年春天会到北京的尤伦斯当代艺术中心进行展览。

曾：在你开始摄影生涯的 20 世纪 70 年代，很多西方摄影师选择到非洲、远东冒险，你却跑到那些看似平淡乏味的地方，比如英国小镇赫布登布里奇（Hebden Bridge）。你当时真的确信自己能在那里拍到好东西吗？

帕尔：70 年代我在赫布登布里奇工作过一段，不过从 80 年代开始，我也到世界各地旅行并且拍摄了很多作品。最近我完成了一个以英国为基地拍摄的庞大题目，它主要记录坐落在伯明翰附近的一个小社区，在那里，周围的工业设施大多已经废弃，因为人们都去选择廉价劳动力了。我在过去四年中一直专注观察这个地方，并完成了影集《黑色国度》（*Black Country*）的拍摄。确信能拍到好东西其实只是一种愿望。不过当你专注于一件事情的时间足够长久，你自然可以获得提升。我完成过去那些工作的动机完全是出于一种强烈的愿望，一种能够接近并了解某个小型生活团体的愿望。之前我经常在拍摄完成之后就匆匆离开，这次我想改变一下工作方式，在一个地方花费足够多的时间停下来。

曾：最早接纳你作品的人是谁？

帕尔：最早的人？我想从专业的角度来说应该是……伦敦的摄影者画廊，还有北英格兰的约克印象画廊。是的，很幸运，我在早期就得到了很多支持。

曾：1984 年以后，你基本只拍彩色照片了，那种奇特的鲜艳感觉给人印象太深。你的图片做后期处理吗？你用什么相机工作？

帕尔：没有后期处理，那种鲜艳的色彩是胶片以及白天使用闪光灯直接得到的效果。主要是闪光灯的作用使得画面中的颜色变得十分突出和清晰。现在我用数码相机了，那种高饱和度的彩色就会有所减弱。机器我一直用佳能5D，从未改变。

曾：你的代表作如"坏天气""小世界""奢侈""无聊的一对儿"，都是"系列"。一个系列你最多能拍上多长时间？

帕尔：之前的系列中，比如"最后的度假胜地"，现在仍然继续进行。我从1985年开始拍摄旅游题材，下周我也许还要为此去趟长城。我来过中国好几次了，但还没有去过那里。这些都属于长期进行的项目，有些花费我三十多年去完成。"生活在沙滩"也是一样，这个题目我也在中国拍过，比如青岛海滨。我很喜欢在旅游场所观察人。旅游业可以说是世界上最主要的行业之一。

曾：你会和拍摄对象交谈吗？比如在拍"无聊的一对儿""奢侈"的时候，被偷拍的人会不会感觉被冒犯？

帕尔：这取决于当时的情况。在公共场所，像博物馆之类的地方，我拍摄时就不需要和人交流。不过在我最近完成的"Black Country"的拍摄过程中，就需要从头到尾保持和被拍者对话。他们感到被冒犯吗？我没有问过，所以我怎么可能知道答案呢？

曾：你有很多作品都被认为是在讥讽中产阶级的物欲和虚荣，特别是"奢侈"和"生活在沙滩"。为什么喜欢将镜头对准中产者？你觉得他们比穷人或者富人更可笑吗？

帕尔：我其实是一直在拍那些"追求娱乐者"，闲暇时光中追逐快乐的人，比如那些郑重其事躺在各种沙滩上的人，他们的心态就可以被理解为之前我说的那句话。我其实拍摄过很多生活在不同阶层的人，工薪者、中产者，还有上流社会……说我专门暴露中产阶级的生活并不准确，虽然他们大量出现在我的作品中。

曾：你做过马格南东京代表处的负责人。你的英式幽默在严谨正经的日本有用武之地吗？这段东方生活对你的拍摄产生什么影响没有？

帕尔：其实英国与日本之间存在很多共同点。首先它们都是岛国，而且有相似的政体。日本人接受了很多英国文化，从足球到音乐，我觉得甲壳虫乐队在日本受到的欢迎程度超过了在世界上其他任何国家，包括英国。日本的摄影也十分出色。我喜欢收藏日本摄影图书，其中有一些20世纪六七十年代的出版物，那一代日本摄影家可以说是天才辈出，而且这点明显体现在作品写真集的制作与编排上。

曾：你在什么情况下喜欢上了收藏摄影图书，而不是原作？

帕尔：因为我觉得将图片转化为图书的过程很有意思。我当然了解原作本身的价值，不过我更热衷收藏影集。我的收藏大体开始于20世纪八九十年代，目前我已经在布里斯托建了一个图书馆，里面有大约1.2万册摄影图书。

曾：你在中国找到过有意思的摄影图书吗？

帕尔：我收藏了一些由中国政府制作、用于形象宣传的摄影图书，其中最大的一本叫《中国》（*Imagine China*），重达8公斤，印刷数总共才500本，我认为那是我最美的图书之一。这书目前能找到的仅有三本，我花十几万元收藏了其中两本。我的合作者是一位荷兰策展人，他在图书收藏方面很在行，我们经常一起去跳蚤市场找书，有时候也上古籍旧书网站淘宝。

（采访时间：2014年9月）

安东尼·葛姆雷和他的作品
——软钢雕塑系列《驻》,蔡小川摄

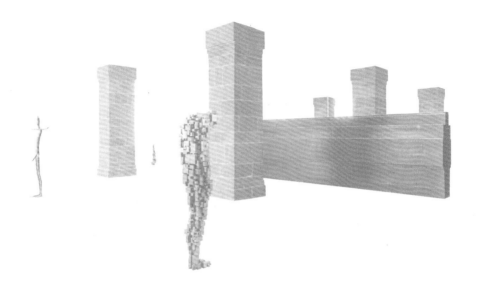

安东尼·葛姆雷
Antony Gormley
1950—

英国雕塑家，1994年获得特纳奖，以探索人体与空间的关系而闻名，通过一系列真人大小的"人像"而打破了雕塑的空间、时间局限性，并将它们从美术馆、画廊引入社会空间。目前生活在伦敦，作品被伦敦泰特现代美术馆、瑞典马尔默美术馆和达拉斯纳舍尔雕塑中心等机构收藏。2014年被授予爵士头衔。

安东尼·葛姆雷：
把身体看作一种场所

我更喜欢把身体看作一种场所，对，是场所而不是事物本身，这一点非常重要，它是发生转换的场所。

　　画廊中央被隔出一个围合空间，红土铺地，再注入海水；按50∶50的比例混合后，体积约95立方米，水平线高至23厘米。在现场，这些枯燥的数字构建了一个可被围观的"混沌世界"：《屯蒙》。

　　通往作品有三个形似门框的并排"窗口"，观众可站上其中任何一个，"感受已建成的世界，与未经造作的自然之间的关系"，作品这样介绍道。当然，也是感受久负盛名的英国当代艺术家安东尼·葛姆雷。在1994年获得"特纳奖"后，葛姆雷的雕塑和装置就以极快的速度在全球各个知名博物馆里成为展厅巨星。

　　《屯蒙》（*Host*），曾在不同的地方展出过两次。最早是在1991年，为美国查尔斯顿的老城监狱而构想创作；第二次是1997年，在德国基尔艺术馆。第三次就是这次在北京常青画廊。葛姆雷将这件作品描述为"生命化育之地"："这是一个自然力的世界，一洼原始的汤水被引进博物馆中，它就像一幅在变化中的画，你可以感受它，也可以观察它。重点在于，它让内与外之间的区分，复归为一。同时，亦将一个自然力的世界带入到一个文化的框架里。这是一个成形中的景观，未经过人工的构想、规划与阐释。"

　　当展示场域改变，是否会对作品附加全然不同的解读？葛姆雷的回答是：会。他从来都认为语境比作品本身更重要。即便我们只是一起从画廊一楼爬到二楼，所见景观也不再是那个荒蛮、单调并且沉重的"天地万物之始生"：阳光从天顶玻璃穿透进来，浮在水面，与建筑细部结构的倒影、红土的色彩结为一体，像一幅山水画像。

令人费解的是，葛姆雷用"针灸"来阐释这种语境变化。他认为，展览中的那些雕塑，参照的就是他自己的身体，而不是被理想化了或者被操纵了的身体。而这些身体如何被制作、被摆放，他认为就像在中国针灸中的用针一样，最终是为了重新找到一种平衡。

在装置《屯蒙》的另一侧空间，有两个身体雕塑。这是两个不同版本的《边缘Ⅲ》（2012）。它们以非常规的方式被嵌入到建筑之中——巨大的铁铸"人形"，经横向固定后，以与墙面垂直的方式向外探伸，一个从贴近地平线的高度仰望，另一个从天花板俯身。它们给人的印象好像可以不受重力控制，对空间的占有形成一种很沉默的挑衅感。

葛姆雷的期待是以此来"破坏建筑和观看者之间原有的稳定性"，并为观众站到《屯蒙》门框上的感受提供思想准备。但对于观看者来说，两个铁铸人形其实更像一条高速通道，将他们直接导向葛姆雷的雕塑中最重要的概念："身体"。

葛姆雷最早即成名于以自己的身体为原型来创作，由此出发探索身体与空间的关系。北京展览的主体装置是《屯蒙》，但在画廊二楼和三楼，还有五件首次展出的软钢雕塑系列，合名为"驻"。与葛姆雷尝试用大小不等的体块来模仿人体姿态的身体系列一样，这五件作品也是由具身而抽象，通过采用软钢板和方形截面软钢条为材料，将身体转化为建筑语言来表达。

按照解剖学的比例，雕塑被明晰地分为水平层和垂直柱两种，并切成5毫米至20毫米厚的尺寸，看上去既是人形，又好像一栋建筑模型的骨架。然而不同于建筑的是，作品有意让人感到脆弱与潜在的不稳定性，好像一碰就会倒下。

葛姆雷身为英国皇家建筑师协会的荣誉成员，当然清楚建筑该为何物，

葛姆雷 ESSERE 展览现场（左、右），意大利佛罗伦萨乌菲齐美术馆，2019。版权由艺术家提供，鸣谢艺术家和常青画廊，摄影 Ela Bialkowska OKNO Studio

他对雕塑所做的零碎空间分割经过了严密计算，实际上又暗喻对我们身体和日常处所的解构。

葛姆雷说，他自己在伦敦的工作室就位于钢筋水泥之间，曾目睹在这个工作室的窗外，18 个月里就建起了一幢 22 层高的新楼。通过在雕塑中将"身体"解构为这些最小的结构，他想让人重新思考城市之中的"身体"，发现它们的不稳定。

对比在画廊一层的两个身体雕塑对空间所做的悍然破坏，楼上这五件作品是在用另一种方式，以少而轻薄的材料打破了建筑的稳定性。

葛姆雷在 24 岁以前都还没有决定要做一个职业艺术家。他 1950 年生于伦敦，21 岁那年从剑桥大学三一学院毕业，学习的是考古学和人类学。了解了这个背景之后，不免要联想到后来他那些被搬到海滩、山谷或高楼之上

安东尼·葛姆雷：把身体看作一种场所

的身体雕塑，它或它们，在静默中那种与世隔绝的姿态与气息，实在很像是考古现场刚刚被发掘出来的古代器物与雕像，携带了另一个世界的密码。在他那些著名的装置作品中，一如《土地》和《屯蒙》，从门框一样的"窗口"中泄露出来的内景，和墓室打开后的视角也有几分相似。

由于生在虔诚的天主教徒家庭，葛姆雷从小就被教导"身体是罪恶的源泉"，被要求粗暴地将精神和肉体分开。这样的印记也许一直延伸在他的身体雕塑中。他将自己的身体原型倒模为成百上千的作品，再放置于自身之外，审视、背弃、亲密、疏离……一切皆成可能。

1980年，葛姆雷30岁，做了一个名为《床》的作品。那是他第一次在雕塑中表现出明显的意图：寻找葛姆雷式的"身体"。他用了600块面包，先将它们整齐排列为矩形，然后要从中吃掉两个相对而卧的他的"身体"，他整整"吃"了三个月，作品才算完成。

如果说《屯蒙》是试图把外在的东西内化，把外部自然引入一个人工环境，那么最初这张《床》就是另一种反转。他解释，面包通常是被吃掉后转化成能量和排泄物，但他希望把面包的"被吃"留存下来，而不是消失。

这种对人和物质之间的关系的记忆，包括吃者和被吃者的区分，葛姆雷将自己对东方哲学那种令人惊讶的迷恋接驳到印度人在《梨俱吠陀》里对火神阿格尼（Agni）和苏摩酒（Soma）的描述，也就是所谓"火焰与燃料"的关系。

西方雕塑观念强调要将目光注视在事物上，但葛姆雷更感兴趣的是让事物自身呈现在眼前，"这就意味着，在某种程度上我们都是雕塑，都在将事物转化为思想和感受"。他对那些作为形象本身来叙述故事的"身体"兴味索然，这种身体，一直以来都是西方雕塑所研究和摹写的。"我更喜欢把身体看作是一种场所，对，是场所而不是事物本身，这一点非常重要，它是发生转换的场所。"葛姆雷说。

当第一次面对在作品中出现的、完全等同于自己形廓和大小的"身体"时，是否有过突然被震惊的瞬间？葛姆雷说，这种震惊倒没有发生在他和"自己"面对面的时候，反而是有那么几次，当他独自离开工作室的时候，突然被吓到："天哪！有人在这儿吗？"这听上去有点不可思议，他本来应该对工作室中的作品习以为常了才对，但是在葛姆雷看来，他其实并不拥有自己的身体。

"人们有时候会质疑：这个人这么喜欢复制自己的身体，是不是个自大狂或者法西斯？实际上并不是。我只是简单地想把身体作为验证普遍存在的具身现象的个例。我使用自己的身体，是因为我觉得现实就如此：它不是一具被理想化了的身体，它就是我的身体，一点也不特殊。"葛姆雷说。

1997年，葛姆雷的大型公共艺术项目《视界》轰动伦敦。以画廊为中心，在方圆1英里范围内，他将31个按照自己身体原型大小制作的"葛姆雷"安放于泰晤士河两岸的20多个公共场所。为什么是31这个数字？葛姆雷说，其实就是你所看到的，没有什么特殊含义。不过他又补充道："如果一定要说的话，可能就是在数字命理学里有个观点，把'3—1—4—4'看作是平衡的四个元素。"

2006年，"葛姆雷"矩阵扩充到了100个，被安放在意大利南部卡坦扎罗的罗马遗址附近，覆盖了8.5公顷的场地。

"当我和你对话的时候，你正在分享我的经验。我觉得这就是艺术引人参与的目的：艺术从来不是某种专业行为，而是渴望共享体验的欲望。我之所以想把身体重新带回来，而不是把它作为一种权力来使用，是因为我想让身体成为情感产生以及情感共享的场所。艺术中的情感已经随着概念主义和极简主义的流行而迷失，所以我召回身体，也是在渴望重新接通情感。"

葛姆雷的关键词很容易就被人捕捉到：身体、空间、质疑、内化、平衡……当然，还有印度，那个他在21岁后独自停留过三年的东方，影响了他其后的艺术观念。

我关注所在，甚过所见

曾：装置作品 Host 被译为"屯蒙"，在《易经》中是"屯卦"和"蒙卦"的并称，大意为天地万物之始生。你真的理解它在《易经》中的含义吗？

葛姆雷：为此我们讨论了大概两个月。host 这个词在西方文化中很特殊，指代、含义都有很多重。和当初想给作品 field 找到合适的译法一样——最后译成了"土地"，尽管并不准确——这次我们需要找到一个词足够表达 host 的内涵。我 17 岁的时候就接触到《易经》了，我认为 Host 很适合用这样一种具自然力的语言来表达。某种程度上，水、火、空气、泥土，这些概念是我们内在生命的物质观照，对我来说也就是最好的语言，可以说它很诗意，但是又很准确。我以为在表达人类情感时，没有比用你目之所及的自然界的语言更好的方式了。

曾：1991 年你就创作了《屯蒙》。为什么会产生这样一个作品概念？你个人当时处在什么状态下？

葛姆雷：我不确定是不是 1991 年做的。但记得第一次展出是在美国南卡罗来纳州的查尔斯顿市，想法则出现在完成第一件作品《土地》（1989）之后。《土地》试图在城市化和现代化的进程中，重新平衡我们和土地的关系：现代性可以说是工业化带来的，而这种工业化一直以来却把农民甚而捕猎者对土地的态度排除在外。对我来说，一切艺术旨在实现精神的再平衡。做《土地》的时候，我想质疑艺术家作为个体存在的现代观念，所以我用了很多人来共同完成一件作品（2003 年在广州，葛姆雷曾动员 300 名村民做了近 20 万个黏土泥人），并且真的是以土为料，用火烧制。

做《屯蒙》的时候，我在想另一个问题：生命出现之前的原生世界是什么样的？《圣经》里，我们有自己的神话起源《创世记》；在《创世记》里，世界在陆地出现之前是无垠的海洋。所以我把"屯蒙"作为一个特定之地，去思考水、陆地以及生命的可能性。和《土地》不一样，《屯蒙》不曾被破坏、被固化、被定型，所以它在形式上，除了建筑物的框架之外没有其他任何结构。

为了在二十二年后重新展示这件作品，常青画廊进行了空间重建。我认为这是目前为止最清晰的一次展示。作品有三个门框，每一个每一次都只能站一个人。站在门框上，你就是站在一个被构建的世界的边缘。当内在和外在发生倒置，你就正好位于代表内外边界的门槛上。这件作品邀请观众来重新平衡心和物的关系。

曾：在 TED 的一次演讲中，你提到儿时总被母亲约束在小屋子里，并因此默想出无限空间的经历。你后来在作品中反复涉及门框、房间等意象，探讨人和空间两者关系，和这种经验有关吗？

葛姆雷：我们能想到和感知到的一切，都由各自经历形成。我想，早年被母亲强制在下午独处于小房间的经历，使我最初也最直接地感受到，人在身体受限的情况下，内心却具有可无限延伸的想象力的"矛盾"体验。作品《屯蒙》里，门框可以视作身体的"框架"，让你意识到身体的限制，但是你的目光又被邀请通过"框架"看向外部：在一层空间，看见的是整个展厅空空如也；在另一层空间，你又像是在俯瞰一片风景，看到地平线，看到身体所限之外的事物。

我说创作"南宋山水画"，也是试图呈现这样一种场景：在高山之上看见云的形成。但并不是对自然的再现。的确这是一件用了 5 万升海水和 100 吨泥土的大型"水墨画"，但对我来说最重要的，它是实实在在的材料，而不是什么幻想，不是技术的产物。这是试图把我们不能也不该控制自然的事实内化到建筑之中的姿态。在嘈杂的当下，我需要这样一种内化的姿态。

曾：听说几年前你去过云南，想在那里寻找地方做一件大型公共艺术作品。为什么放弃了计划？

葛姆雷：我第一次去云南大概是 2004 或者 2005 年。当时确实有人问我愿不愿意在"香格里拉"做雕塑，所以我才去了趟丽江。我花了一周的时间四处游逛，和当地纳西人聊天，但最后我还是决定什么都不做了，因为没有想做的理由。如果我真要完成一件作品，我希望的是和当地人一起来实现。但在那里我发现，人们想要我作品的动机可能来自政府，或者游客，却不是当地人。

曾：1971 年去印度的那段经历被认为深刻地影响了你的创作。"披头士"也去过印度。

那大概是当时英国年轻人最感时髦的事吧?

葛姆雷:"披头士"比我去得早,大概是在1965年。我非常清楚地记得当时听过一首乔治·哈里森(George Harrison)的歌,*Within You Without You*,是在 *Sgt. Pepper's Lonely Hearts Club Band* 那张专辑里。唱片封面很有意思,是各种人穿着五颜六色的制服。那也是我第一次听到用印度西塔琴(Sitar)演奏的音乐。因为以上种种,我一心想要去印度。第一次是在1969年,进大学后的第一个长假,去待了大概几个月。毕业之后我又立刻动身,路上大概花了一年,之后在印度待了两年,其中大部分时间都在和佛教徒相处。我师从葛印卡,他现在已经去世了,当时他教我内观静坐(vipassana),即全神贯注于身体感知。后来又跟卡卢仁波切学过,他是苏纳达的格鲁派"黄帽"仁波切,住在喜马拉雅大吉岭南部的一座寺院里。

去印度当然不是我开的风气,但是我停留的时间可能比有些人要长一点,不过我也有朋友至今还留在那里。说到时髦,当年和我一起跟卡卢仁波切学习的大概有12人,超过一半的人来自欧美,剩下的是印度人和中国西藏人。他能同时教这么多学生也是挺令人惊讶的……我觉得其实佛教对人的强烈吸引并不完全关乎宗教信仰,不关乎它可以对着一个全能的神明祈祷,而是来自那种建立在亲历之上的天性。

因此,在我这里,"正念"(mindfulness)就是最重要的艺术理念——我所热爱的艺术应该成为我存放"正念"的工具。艺术不是放任欲望,而是重获平衡。

曾:在去印度前,你还经历了一个对于欧洲来说相当特殊的年份——1968,和社会思潮、社会运动联系在一起。那年你正好18岁,有什么记忆深刻的事?也影响到后来的创作吗?

葛姆雷:1968、1969年,英国既发生过反对"越战"与核武器的大规模示威,也有了针对移民政策的第一次游行,这些我全部参与过。当时我们是真正想要社会听到年轻人的声音,不仅是为了摧毁旧秩序,也是为了进入到创造未来的社会结构中。

我记得很清楚,那时候我正在剑桥学习人类学、考古学和艺术史,我们占领了剑桥的行政楼,要求董事会里设学生代表,还要求招收女生——剑桥其实有两所女子院校,但都独立于其他院校之外，我们觉得在现代体制下这是不正确的。

现在的人谈起60年代，总是说中产阶级或特权子弟如何放纵自我、游手好闲，我却不这么认为。我自己从小就被父母严格要求言行，包括如何安排时间在内的一切事情都会受到极其苛刻的规训。这也合乎情理，毕竟父母们都在战争期间背负过巨大压力。

60年代的人在思考很多问题，比如，重建世界之后的真正价值到底是什么？处在后殖民主义思潮和多元文化世界中的我们应该了解，西方传统和天主教并不是这个世界唯一的模式，人类社会有各种各样的形态。在我看来尤其重要的是，20世纪60年代实际上既开拓也平衡了各种诉求，成为一种严肃的反主流文化的起点：什么是资本主义？它的利益诉求何在？物质主义是衡量价值与进步的唯一标准吗？

我学生时代大部分时间都过着集体生活，从印度回来之后也一样。直到现在我仍对共同合作的创造性的生活非常感兴趣。比如目前的工作室，就是一个将合作性、集体性和创造性相叠加的样态，即便它是存在于高度发达的奢华的资本市场中。

曾：你说过，贾科梅蒂也是对你产生影响的人。他对当代艺术家的影响是如此广泛，我很好奇，对于当代雕塑艺术，有没有一种虽未命名但实际存在的"贾科梅蒂主义"？就好像达达主义、立体主义。

葛姆雷：我觉得不存在，因为贾科梅蒂是不可复制的。我把贾科梅蒂看作最后一个懂得如何对待身体的重要艺术家。我也认为自己所做的是在和他进行对话。

贾科梅蒂一生的大部分时间都在试图呈现一种现实的图景，换种说法，就是呈现一种存在于空间中的物体，以及我们在空间中与物体之间的关系、与距离的关系。他的雕塑和画作都努力让物体的空间能够在某种张力下共存，这是关于视觉的现实，也是关于他记录自己、观察行为背后的直接经验的尝试。

我个人对贾科梅蒂的回应是：他给了我们观察人与人之间的空间的方法，而我想去记录活在表象背面的感觉。我关注所在，甚过所见。我更感兴趣的是找到一种途径，去感知贾科梅蒂所说的"对现实的追求"。

（采访时间：2016年3月）

黄宇摄

理查德·迪肯
Richard Deacon
1949—

英国艺术家,同时也被认为是一位出色的作家和教育家。1987年特纳奖得主,以抽象绘画和雕塑闻名,从未将自己固定于一个风格或主题,使用包括钢材、木材、陶瓷、皮革、布料和黏土等多种材料,将有机形式与工程元素相结合 。目前生活在伦敦,作品被阿姆斯特丹市立博物馆、纽约现代艺术博物馆、巴黎蓬皮杜艺术中心和伦敦泰特现代美术馆等机构收藏。

理查德·迪肯：
制作者或杜撰者

艺术家都会受到各自童年经历的影响，但在多个地方成长也不意味着支离破碎，不意味着不开心。不过，对世界的感知过程或许对我后来使用不同材料和构建方式有些影响。

在理查德·迪肯的印象中，他这一生总在迁徙。

他有个身为军人的父亲，经常要换防，全家人从来没有在一个地方特别固定地生活过。迪肯出生在威尔士的班戈，但很快随家人搬往英国的其他地方，之后又有三年，全家远赴斯里兰卡。成年后他也习惯于这种不断变换居留地的流动的生活状态。

迪肯的雕塑被人评论为风格复杂多变。我问："与过去这些经历有关吗？"迪肯说自己没有答案："也许有关，也许被过度阐释了。艺术家都会受到各自童年经历的影响，但在多个地方成长也不意味着支离破碎，不意味着不开心。不过，对世界的感知过程或许对我后来使用不同材料和构建方式有些影响。"毕竟在迥异之地体验过世界的不同面向。

迪肯早在1987年就因获得西方世界最重要的当代艺术奖项"特纳奖"而成名，是个"老"艺术家了，但他对新生代际毫无隔膜。这次到北京为新作揭幕，他也在中央美院美术馆做了两场讲座，其中一场就主讲到YBA一代给英国艺术界带来的变化。

20世纪90年代曾在观念和市场上狂飙激进的英国年轻艺术家团体YBA，尤其头羊达明安·赫斯特（Damien Hirst）可说是"明星艺术家"现象的先驱。迪肯提到赫斯特当年策划的四个展览——1988年的 *Freeze*,

1990 年的 *Modern Medicine*、*Gambler* 和 *East Country Yard Show*——不但将 YBA 一代和他自己成功显现在公众眼前，也激活了英国艺术界。虽然迪肯属于 20 世纪七八十年代成名的那批艺术家，其中包括托尼·克拉格（Tony Craggy）、阿尼什·卡普尔（Anish Kapoor）等重磅人物，但迪肯认为，他们这代艺术家也同样受益于 YBA 促生的多样艺术生态。

2000 年，除了伦敦泰特现代美术馆落成这样的大事件，伦敦还曾有个备受瞩目的艺术展览项目"fig-1"，在 50 个星期之内展示 50 个项目，其中多数参与者是年青一代艺术家，但也包括迪肯他们这些"前辈"。

不过对迪肯个人而言，最重要的艺术时期还是 20 世纪 70 年代。他至今觉得自己经历了那个时期是一种幸运，在那个时候移居到伦敦"这种事件发生的中心地"也是他人生中最关键的决定。"在什么时间遇到什么样的人很重要。"这应该是迪肯相当真实的感慨。

1973 年，西方各国经历了第一次能源危机，英国经济受重创。尤其是在英国工业革命时代遗留的旧工业区东伦敦，进入 70 年代后彻底沦为贫民区。以现在伦敦的高昂生活成本，艺术生无法想象刚毕业就能在伦敦拥有一个工作室，但在 70 年代的伦敦可以做到。

迪肯说，当时伦敦出现了大批开发停滞的空楼房，政府为了刺激经济复苏，出台了一个低廉房屋政策，东伦敦的贫穷艺术家们因此而可获得免费空间来做创作和展览。

迪肯赶上了英国当代艺术运动的这个黄金时期。1969 年，他从英格兰郡陶顿镇（Tauton）的萨默赛特艺术学院毕业后来到伦敦，考入著名的圣马丁艺术与设计学院。1974 年又入读英国皇家艺术学院，用三年时间拿到了环境媒体专业硕士学位。他毕业后曾在切尔西艺术学院短暂访学，当年他的工作室就在东伦敦附近。

整个 70 年代，那些供他们免费使用的艺术空间帮了大忙。迪肯记得其

《不得安宁》，2005，材质：灰煤不锈钢，156×374×257 厘米（理查德·迪肯工作室供图）

《急速》，2009，材质：木头、不锈钢，180×622×231 厘米（理查德·迪肯工作室供图）

中有一个画廊，只从1976年经营到1982年，但六年里做了几百个展览，参展者都是伦敦尚未成名的穷艺术家。70年代的这些艺术运动也受到英国同时期朋克运动的影响，所以其中很多展览其实只是朋克式的行为表演，但在迪肯记忆中活跃且珍贵。

至于他本人，迪肯说，他没有参加过任何"有宣言的那种艺术运动"，但也并非独行者。他很清楚，在20世纪80年代的伦敦，加入任何一个艺术团体都比独自关起门来创作更容易获得成功的机会。所以，就像那个时期的大多数年轻艺术家一样，他和朋友们都成立了工作室，艺术机构主动为他们提供场所。所有关系都是开放的，成功看起来好像垂青每一个人。

1980年，迪肯开始创作后来令他获得高度认可的系列作品：用金属和木头薄板完成的简单机体形状和弯曲形状。他利用各种未经加工成形的日常生活材料来制作雕塑：钢板、胶合板、泡沫、橡胶、釉面陶瓷……在他庞大和复杂到堪称工程的雕塑创作中，他始终倾心于多变的材料，"无限多样而且不断变化的工作方式"，挑衅雕塑表达的不可能。

在他近几年的作品中，以几何风格替代了身体的有机形状。迪肯说，使用几何结构的含义是作品的边缘是直线形的而非卷曲状的。"我觉得讨论作品形状曲与直的差异性是个有趣的问题，并且我很感兴趣在这两条路上行走着而不用阐释这其中的关联。"2014年他在伦敦接受一个采访时说。

他的作品一直获评为很有诗意。在当代艺术界，这用在别人身上未必是赞语。但迪肯不同。他的作品一直以来都以强悍的后现代结构和质感闻名，足以将通常被认为属于过去式的古典主义及现代主义的"诗意"消化。迪肯说他现在不怎么阅读诗歌了，但30多岁的时候读过很多，尤其是德国和俄罗斯的诗歌。比起小说，他偏爱诗歌这种"被浓缩的语言"。迪肯探索语言的爱好经常体现在他对自己作品的命名上面，那些富有含义的名字，成为他

After，1998，材质：木头、不锈钢和铝合金，170×950×300 厘米
（理查德·迪肯工作室供图）

创造更复杂和深刻作品的方法之一种。

在他众多作品中，巨大的蛇形雕塑 *After* 是令人难忘的一件。艺术家以前所未见的一种卷状形的连续循环形态，平衡了体量、空间和材质，也带来了独特的错觉感受。

2000 年后开始出现在作品中的釉面陶瓷，高度脆弱，以此和钢材混合呈现的作品却具有一种古老的坚实感。2009 年前后的"共和国"系列改变了迪肯作品的试验导向，从《深绿色共和国》到《红色共和国》，他断然摒弃一贯被视为标签的曲线和有机形状，材料被脱去所有复杂修饰或者说干扰而独立呈现为意义。

2012 年的《交叠》亦是如此，将釉面陶瓷和钢材同时使用，一个脆弱，一个强悍，却完美地彼此交接于一体。迪肯在 2014 年接受英国《雕塑》杂志访问时曾介绍他这批釉面陶瓷雕塑的制作方法：将黏土当成木料使用，它

《交叠》，2012，材质：釉面陶瓷、镀锌钢、软钢、不锈钢，390×398×206 厘米（理查德·迪肯工作室供图）

Two By Two,2010,材质:镀锌不锈钢,242×258×230 厘米(理查德·迪肯工作室供图)

的形状是被锯出来的而不是被铸模、铸造，"将黏土塑成条状，然后切割成需要的形状，之后烧制"。

在北京一座建筑幕墙上完成的委托作品《光雨·沉思》，则是和他 2011 年的《字母表》一样，起始于绘画。他将建筑本身几何形状的表面肌理融于墙面雕塑中，首次使用了一种双层结构方式，使得作品中蓝、绿两个色块呈现一种相互颠倒的感受效果，就像彼此互为倒影。而在相邻的空间，中国著名雕塑家隋建国十年前完成的作品《维》是以岩石为材料，以花岗岩地面为"水面"倒影，两件作品之间形成了空间上的呼应。迪肯在采访中说，他最近两年把很多精力用在探索字母系列作品上，但之前一直是单层的，这是首次尝试双层结构，可以算是他制作方式的最新呈现。

1984 年，伦敦泰特现代美术馆的"新艺术保护人"团体用英国 19 世纪绘画大师特纳的名字设立了当代视觉艺术的"特纳奖"，每年评选一次，颁给 50 岁以下的英国艺术家。在大奖设立当年，迪肯就获得了提名，三年后以巡展《为了那些可以看见的人》获奖。虽然那个时候"特纳奖"还没有像近年这样突围艺术界而成为事件性的社会话题，但也足够权威到为迪肯在英国当代艺术界加冕了。之后的卡塞尔文献展、威尼斯双年展、大英帝国司令勋章等，不过都是在增加声名。

2014 年，伦敦泰特现代美术馆为理查德·迪肯举办了一次作品回顾展，以 30 件涵盖大、中、小尺寸的雕塑及一些绘画作品，来探究他近四十年如何革命性地将各种材料用于创作中。也可以说，迪肯沉迷于一种形态表达的"极限"。

有一种说法是，每个艺术家都有自己的"艺术史"。谈到对他发生过影响的艺术家，迪肯拿了张纸，认真写下一大串名字和注释：美国极少主义雕塑家唐纳德·贾德（Donald Judd），17 世纪法国画家尼古拉斯·普桑（Nicolas Poussin），现代主义之父保罗·塞尚，毕加索的雕塑（但不包括他的绘画），俄罗斯先锋派人物弗拉基米尔·塔特林（Vladimir Tatlin）、让·梅塔（Jean-Bernard Metais）的雕塑，文艺复兴时期雕塑家贝尼尼（Gian Lorenzo Bernini）。

"为什么强调是毕加索的雕塑，不包括他的绘画？"

"我认为他的雕塑比画好。"迪肯说完，想想，笑了。

雕塑失去了界定

曾：你曾把自己在艺术创作中的角色描述为"fabricator"。有人译为"杜撰者"，有人理解为"制作者"。可以请你把本义阐释得更具体些吗？

迪肯：在英语中这个词本身就有两个意思：制作者或杜撰者。最初我用这个词是想要强调，无论模型还是雕刻，制作的过程都涉及构建。不过我很喜欢一种说法：标签这种东西并非只有实际效用，它还会带来想象。

曾：你在雕塑中对材料使用的多变一直以来给人留下很深的印象，比如粉煤不锈钢、釉面陶瓷、皮革。通常是什么引导你对一种材料发生兴趣？是长久掛酌，还是突然灵感？

迪肯：实际上两方面都有。我有时会突然对眼前之物发生兴趣。比如现在，我坐在这里，就觉得那盆植物下面的篮子很有意思，或许会就此开始探究一番。材料和我对世界的兴趣有关，我希望它是在我作品中所能获得的体验的一部分。从某种程度来说，材料和形式具同等地位，它本身即有价值，而不仅是作为一种作品的实施媒介。

而且，我认为颜色也和材料一样重要，只是我在这方面还刚开始思考。过去五年我越来越多地在作品上用色，部分源自釉面陶瓷这种材料，但颜色本身也确实值得考量。当然，目前颜色在我这里还不是材料，而是某种质感（quality）。我正在想，如何使颜色也成为一种材料。

曾：关于釉面陶瓷，你的第一件作品是什么？

迪肯：我在学生时期就用过黏土。20世纪80年代初，我做了一组数量不多但对我来说很重要的作品，是五件上釉黏土模型。1999年后我曾到德国一个陶瓷工作室做雕塑。那是尼尔斯·迪特里希（Niels Dietrich，德国陶瓷工艺大家）的工作室，德国雕塑家托马斯·舒特（Thomas Schutte）邀请我去的。

我在那里完成了第一件釉面作品：《明天和明天和明天》（*Tomarrow and Tomarrow and Tomarrow*），标题引自莎士比亚的《麦克白》。和尼尔斯在一起，最棒的是可以迅速实现大体量创作，他的工作室对所有可能实现的想法都几乎没有限制。很多时候，当一个刚出道的艺术家跟人说他想做什么的时候，得到的回答都是"太难了"，尼尔斯却总是说："好，我们试试。"

我之前大多数作品都通过"部件"的拼合来实现，还有些作品是把"部件"从整体中拿走。而用黏土这种材料，吸引我的除了烧窑，还有材质的脆弱性，一件东西做完了就不能再碰了。过去这十五年我做了很多釉面陶瓷作品，令我始终着迷的还是这个：烧制结束就意味着最终形态。

曾：你是从西方艺术史找到这条线索的吗？还是借鉴了东方？

迪肯：文艺复兴时期佛罗伦萨有一位卢卡·德拉·罗比亚（Luca della Robbia），他最早在雕刻作品时加入了黏土。不过作为一种艺术材料，黏土在远东地区的传统显然要比在西方深厚。很多古老的西方建筑用到烧制成砖形的黏土，但也仅作为一种建筑材料，直到18世纪西方迷上来自中国的瓷器——自那以后，陶瓷有时是艺术材料，有时是建筑材料，如何对待它通常是被当时的时尚风气所影响。

曾：可以谈谈你2010年的作品《红色共和国》吗？这个名字就给人想象。我也注意到，你的作品形态大都抽象，标题却都十分具象，犹如小说或者诗歌之名，比如《死掉的腿》《定价过高》《红海穿过》《虚构和事实之间》。是想有意造成反差吗？名字通常从何而来？

迪肯：命名是为了帮助记忆。我认为一个人使用语言的方式和他理解世界的方式有关。换种说法，我不认为我们感知的世界可以脱离我们对世界的描述方式而存在。举个例子：你独自在夜间行车，发现路旁有东西跟着车移动，刚开始你不知道那是什么，它可能是任何东西，而当你发现那只是一个塑料袋，感受立刻随之变化。描述让人得以识别，令事物具象化，在这个意义上，语言影响我们的感知世界。我认为作品最好的状态是名字和作品合而为一，就像是材料的一部分——这种关系可能不是显性的，而是诗性的。

绝大多数情况下我作品的命名要在过程最后

才会显现，而不是开始就想到。命名有时候也是概念的延续，就像你提到的《红色共和国》这件作品，其实是一个系列作品。我认为"republic"是一种好的描述方式，它把不同元素融合到了一起，和我们平时所理解的"共和国"并不相同。

我做这个系列时，正好中亚、东欧各国发生"颜色革命"，比如乌克兰的"橙色革命"、伊朗的"绿色革命"，所以作品颜色也就和这些不同形态的社会动乱或革命有关。这件红色作品看起来很像是20世纪20年代之物，那时正在发生革命。

曾： 你的作品通常和社会性关联，较少指向个体经验？

迪肯： 个体经验和社会经验会重合，所以这两部分在我作品里都有。它可能指向我经历的事件，但不必照实呈现。在我所有作品中，"我们""我们的"确实要比"我""我的"更常见。我现在回想几件作品，名字中都包含有宾格的"我"，但那些作品也是在表达共性而非个性。

当谈论命名的时候，我们其实是在谈论语言。语言有意思的地方在于它可分享。你无法经历我的经历，但可以通过语言传达。

曾： 那什么是你所理解的"雕塑"？我曾问过你的好友隋建国，他说："闭上眼，这个世界都是雕塑。"

迪肯： 还是学生的时候，这个问题就经常困扰我。的确想不出来自己此生所致力的雕塑到底是什么。最后我有了一个定义：某人在某时某地做了某件东西——重要的是"被做出来"。比如我拍一段影像，记录一阵风吹过一栋建筑，你也可以把这个看成是雕塑，可见"触摸"也不是必要条件。总之很难定义，一旦有了固定表述，就会立刻想到一个例外。相比之下，绘画是什么要清楚一点。过去这五六十年里，雕塑失去了界定。或者说，一开始雕塑就是开放的，边界不断扩展，现在变得有点"狡猾"，很难确切知道它是什么。只要能触摸到的物质，都可以是雕塑——这是一种有趣的定义方式，但同样无法将我刚才提到的风的例子包括在内。无法触摸风，但是通过建筑，很容易就感受到风占据空间的方式。是风在触摸你，而不是你触摸风。我想到女艺术家露斯·芬－克尔塞（Rose Finn-Kelcey），她通过一种方式制作出漂浮在画廊空气中的"云"，但你触碰不到她的"云"。

曾：所以有人说，当代雕塑已经很难不向装置艺术转化，即无法脱离空间关系而独立呈现意义。你怎么看这个问题？

迪肯：装置近年成为很多艺术种类的重要特征，这点我在昨天的讲座上也提到了。过去15—20年间，确实很多有意思的作品都建立在装置艺术之上。自主的作品（autonomous object）很难实现，但我不认为这类作品就此终结。装置是一种策略，就像为作品穿上一件衣服，比较便于观看。自主作品要把你"扔回"自身，和自己相处，装置则可以成为同伴，带你走一程。

曾：你是想说，欣赏一件自主的艺术作品对观众要求也更高吗？

迪肯：不不不，当你能回应装置艺术的时候，已经是在认识艺术家的路上走了一半了。读读艺术史的话，威廉·沃林格尔（Wilhelm Worninger）有本著名的《抽象与移情》（*Abstraction and Empathy*），他认为抽象与移情是我们理解世界的两种方式，抽象有关分离，移情有关聚合。20世纪初很流行抽象主义，现在则是趋于移情的装置艺术，但抽象也并不会被消除。人既有共情体验也有差异性体验，自主作品和差异性关联更多，而移情（共情）却是没有什么边界的。

曾：1987年你就获得"特纳奖"。这个西方世界最重要的当代艺术奖项给你带来了什么？

迪肯：物质方面的改变其实很小。当时我已经在伦敦生活，获奖让创作环境变好了些，开始有美国收藏家对我的作品感兴趣。所以的确有些商业方面的影响，在一定程度上也改变了我的生活状态。陌生人在超市会认出我，获奖多少有一点名人效应。

曾：你还记不记得，当时评委给了你什么评语？你是否认同？

迪肯：他们称我为"威尔士巫师"。我觉得还算可以接受。

曾：距离得奖三十年了，你觉得和那个时期相比，你现在的作品有多少改变？

迪肯：这三十年我已经做了很多。有一点足以说明问题：我现在的作品和我三十年前的作品完全可以放在同一个屋子里，而不会有哪一件看起来不合适。但作为艺术家，也不希望回顾的时候发现自己在一次次地重复过去。我们前面谈到童年影响，它可能会导致艺术家在某个主题上反复绕圈子。艺术家有时很傻，自以为在做新的东西，却有可能走一大圈又回到原点。

另外还有一个变化：1987年的时候，我大部分作品都是自己完成，但现在我和许多不同的"fabricator"一起工作。相比过去，我用更多种材料，尝试更多可能性，而不同材料又会带来主题差异。总之，任何一点环境变化都将带来结果的变化。

曾：你认为艺术家有需要退休的一天吗？比如，当创作欲望完全消失的时候？

迪肯：我不认为艺术家就一定要工作到底。他们可以选择停止，我不认为这是一种失败。并不意味着没有创作力了，只是想停下来了。

（采访时间2015年10月）

关海彤摄

托尼·克拉格
Tony Cragg
1949—

英国雕塑家,自1977年一直生活和工作于德国。1988年特纳奖得主,作品以堆叠的外观和使用如塑料、家居用品等非传统材料而闻名。近年的创作越来越多地与大理石、青铜和钢铁等更传统的材料打交道,但始终关注自然与人工之间的关系。2002年被授予大英帝国最高荣誉勋章。2016年被授予英国下级勋位爵士头衔。

托尼·克拉格：
每件作品都有属于自己的体系

在当下的艺术界，空间场所已经变得太具有领地性质了，人们想方设法去"占领"一些场地，这已经成了一种成功的策略，而我认为在艺术创作中引入"成功学策略"并无帮助。

访问托尼·克拉格那天下午，中央美院美术馆的三层大厅还在布展中。一批作品刚从海外运到，克拉格带来的德国团队正在拆包安放。克拉格自己领着几个人在埋头"组装"那件获过特纳奖的著名作品——《大教堂》（Minster）。地上一堆零件，《大教堂》"地基"刚起。他穿一套松垮的便服，撸起袖子，戴着工作手套，看起来就像一个和工人们一起干活的老工程师。

托尼·克拉格是英国当代艺术界极具影响力的人物。我所读到的关于他的最高评价是这样的：亨利·摩尔（Henry Moore）之后英国最伟大的艺术家。不过英国人克拉格现在在德国生活，是杜塞尔多夫艺术学院的院长。这座学院对于西方当代艺术史来说有几分前卫堡垒的味道，当年保罗·克雷、博伊斯、库奈里斯等人都曾在这里执教。

2012年3月2日开始的"托尼·克拉格：绘画与雕塑展"是他在中国以及亚洲的首次个展。克拉格带来了49件雕塑以及127件纸本，规模很大了，不过据说他事先并没有对展场做设计方案，而是每天亲自到现场反复调整作品的位置。他自己说，布展过程就像是"雕塑在跳芭蕾"，他每天移动的距离有二三十公里，"应该穿上轮滑鞋来跑"。

我在布展现场远远看到一个场景：空旷的展厅里，克拉格离开他的助手

托尼·克拉格：每件作品都有属于自己的体系

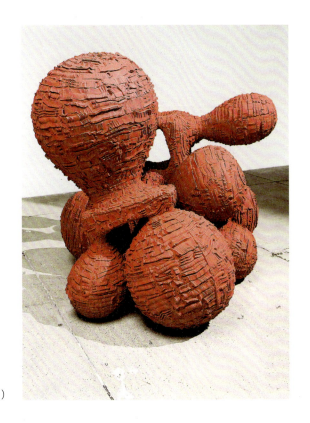

《构想（右转，左转）》，青铜，
2000（中央美术学院美术馆供图）

独自走到一条长凳边，躺下来休息了几分钟。在他头脚处，是两件静默的他的作品。

克拉格并非是那种一开始就知道自己想做什么的人。他曾在一个橡胶实验室工作，等到发现了自己对艺术的喜爱，才决定进艺术院校学习。早年的职业经历和务实训练，让克拉格成了艺术家里的"理科生"，理性精神也最大程度体现在了他对雕塑的材料实验和形态赋予上，每件作品都有自己的体系。

中央美院美术馆馆长王璜生说："托尼·克拉格对艺术和社会问题的思考有很强的理性精神，这可能与他出身于一个电气工程师的家庭及他早年在

《弯曲的思想》,青铜,2002(中央美术学院美术馆供图)

《共享》,材质为 Jesmonite——一种由石英石、大理石屑和云母混合而成的高分子复合材料,2006(中央美术学院美术馆供图)

天然橡胶研究所实验室工作的经历有关。他的作品,往往应用现成品、废弃物、工业社会制品,利用那些在当代社会环境中常见的物品和材料,包括塑料、陶瓷、石膏、木材、钢铁、玻璃、聚氨酯、石头、铜、橡胶、水泥及新出现的材质,形成其艺术创造的新面貌和新观念。"

克拉格就坐在他刚才躺过的那条长凳上和我谈话。当他开口讲述艺术问题时,刚才那个随和的,甚至有点腼腆的工程师不见了,镜片后的目光变得严整而有力量,不时站起来,走到自己的作品前面去援引例证:《大教堂》的设计以重力作为黏合剂,所以需要特别细致谨严地摞叠,让不同大小的圆形零件丝丝契合。

这个作品叫《弯曲的思想》,椭圆有两条不同的轴线,长度改变时,可以看到四个不同斜面上的图案。从下到上,如果横向切开,看到的都是椭圆形,即使拆开后也都是椭圆形。虽然看上去不是几何形的,但它是彻彻底底

克拉格的纸本绘图
(中央美术学院美术馆供图)

的几何图案,却有着有机的样貌。

《手肘》是用木头做的,先切割出很多薄的木片,然后再做浇铸,看起来复杂,其实不难。

克拉格自认是一个物质主义者,纯粹的、从不被装置潮流裹挟的雕塑家。他认为有两个对雕塑艺术的发展有重要影响的力量:一个是20世纪60年代以来以更广阔的眼光来看待艺术,材料不再因比喻性而有意义,它们自身给艺术带来了更广泛的主题;另外一个就是杜尚的影响,他的更大意义在于,把更多的人造品和非艺术的材料引入到艺术创作中。而克拉格所说的这两个力量,都和材料有关系。

他跟我说:"你我都是由物质组成的,周围的一切也是如此,甚至情感和理智也是物质的产物,因此很显然,材料非常重要。"可惜的是,"折中的自然和工业的物种已充斥于我们的现实"。

克拉格会在他的雕塑上"绘画",比如在雕塑表面绘刻字符,用绘画和符号激活形态表面,这也是他对材料的人为的丰富方式之一种。但克拉格展出的纸本作品并不是制作雕塑前的草图,而是他专门的绘画作品。"它们是我为绘画而画的。这种情况通常是我想在绘画中表达些什么,不是单纯的技术问题或直接的雕塑问题。它们甚至会是我在雕塑中不能解决的问题。"

克拉格也会保留一些材料,甚至是不成功的作品,重新审视完成的作品并把它们绘出来。"这些都是我的回忆作品,甚至重新燃起对作品的兴趣或关注的方法。"克拉格说。

克拉格名气很大,"但他是一个艺术家,而不是明星艺术家"。谈到这个话题,克拉格说:"我觉得成功学是艺术的敌人,是危险的,因为它和感情、内涵无关,它只在乎如何攫取更多的观众,如何抬高价格,这很荒唐,这绝不是艺术的目的。"

不要让雕塑成为又一种权力宣言

曾：在你的创作中，对空间这种元素会有多大程度的重视？

克拉格：雕塑是三维艺术，它会占用一定的空间，这是雕塑的性质。但不管放在什么地方，雕塑总还是雕塑。关于我的作品，可能需要强调一种区别，即"雕塑不是装置"，所以我不怎么考虑场地的问题。这个场地很好，但对我来说意义不大，因为场地不是艺术。由于装置艺术的兴起，在当下，过分注重场地几乎成为一种时尚，但这样做会给艺术加上太多束缚，而我对束缚性的艺术不感兴趣。

曾：可不可以理解为，这是你对装置和雕塑的区别的看法？

克拉格：你知道"装置"（installation）这个词是什么意思吗？意思是冬天把牲口关到棚子里去，"install"就是进入牲口棚的意思。词源上，它和艺术以及雕塑其实没多大关系。

我20多岁的时候，也就是（20世纪）六七十年代，装置艺术在当时方兴未艾，这是因为它的当下性和因地制宜性。而且在四五十年前它还是一个革命性的概念。但现在它已经不那么重要了，谁还关心装置艺术呢？如果你在一间蓝色的屋子里放上很多头牛，你也只是装满了一间蓝色的屋子而已。在六七十年代，装置艺术的意义在于它使得艺术家们能够在本来不那么具有艺术性的空间里创造艺术，比如法国的教堂、苏格兰的工厂以及诸如此类的"非艺术类空间"，所以在当时引起了很大反响。而现在，说实话，我认为在美术馆里搞装置艺术几乎是个荒唐的想法。

刚才你问到关于空间的问题，在当下的艺术界，空间场所已经变得太具有领地性质了，人们想方设法去"占领"一些场地，这已经成了一种成功的策略，而我认为在艺术创作中引入"成功学策略"并无帮助。

曾：空间对你不重要，那么色彩呢？你做过色彩鲜明的塑料雕塑，近年在青铜雕塑上用到了汽车工业的喷漆技术。

克拉格：色彩？这是个奇怪的问题，应该去

问画家吧？对我来说色彩分两种：一种是材料本身的色彩，比如木头的颜色都是一样的，这种色彩能表现材料的外在和内在性质；还有一种就是表层色彩，我对表层色彩兴趣没那么大，因为它可以随意施加。我希望色彩能体现材料的功能。

曾：体量呢？现在好像有一种趋势，绘画也好，雕塑也好，都追求把作品放大到某种令人瞩目的体量，以此来达成不同一般。你怎么看这个问题？

克拉格：首先，体量大小和艺术影响力无关，有些非凡的雕塑作品体积却很小，这两个概念不能混淆。雕塑创作是一个艰难的过程，因此我通常从小型作品开始，比如可以徒手掌握的大小。当我开始进一步拓展作品的内涵和外在形式时，体积就会变大一点，这种大小的雕塑一般是在桌子或凳子或工作台上完成的，所以也会放在展台上展示。当体量大到一定程度时，只能移到地面上来做了，也就只能在地面上展示。

你看，现在我们面对的就是一件地面雕塑（没法放在桌子上的比较大的作品），当雕塑作品达到这种大小时，你马上会对它有一种身体反应，就好像你对面站着的是另一个人，你们之间是平等的关系——关于体量的考虑应该是以此为出发点的。

接下来要考虑的是雕塑的形态，也就是它在做什么。对我来说，最有意思的对象仍然是人体，因为我们身体的每一寸都富有意义，当我们看到人体时会自然产生感性的和理性的反应，它是我们最熟悉的形态，每个人都有，而且充满了趣味。观众和雕塑之间的物理关系暗示着一种形态上的趣味性。

当然，当雕塑的体量达到一定程度时，其效果就会像 19 世纪的欧洲雕塑一般，任何一座雕塑都象征和标榜着权力——王室、教会、工业巨头或是国家的权势。现在这种倾向依然存在，因此我个人会避免创造出那种感觉太强势或太具压迫感的雕塑。室内展览本身对体量会有限制，当然，你可以像理查德·塞拉（Richard Serra）那样，尽可能地挑战这种空间限制，他觉得这样很好玩，这是他的问题，但地面的承重能力和门户大小总是有限的。

到户外就大不相同了，突然环境变开阔了，

所有楼宇、车辆、树木都比你的雕塑大得多，再加上材料有限，问题一下子变得更棘手。但即使在户外，我也不想造出特别巨大的雕塑。虽然我也做过比较大的雕塑，但对我来说，体量从来不是重点。没有必要争夺空间，这对艺术效果没多大影响。必须小心不要让雕塑成为又一种权力宣言。我希望我的作品都是有感情的。

曾：你对材料的使用给人留下很深的印象，比如你经常用到被他人所忽略的工业材料、废弃物。这和"贫穷艺术"的艺术家，如库奈里斯，在对物质和观念之间的关系的表达上相似吗？

克拉格：孩提时代我们就有漂亮的头颅，可是里面空空如也，然后你慢慢发现自己可以在脑中形成概念，你知道了色彩是什么，声音是什么，学会了语言，而这一切都来自将外部信息储存入头脑的过程。如果外部环境是一个贫瘠的城市，自然环境恶化，你的思想就不会如此丰富，因为你所体验的材料有限。我是个物质主义者，我相信可以通过各种人造材料来丰富艺术形式，因为通常来说，人类在材料问题上所做的决定往往是原始而简单的，因此我们所创造的可说是一种"中庸现实"。森林是复杂而充满野性的，人工田地就乏味很多，城市环境更糟，这点对我这样的雕塑家来说非常重要。

我认为库奈里斯是个出色的艺术家，但我和他几乎没有任何共同点。我觉得他的艺术形式更接近戏剧。他在六七十年代对新材料的美学发现曾经占有重要地位，但我觉得这非常具有戏剧特征，而且还含有某种社会政治学理论，而我和这些理论毫无关系。

曾：刚才我看到你正带人"组装"那件著名的《大教堂》，用的像是工厂的废弃齿轮。这个作品和七八十年代的工业社会背景没有关系吗？

克拉格：这件雕塑并不完全是钢铁做的，当然，主要材质还是金属。从1974年开始，我自己制造了大量材料，非常简单的材料，作为对抗极简主义的一种姿态。在学生时代我还比较欣赏极简主义作品，但后来觉得太冷漠、太美国化、太概念化，所以我摒弃了它，并试着用不太可能的材料来制造几何形体。工业生产往往制造一些非常简单的几何形体，因为便宜又容易，所以产品很多都是圆形。

《大教堂》就是摞起来的一大堆圆形物体，没组装时它完全是散的。有时候观众会好奇作品是不是固定住的，结果就被砸痛了，所以美术馆在展出的时候总要求我将其固定。可是一旦固定住，它就不再是由重力来充当"黏合剂"了，我也觉得它可以随便放在哪儿了，不必在美术馆了。

这之后我意识到，对世界其实有两种表述方式：一种是有机的，一种是几何的，两者都是对周围事物的美学表述方式，它们既不是没有交集也并非界限模糊。我是一个极端的几何主义者，这是我在 70 年代的出发点：身边的一切都由极其简单的几何图形组成，这种方式让环境变得索然无味，那么，如何用这些简单的几何图形创造出更有趣、更富有情感的东西就成了出发点。

（采访时间：2012 年 3 月）